中国社会科学院所级创新工程项目

「哲学社会科学评价学理论研究」（项目号：020101990502020003）

语篇评价：作者立场与话语建构

Evaluation in Text:
Authorial Stance and
the Construction of Discourse

哲学社会科学评价理论译丛

丛书总编：荆林波

主编：

〔英〕苏珊·霍斯顿
Susan Hunston

〔英〕杰夫·汤普森
Geoff Thompson

主译： 曹昭乐
校译： 王雪峰

社会科学文献出版社
SOCIAL SCIENCES ACADEMIC PRESS (CHINA)

Evaluation in Text: Authorial Stance and the Construction of Discourse
Susan Hunston and Geoff Thompson

参著者

道格拉斯·比伯（DOUGLAS BIBER）是北亚利桑那大学英语系应用语言学专业的教授。他的研究兴趣集中在语言变异的语法和语域相关领域。他已经出版的著作有《言语和写作的变异》（*Variation Across Speech and Writing*，1988年，剑桥大学出版社）、《语域的社会语言学观点》〔*Sociolinguistic Perspectives on Register*，1994年，牛津大学出版社，由法恩根（E. Finegan）编辑〕和《语域变异的多维向》（*Dimensions of Register Variation*，1995年，剑桥大学出版社）。

乔安娜·查奈尔（JOANNA CHANNELL）创立了一家语言和交际方面的咨询研究公司。她对词汇的兴趣始于1981年，与 B. Rudska, P. Ostyn 和 Y. Putseys 合著了一本《你需要掌握的词汇》（*The Words You Need*，1981年，麦克米伦出版公司），并与柯林斯伯明翰大学国际语言数据库持续合作，参与其词典编纂工作。本书中她所负责的章节正是基于这些经历和积累撰写的。她最近的研究工作主要是与政府和公共部门合作，这使她对"通俗易懂的语言"和有效、方便读者的写作概念产生了浓厚的兴趣。她发表或出版的作品包括英语教材、关于语言教学和描述性语言学的文章、英国皇家出版局（HMSO）的研究报告和《模糊语言》（*Vague Language*，1994年，牛津大学出版社）。

苏珊·康拉德（SUSAN CONRAD）是爱荷华州立大学英语和语言学系的助理教授。她的研究兴趣包括不同学科和受众学术写作的变化、学生对专业写作技巧的掌握，以及基于语料库的语法分析。她曾在《应用语言学》（*Applied Linguistics*）、《语言学与教育》（*Linguistics and Education*）和《对外英语教学季刊》（*TESOL Quarterly*）上发表研究成果。

马丁·科塔兹（MARTIN CORTAZZI）是莱斯特大学语言学和教育学系的高级讲师，自1978年以来，他一直在这所学校从事教师培训和指导国际研究生的工作。他曾在伊朗、中国、土耳其和黎巴嫩任教。他是南开大学（天津）、中国人民大学（北京）和湖北大学（武汉）的客座教授。他的研究兴趣和出版物涉及叙事分析、话语、教学方法和跨文化交流等领域。

迈克尔·霍伊（MICHAEL HOEY）是利物浦大学的贝恩斯英语语言学教授和应用英语语言学研究组组长。他的主要著作有《话语信号》（*Signalling in Discourse*，1979年，伯明翰大学出版社）、《论话语表征》（*On the Surface of Discourse*，1983年，艾伦－昂温出版公司，1991年再版）、《语篇中的词汇模式》〔*Patterns of Lexis in Text*，1991年，牛津大学出版社，该书于1991年荣获爱丁堡公爵英语联盟最佳图书奖（应用语言学）〕，以及编著的论文集《数据、描写与话语》（*Data，Description，Discourse*，1993年，哈珀柯林斯出版社）。

苏珊·霍斯顿（SUSAN HUNSTON）是伯明翰大学英语系的高级讲师。她的研究兴趣包括语篇评价、话语分析和语料库语言学。她与吉尔·弗朗西斯（Gill Francis）和伊丽莎白·曼宁（Elizabeth Manning）合作编写了《柯林斯COBUILD英语语法大全》（*Collins COBUILD Grammar Patterns*）系列。她的成果发表在《应用语言学》（*Applied Linguistics*）、《语言的功能》（*Functions of Language*）、《语言意识》（*Language Awareness*）等期刊上。她曾在新加坡国立大学和萨里大学教授应用语言学。

金立贤（LIXIAN JIN）是德蒙福特大学语言学系的高级讲师，教授通用语言学、社会语言学、句法和临床语言学。自1982年以来，她一直在中国、土耳其和英国的大学教授对外英语教学（TESOL）和语言学课程，并培训教师。她是中国人民大学（北京）和湖北大学（武汉）的客座教授。她在跨文化交流、学术文化、学习文化、第二语言习得和叙事分析等研究领域发表或出版了系列学术成果。

J. R. 马丁（J. R. MARTIN）是悉尼大学语言学系的副教授。他的研究兴趣包括系统理论、功能语法、语篇语义学、语域、语体、多模态和批评话语分析，专注于英语和他加禄语——特别涉及教育语言学和社会符号学的跨学科领域研究。他出版了很多学术著作，包括《英语语篇：系统与结构》（*English Text：System and Structure*，1992 年，本杰明出版社）、《科学写作：读写能力与话语权》〔*Writing Science：Literacy and Discursive Power*，与韩礼德（M. A. K. Halliday）合著，1993 年，法尔默出版社〕和《使用功能语法》（*Working with Functional Grammar*，与 C. Mathiessen，C. Painter 合著，1997 年，阿诺德出版社）。他还编著了《体裁与机构：在工作场所和学校中的社会过程》（*Genre and Institutions：Social Processes in the Workplace and School*，与 F. Christie 合著，1997 年，凯塞尔出版社）和《科学阅读：基于科学话语的批判性和功能性视角》（*Reading Science：Critical and Functional Perspectives on Discourses of Science*，与 R. Veel 合著，1998 年，劳特利奇出版社）。

约翰·辛克莱（JOHN SINCLAIR）是伯明翰大学现代英语专业的教授，意大利托斯卡纳语中心主任。他因在语篇分析和语料库语言学方面的开创性研究而广为人知。他出版了合著《走向话语分析：教师和学生使用的英语》（*Towards an Analysis of Discourse：The English Used by Teachers and Pupils*，与 Malcolm Coulthard 合著，1975 年，牛津大学出版社）、专著《语料库、检索与搭配》（*Corpus Concordance Collocation*，1991 年，牛津大学出版社），编著了《查找：词汇计算中的 COBUILD 项目说明》（*Looking Up：An Account of the COBUILD Project in Lexical Computing*，1987 年，哈珀柯林斯出版社）。

杰夫·汤普森（GEOFF THOMPSON）是利物浦大学英语语言学专业的讲师。他的研究兴趣包括系统功能语法和书面语中的互动关系，并在巴西、委内瑞拉、哥伦比亚和奥地利等国家教授与这些主题相关的课程。他出版了专著《功能语法入门》（*Introducing Functional Grammar*，1996 年，阿诺德出版社）和《转述法指南》（*Guide to Reporting*，1994 年，哈珀柯林斯出版社），也在《应用语言学》（*Applied Linguistics*）、《语篇》（*Text*）等期刊上发表了多篇学术论文。

周江林（JIANGLIN ZHOU）是华中科技大学外国语学院副教授。他出版了多本关于词汇的教材，也是华中科技大学英语语料库研究团队的协调人。本书中收录的论文是他对其利物浦大学的硕士学位论文研究内容的延展。

致 谢

正文摘录的《凡夫俗女》（*Educating Rita*，第 8 章）和《我们需要宗派教育》（"We Need Sects Education"，简称"WNSE"，第 9 章）的选段，已分别获得伦敦梅休因（Methuen）出版社、《卫报》的复制许可。

迈克尔·霍伊（Michael Hoey）的论文《语言学中的劝说性修辞：诺姆·乔姆斯基语言特征的文体学研究》（第 2 章）最早发表在《语言学论坛》（*Forum Linguisticum*）8/1（1984）上。

译　序

评价是社会实践不可缺少的部分。无论是个人行动还是集体行动，在整个实践过程中必定贯穿着一系列的或复杂的评价行为。面对新时代、新格局、新形势提出的一系列新要求、新任务，评价的意义几乎成为这个时代的问题焦点，是哲学社会科学很多重大难题的汇聚之处，面临着诸多挑战。中国社会科学评价研究院（以下简称"评价院"）在这样一个评价的大时代背景中应运而生，作为中国社会科学院直属的研究单位，以"制定标准、组织评价、检查监督、保证质量"为主要职责，以制定和完善中国哲学社会科学评价标准，承担和协调中国哲学社会科学学术评价，构建和确立中国特色哲学社会科学评价体系为主要职能。

时值习近平总书记发表"5·17"重要讲话六周年，为从评价领域高质量加快落实中国社会科学院关于"三大体系"建设的工作部署，回应新时代对中国特色哲学社会科学评价理论构建的时代呼唤，我们秉承既立足本国特色，又要开门搞研究的基本思路，组织评价院有志于基础理论研究的同志们，从不同学科视角出发，启动了翻译系列国外经典评价理论著作的相关工作，期望最终能打造一个有学术引领力、吸引力和影响力的哲学社会科学评价理论译丛经典品牌。

本书为该译丛的第一本译著，发挥"抛砖引玉"的作用，系统全面地介绍了语言学领域不断丰富发展的评价理论体系和思想观点，为推进中国特色哲学社会科学话语及其评价体系建设，提供可汲取、可借鉴、可对比、可反思的理论框架和研究基础。本书虽然不是我们各自擅长学科领域的经典论著，但结合了大量生动的例句和语篇选段，将理论性论述通俗化，加之原书作者和译者的详细注释，让我们这些"外行人"也能深刻感受和认识到话语的魅力、评价的力量以及二者的交互关系和内在机理。可以说，本书凝聚了所有参与者的心血、汗水和智慧，较好地将可读性、趣味性、知识性和实用性融于一体。

最后，我代表评价院感谢各位同事的默默耕耘和专注付出，感谢鼎力支持和协力帮助本书出版的部门和领导同事。这是一个良好的开始，是一次颇有勇气的尝试，可能其中也有诸多不足和遗憾，但我们会不断努力，虚心改正，希望这一成果能得到学界同行的认可，衷心欢迎各位批评指正；也希冀同事们赓续传承、踔厉奋发、同力协契，高质量推进中国特色哲学社会科学评价理论和实践的创新、发展与繁荣，以丰硕的成果和优异的成绩迎接评价院建院十周年，迎接党的二十大胜利召开！

荆林波

中国社会科学评价研究院院长

2022 年 1 月 12 日

序　言

多年来，Thompson 和我都觉得需要有一本专著，将各种各样理解评价的方法（比如从立场、情感、情态等）囊括其中。其既可以例证概念在语篇描写中的核心地位，也可以将相关基础性内容介绍给希望从事这一研究领域的学生。这是编著本书的主旨所在。

本书选编论文的目的是尽可能涵盖各种有代表性的研究方法，同时也能让作者们有相对充足的篇幅进行论述。本书想以多种形式展现语言，如作为语法、词汇和文本，想强调语言在反映和构建思想和观点方面的作用。本书选择的都是在探讨特定的语言学理论（系统功能语言学）、语篇类型（叙事）、方法论（语料库语言学），以及对语言、知识和世界之间关系的看法（关于语言和意识形态的研究）等方面颇具代表性的学术论文。

令人遗憾的是，该系列中缺少一篇尤金·盖特·温特（Eugene Gatt Winter）的论文。他在语篇评价方面的开创性研究对许多相关领域的学者（包括本书中的很多作者）都有启发。但很不幸，他在 1996 年去世了，没能完成论文。即便如此，我们仍然认为，他的学术思想对本书具有很重要的指导意义。

希望读者在阅读本书后，能够更加深入地理解评价对于认知"语言的秘密"的重要性，并有志于在本书作者们开辟的众多研究路径中择其一，继续研究下去。

目　录

第四章　言语和写作中的立场状语标记

第五章　评价的局部语法

第一章　导论

什么是评价？

（1.1）

In most holiday destinations, high summer naturally means high season, but around the capital cities of Europe the streets are often practically deserted. This makes July and August the perfect time to catch up on your culture so whilst the Parisians flock to Corsica or the Cote d'Azur, you can enjoy Paris without the traffic jams and experience the city's many open spaces at their best. Barcelona is perfect for a summer break, and you can be both culture vulture and beach bum depending on your mood. ①

以上节选自一家名叫 *Simply Travel*（简游）的旅行社的传单，其制作者的主要目的之一显然是传达他对传单中提及的地点的正面或负面的看法，而且很多措辞的功能是至少要在一定程度上强化这一核心目的。最显著的例子就是文中出现了两次 *perfect*（完美）和一次 *at their best*（最佳状态），因为它们可以鲜明地传达出制作者观点的积极性：几乎可以用于评述任何事件

---

① 原著出版时间较早，涉及的资料和内容可能有不同程度的错漏。译者本着尊重原文的原则，在引录原文时未予改动，仅在译文部分做了处理。

（a world may be *perfect*，a tin opener may be modern design *at its best*，等等）。其他表达更多地指向"内容"，但是它们的意思中包含了一种观点要素，其在一定范围和程度上是该表达的固有特征。我们以 *jams*（堵塞）这个极为简单的词语为例进行说明：它可以分解为"交通繁忙" + "不好"；同时，至少从传单内容来看，*practically deserted*（几乎空无一人）可以分解成"人很少" + "好"①〔将描述一个陌生城市夜间的地下停车场与 *practically deserted*（几乎空无一人）的表达效果进行比较〕。这个示例突出了语境对引出观点要素的潜在作用。还有一个更鲜明的例词——*high season*（旺季）。其可以是用于描述假期旅游大潮到来的一个具有"中性"意义的标志性术语。然而在这一选段中，*but*（但是）的出现让 *high season*（旺季）与 *practically deserted*（几乎空无一人）的街道形成对比；后者被认为是旅游的 *perfect*（完美）时间，据此可以推断出，作者对 *high season*（旺季）的看法带有负面性——该表达分解后为"假期旅游大潮期间" + "不好"。关于"连接"（conjunction）在建构观点时的作用，下文"保持关系"中会有详细探讨。

这一选段是为了说明一个事实，即作者或说话人观点的表达是语言的一个重要特征；② 它需要完整描述语篇意义后加以解释，但是往往这些观点并不能明确而又直接地被受众理解和认识。当然，上面的分析还远远不够：需要探讨其他词语所要表达的含义，诸如 can enjoy（可以享受）、culture vulture（文化"发烧友"）、beach bum（海滩客）等。但这些词语会把我们带入更复杂的领域，后续章节中（特别是 Martin，Hunston 和 Channell 的那几章内容）将会对其进行讨论。在此，我们首先要解决一个最根本的问题，它在某些方面比较简单，但在某些方面却貌似比较棘手。这个问题就是，我们用什么专业术语来谈论这种现象？

---

① 更准确地说，"practically"（几乎）一词基本上只是表达意见，表明这里"有一个观点"（opinion）；而且文中内容凸显了这个观点是积极的。

② 在导论中，除了特指或特别说明以外，我们会交替使用"作者"（writer）和"说话人"（speaker），"读者"（reader）和"听众"（listener）；我们不希望以此暗示读者把注意力放在书面和口头语言之间的区别上。

实际上，术语的使用范围往往较为宽泛，比如一些术语看似不同，实际上是同义词或是略有重叠部分的词。有一些公认的用于表达观点的术语，比如内涵（*connotation*）（见 Lyons，1977）、情感（*affect*）（见 Besnier，1993）、态度（*attitude*）（见 Halliday，1994；也见 Tench，1996，探讨其在语调研究中的应用）。其中第一个词关注的是语言项目（即"有"内涵的词语），第二个和第三个词则是从语言使用者的角度进行探讨的（即"有"态度的人）。这种视角上的差异可能是利奇（Leech）（1974：15-18）区分内涵意义（*connotative meaning*）（与"真实世界"的经验相关联的表达）和情感意义（*affective meaning*）（与"说话人的个人感受"相关联）（见 Cruse，1986）的基础。参与本书的作者都是基于功能理论开展语篇研究的，因而他们都是站在语言使用者的角度。但这些作者在具体术语的使用上有所不同：Martin 用的是评估（*appraisal*），而 Conrad 和 Biber 则用了立场（*stance*），因此，书名中同时使用了评价（*evaluation*）与立场（*stance*），以尽可能保证内涵表达的全面性，避免出现歧义。〔我们也曾试图再加上评估（*appraisal*）一词，但那似乎会让书名看起来过于烦冗。〕

然而，我们的困惑依然存在。要使谜团尽快消散，我们就必须再迈进一步。从上文对传单选段的讨论中，我们可以明确认识到作者判断度假胜地好坏的标准。而从例（1.2）（摘自《卫报》的一段财经新闻）中，我们能看到许多表达就是体现作者观点的话语，但其不能轻易地被归入"判断好坏"的范畴中：

（1.2）

Meanwhile the Bank *will no doubt* be getting nervous about the implications for wages of the continuing rise in the headline rate of inflation, which is often used as a benchmark by pay bargainers. [1]

This, indeed, is a worry. If wage deals continue to ratchet upwards,

---

[1] 译：与此同时，持续上升的整体通货膨胀率对薪酬的影响无疑增加了银行的焦虑感，这是由于它们的顾客会将其作为衡量薪资高低的一个基准参数。（译者注：也就是说，整体通货膨胀率越高，工资购买力越低，人们越不会将钱存入银行。）

the economy could get caught in a vicious pay spiral. But, the City and boardroom aside, *there is little evidence to suggest* that pay deals are heading into the stratosphere. (*The Guardian*, 17.6.98, p. 21)①

这两个例句中的斜体词语反映了作者如何看待各种事件发生的可能性。当然，情态（*modality*）是用来表述它的传统术语（见 Halliday，1994；Perkins，1983），但值得注意的是，其与*言据性*（*evidentiality*）的概念内涵有重合（见 Chafe & Nichols，1986）；后者指说话人对信息出处及其可靠性的判断（Anderson，1986：273）。表 1－1 罗列了例（1.1）、（1.2）中的一些观点性词语，可以明显看出它们之间既有相似之处，也有不同：

表 1－1　例（1.1）和（1.2）中的作者观点

事物/事件	作者观点
high summer	*high season*
July and August	*perfect*
the streets	*practically deserted*
Barcelona	*perfect*
the Bank[is] getting nervous	pretty certain—*will no doubt*
the economy get[s] caught in a vicious pay spiral	possible—*could*
pay deals are heading into the stratosphere	unlikely to be true—*little evidence to suggest*

就这两个示例而言，我们可以将语篇内容和作者对该事物的态度抽离出来进行剖析；同时，可以从积极和消极（好/坏，确定/不确定）的角度了解它们想要传递的观点。实际上，至少在这两个示例中存在一些不易被察觉的显著差异。一是，第一种看法与实体有关——用名词性词语（nominal groups）表达；第二种则是命题（propositions）——用小句（clauses）表达。二是，表格中第二种观点需要对其进一步解释；而在"（作者认为）X 是 Y"的句式中，就不适用这种表达了。其反映出第二种观点似乎比第一种的表达更容易语法化

---

① 译：这的确令人担忧。如果薪资不断被抬高，美国经济可能陷入恶性的薪酬旋涡中。但是，除了市议会之外，*很难找到证据表明工资正在飙升*。（《卫报》1998 年 6 月 17 日，第 21 页）

（grammaticalized）。也就是说，它以其专用结构（比如情态动词）让自身更加融入该小句的结构中；而第一种观点主要是通过语言要素（如形容词）来表达，这些形容词也具有观点无涉（non-opinion-expressing）的功能。

然而，这些差异也会产生一定误导性（misleading），因为两种观点的表达结构确实可能存在某种相似性。笔者从上文两个示例所在的语篇材料的其他地方选择两个例句进行说明：

> ***It is gratifying to*** *receive recognition from our travel industry partners.*
> ***It is fairly certain*** *that you would take those odds seriously.*

第一个例句表达了希望性（goodness）/愿望性（desirability）的看法，后者则表达的是确定性（certainty）。但实际上，表达观点的部分都是命题；并且第二句话中作者对似然性看法的表达能够符合"（作者认为）X 是 Y"的句式中 Y 所在位置（Y slot）。这表明两个例句的表达存在共同点〔关于另一个共享结构（shared structure）的讨论，详见 Thompson 和 Zhou 的评注性状语（disjuncts）一章和本章"评价的参数"小节〕。

然而，存在共同点绝不是指完全相同。例如，与表达希望性观点不同的是，似然性的表达通常（虽然不总是这样）仅在命题中使用，而不适合用于表达实体。下面的例句则向我们展示了在同一段语篇中，经常同时出现两种观点的表达，而它们各自又发挥着十分不同的功能。

> *This, indeed, is a worry.*

类似这种双重观点的表达见表 1 - 2。

表 1 - 2　作者的观点：实体与命题

实体/命题	作者的观点
this[pay bargainers using the rising rate of inflation as a benchmark]	*a worry*
this is a worry	true—*indeed*

　　与上面提到的术语问题密切相关的是"如何看待这两种观点表达之间的关系？"对此有两个基本看法：一种是强调差异性，其给每类观点表达都贴了标签，然后将它们作为单独的现象进行分析。另一种则强调相似性，将两种表达归为一类（即使一般会在下一阶段给每一种表达类型都加上更具体的标签），并且会将它们视为同一种现象的不同方面至少进行一定程度的（如果不是主要的）分析。

　　Halliday（1994）是"区分"（separating）法（强调差异性的看法）的典型代表：他把情态从态度意义（attitudinal meaning）中分离出来，并对情态进行了更深入的探讨，将其分为两个子类别，即情态化（*modalization*）①，包括可能性（probability）和经常性（usuality），以及意态化（*modulation*）②，包括义务（obligation）和倾向（inclination），并把情态意义和态度意义都归入人际意义（interpersonal meaning）的范畴，但这一范畴还包括情绪等其他方面，毕竟他还没有提出一个专门涵盖这两个类属的上位概念。Martin（见本书；另见 Eggins & Slade，1997）也沿用了区分法，但进一步扩展了对态度意义的描述，使用了评估（*appraisal*）一词，并将其划分成三个子范畴：情感（*affect*）、判断（*judgement*）、鉴赏（*appreciation*）。包括参与拜比（Bybee）和弗莱施曼（Fleischmann）（1995）编著的作者们在内的许多语言学家，都对情态〔包括认知（*epistemic*）（可能性）和道义（*deontic*）（义务）两个子类别〕和评价（*evaluation*）（关于说话人或作者是否认可某事的看法）进行了区分。

　　而在"整合"（combining）法（强调相似性看法）的运用中，有许多不同的上位术语。Conrad 和 Biber（见本书；也见 Biber & Finegan，1989）用立场（*stance*）作为涵盖认知立场（*epistemic stance*）（基本相当于 Halliday 的"情态化"）和态度立场（*attitudinal stance*）〔相当于 Martin 提出的"评估"（*appraisal*）〕的上位术语；其还包括风格立场（*style stance*），即指"说话人或作者对一个小句呈现方式的评论"，比如评注性状语 *frankly*（坦白

---

① 译者注：情态化指在以谈论信息为语义功能的命题中，说话人对其可能性和经常性的判断。
② 译者注：意态化指在以谈论物品与服务为语义功能的提议句中，说话人对该提议的判断。

地）。斯塔布斯（Stubbs）（1996）关注情态，他从说话人或作者对"命题信息的表态和疏离"的角度进行探讨。这一表述与 Halliday 的情态化概念意思相近，但事实上 Stubbs 所指的对象和内涵更为广泛，其包括了模糊性语言（vague language）和某些词汇特征，例如像 *auntie* 一词中的-*y*/-*ie* 词素，这些与 Martin 的态度立场的表达非常相近。在文体学这一更为专业的领域内，对观点的研究会涉及许多语言特征，其表明了语篇或选段的出处（叙述者或角色人物，抑或两者兼具）；事实上，无论情态还是评估都必须有一个来源，即表达观点的人，这使它们成为研究的核心（见 Simpson，1993；Stuart，1996）。

　　鉴于此，为了保证本书专业术语使用的一致性和清晰性，笔者采用了整合法，因此需要有一个更上位的专业术语。仅仅是无意间引入了一个我们都偏好使用的术语，即评价（*evaluation*）①。其将在下文中被继续使用。于笔者而言（另见 Georgakopoulou & Goutsos，1997），评价是一个宽泛的术语，用来表达说话人或作者对其所谈论的实体或命题的态度、立场、观点或感受。这种态度可能涉及某种确定性（certainty）、义务（obligation）、愿望（desirability）或者其他价值观。在适当的时候，笔者会专门提及将情态作为评价的一个子类别进行使用。诚然，评价（*evaluation*）这个术语和语篇学领域中其他专业术语一样有时候令人难以捉摸：话语分析（discourse analysis）中，通常用它来表示语篇型式的要素（见 Labov，1972；Hoey，1983），有时也被用于分析说话人或作者情绪态度的词语表达（见 Carter，1987），也就是说，其或多或少与 Martin 的评估（appraisal）、Conrad 和 Biber 的态度立场（attitudinal stance）相似。虽然有可能出现混淆，但我们依然觉得评价是最合适的上位术语。其中一个重要原因是它的句法与词法的

---

①　译者注："appraisal"一词主要侧重于财务方面的估价，或者对财产（如房屋、股权等）进行估值，也指对员工工作表现的评价。国内语言学界多将该词译为"评价"，但结合该词本意，并且要与"evaluation"的中文翻译有所区分，本书会视情况将其译作"评估"。"evaluation"则一般侧重于能力、情况、形势等方面的评价，其更强调根据现有的信息，形成对某人或某事的看法。

使用较为灵活：它不仅可以同时适用于前面提到的两个角度，来表达语言使用者的倾向（为评价者使用），还可以用于讨论被评价（*evaluated*）的实体和命题的价值（*values*）。鉴于所有参与本书的作者重点探讨的都是行动中的评价，即说话人/作者进行评价的理由、时间、方式以及内容，评价这一极具灵活性的术语可以说与本书的理论方法十分契合。

评价为何重要？

截至目前，我们只是简单地认为评价是值得研究的。接下来就要对它的重要性进行详细阐述了。简单来讲，评价有三种功能，每一种功能都让它成为语言学家感兴趣的对象。这些功能包括：

（1）表达说话人/作者的观点，并以此反映此人及其所在话语群体的价值体系；

（2）建立和保持说话人/作者与听众/读者之间的关系；

（3）组织话语。

这三种功能并不互相排斥，也就是说，具体的某个评价活动可以同时发挥好几种功能。下面对其进行详述。

表达观点

这是评价最显著的功能——在导论开头部分已经有所提及，意指告诉读者，作者对某件事情的想法或感受的功能。然而，认知"作者所想"并不仅仅是为了告诉我们一个人的想法。每一种评价行为都是为了表达和建立一个共同的价值体系。而价值体系又是每个语篇承载的意识形态的重要组成部分。因此，认知作者的思想，可以揭示语篇所反映的社会意识形态。下面以一本很有名的英国女性杂志"问题页"（Problem Page）上的一封信（*Woman's Own*，Summer 1998：32）为例进行说明。为了便于指称，这些句子都进行了编号，并且用斜体标示了最能鲜明体现作者想法的表达。

（1.3）

[1] My husband runs his own business and is a *workaholic*. [2] Last year he *kept putting off* our plans for a break and I *got so fed up* I went away with four friends. [3] We had a great time, even though I *missed him*. [4] I want a holiday for just us this year but he *keeps saying* I'd probably have a better time if I went with them. [5] How can I get him to see *I'd rather go with him*?①

综合这些评价来看，作者显然不认可丈夫不愿意一起度假的态度。她喜欢度假，更喜欢和丈夫一起度假。虽然这些观点来自作者本人，但这里暗含了几个意识形态方面的假设，具体包括：度假是正常行为，而连续工作是不正常的；夫妻应该一起度假，只有在特殊情况下其他安排才是可以被接受的，*I got so fed up*（我受够了）；夫妻如何安排共度的休闲时光应该考虑到双方的意愿，*he kept putting off*（他不断延后）。第三句话反映了一个不太确定的问题。一个爱丈夫的女性，她的幸福并不取决于丈夫的陪伴，但一个没有丈夫陪伴却玩得很开心的女性要向我们表明两层意思：一是这是值得注意的，二是如果丈夫在身边的话她会觉得更快乐，*even though I missed him*（即便我很想念他）。这些推想反映（并且强化）了一种意识形态，它基于特定经济制度（工作是出于经济需要进行的，与生活的其他部分隔离；工作可以令人感到享受，但度假的享受感更高），以及基于特定的家庭制度，其中，丈夫和妻子作为一个互不相连的个体去活动和思考，但并非完全如此。实际上，从句子[3]中表达的矛盾就可以映射出，目前在英国，夫妻关系正处于紧张状态，即女性在情感上应该更加独立，但夫妻双方也应为共同追求最大化的幸福而努力。

---

① 译：[1]我丈夫忙于自己的生意，是个工作狂。[2]去年他不断延后我们的度假计划，我受够了，于是和四个朋友一起去度假了。[3]和朋友玩得很开心，即便我很想念他。[4]今年我就想和他一起去度假，但他一直说，如果我和朋友们一起去，可能会过得更开心。[5]我怎么才能让他知道我更想和他一起去呢？

需要注意的是，由语篇强化反映出来的意识形态或许仅属于某个小群体，而非整个社会。接下来的例子是一个学术论文的开头，作者是某个特定话语群体（discourse community）中的一员（Swales，1990），可能称他们为"应用语言学家"（applied linguists）更合适。话语群体的组成并不取决于性别、国籍，甚至不取决于母语（尽管英语一定是他们使用起来最得心应手的语言之一），而是由其成员能像下面这样撰写和阅读文章所决定的。

（1.4）

[1] Nonnative speaker（NNS）-native speaker（NS）interaction is *of interest* for theoretical and empirical research into the nature of（mis）-communication（9 references cited）. [2] The *importance* of this research increases as the focus moves out of experimental settings and into contexts where the interactions have immediate social and physical consequences, as in settings involving the delivery of health services. [3] In medical contexts, miscommunication is common and may emerge from many sources（11 references cited）. [4] Despite the many ways communication may go wrong, research in medical anthropology/sociology and interactional studies of medical contexts appears to converge on the general finding that interaction between patients and medical professionals *is best understood* as a case of complicated, fitful, and asymmetrical cross-cultural communication. （*Applied Linguistics*, 18/4：415）①

---

① 译：[1] 非母语者（NNS）和母语者（NS）的互动是有关沟通（障碍）本质的理论和实证研究的热点（参考了9篇文献）。[2] 当热点从实验场景转移到能够直接影响并产生社会和物理后果的情境中（如提供卫生服务）时，该研究的重要性就增加了。[3] 在医学语境中，沟通障碍是很常见的，而且可能由多种因素导致（参考了11篇文献）。[4] 尽管沟通可能会出现许多问题，但医学人类学/社会学和医学情境互动方面的研究结论似乎达成了一个共识，即*最好的理解*是将患者和医疗从业者之间的互动看作一个类似于复杂的、断断续续和非对称的跨文化沟通。（《应用语言学》，18/4：415）

除了关于交际的某些一般性假设（即交际要么成功，要么失败；在医疗环境中交际失败是一个严重的问题）外，还有一些关于研究本质的假设，其对这个言语群体（speech community）来说似乎是特有的，下面基于例（1.4）进行分析。首先，研究可能是理论性的（句子［1］）或者应用性的（句子［2］）：这两种类型的研究都是有效的，但是应用研究更受关注〔因为这本期刊的标题是《应用语言学》（*Applied Linguistics*）〕。其次，研究者的目标是通过一种方式和理论去理解一个现象（句子［4］）：理解不是直观的或个人的，而是言语化的和共享的。再次，研究者之间的共识性观点可能意味着认识是正确的〔在句子［4］中，*despite*（尽管）问题是多样的，但有一个解决方案，就是解释趋同〕。另外，除了这种作为语篇要素的评价（evaluation *in* the text）外，也通过读者论证了语篇即评价（evaluation *of* the text）（区别见本书 Cortazzi 和 Jin 撰写的章节）。根据斯韦尔斯（Swales）对导论中"主张中心性"（claiming centrality）的审视，作者们表达了对所选主题的研究兴趣（句子［1］）和重要性（句子［2］），并且已有一定的研究基础（句子［1］和句子［3］标示引用了大量的参考文献）。他们也通过这种方式表明了自己的学术信誉。

意识形态并非一种无形的存在，但也不会经常在公开场合表达出来。它们是通过语篇建立并进行传播的，其本质也是在语篇中被揭示出来。很多学者都通过研究语篇去揭橥其中的意识形态问题（比如 Fowler，1990；Fairclough，1989，1992；Hodge & Kress，1993；Meinhof & Richardson，1994；Stubbs，1996；Caldas-Coulthard & Coulthard，1996）。因为意识形态本质上是一套价值观——什么是好的或坏的，什么应该发生或不应该发生，什么是真实的或不真实的——评价就是该领域的学者在研究中会涉及的一个重要的语言学概念。

保持关系

这是评价的第二个功能，即建立和保持作者与读者间的关系。这个层面的研究主要涉及三个领域：控制语（manipulation）、模糊限制语（hedging）

和礼貌语（politeness）。几乎在每一个领域里，作者都使用评价要素与读者建立一种特殊关系。

首先，可以运用评价控制读者，说服和引导读者以一种特定的方式来看待事物（见 Carter & Nash，1990）。例如，Hoey（1983：95）指出，对问题某一方面的评价是由特定视角决定的。他说："问题只能是某一个人的问题……因此，如果有两个参与者，那么潜在的可能就不是一个问题，而是两个问题……"而把某件事表述为一个问题，会令读者很容易接受它。比如例（1.3）提到的"workholic husband"（工作狂丈夫），其是从女性角度阐述的——她丈夫的观点可能完全不同 "I loathe holidays but my wife keeps insisting that we go on one"（我讨厌假期，但我妻子一直坚持要我一起去度假）——这就要求读者有意识地去详细解读，才能保证不认同作者的观点或其背后传达的意识形态。

正如 Hoey 所言，评价是很难被质疑的，因此当它不是小句中的主要观点时，可以有效发挥其控制功能。方式之一是，将一个小句中"给定"的信息通过评价表达出来。在例（1.5）中，*solemnity*（庄严）、*pomposity*（自负）、*frivolity*（轻率）、*triviality*（琐碎）都被视为既定信息，而不是新信息。读者无法决定是否认同这些评价，反而对评价的认可仅是假设。

(1.5)

In retrospect, the solemnity-and, to modern eyes and ears, pomposity-of the politics and media of the past may be seen as in part a reflection of the current or very recent reasons to be serious: the daily expectation of invasion or death.

Similarly, the frivolity and triviality of much modern discourse... is a product of a decade in which nothing seemed to matter very much... (*The Guardian*, 30.5.98, p.23)

Francis（1986，1994）指出，某些名词（"话语标签"）在语篇前面的总述中发挥了重要作用。这些话语标签可以是简单的概括，如 *these words* （这些词语）、*this question* （这个问题），也可以是评价性的，如 *this claim* （这个主张）、*this nonsense* （这句废话）。因为这些词语通常作为既定信息出现，读者不太可能质疑它们的效度。以一封写给报刊的信件为例：

(1.6)

[1] You quote President Clinton as saying after the Pakistani nuclear tests that he could not believe that the Indian subcontinent was 'about to repeat the worst mistakes of the loth century when we know it is not necessary to peace, to security, to prosperity...'. [2] *This admission*, by the leader of the country with the largest stockpile of nuclear weapons, *that they are not necessary for a country's security*, destroys all the rhetoric of the last half century. (*The Guardian*, 30.5.98, p.22)①

句子 [2] 开头的名词词组将克林顿总统的评论评价为 *admission* （承认），也就是说，是承认了对说话人不利的这一真相。*admission* （承认）这个名词所在的位置使读者很可能接受这一评价的有效性，而一旦读者接受了，后续言论，即克林顿的讲话 "*destroys all the rhetoric of the last half century*" （使得过去半个世纪所有相关言论的真实性被摧毁），也会很容易被读者接受。

因此，评价类表达在小句中越是显得"不起眼"，就越有可能控制读者。也许最极致的例子是使用连词或从属连词暗含评价。诸如 *and*、*but* 这样的连词，以及像 *because*、*although* 这样的从属连词，都为读者和作者对语篇中任何一个预期或者出乎意料的观点达成共识建立了基础 （Winter in

---

① 译：[1] 你引用克林顿总统在巴基斯坦核试验后所说的话，他不能相信印度次大陆"将重蹈上世纪最严重的错误，而我们知道这对和平、安全和繁荣来说是不必要的……"。[2] 这个拥有最大核武器储备国家的领导人承认核武器对国家安全不是必需品，这一观点使得过去半个世纪所有相关言论的真实性被摧毁。（《卫报》1998 年 5 月 30 日，第 22 页）

Huddleston et al.，1968：570）。读者受引导去提供信息支持这一共识。通过例（1.7）来说明。该报道是一名年轻女子在川流不息地马路中间自杀了。她是被一辆长途汽车撞死的。

(1.7)

In a statement read to the inquest, the coach driver... said he had seen something in the middle lane directly in front of him *but* could not do anything *because* he had a coach full of passengers. (*The Guardian*, 30.5.98, p. 11)

任何目睹这一不幸事件的人无疑会对这名司机感到极度同情，并会支持他当时的应急行为。此处报道这件事的方式也让人感同身受。读者将 *but* 解读为"有反常理"，并联想到"按常理某人看到马路上有东西会试图避开"。从属连词 *because* 表明非人为原因，读者便会自然而然地将其理解为"在道路上无法避免某事的一个很合理的缘由是，为了避免对更多乘客造成伤害"（参见本书 Thompson 和 Zhou 撰写的章节，其通过连接成分展示了作者和读者之间对话的例子）。因此，长途汽车司机被认为是一个理性人，他与读者具有相同的价值观（希望对马路上的人和车中乘客都不要造成伤害），即便在例（1.7）中这些价值观是相互冲突的。

其次，评价对一个语句真值性（true-value）或确定性（certainty）的调节作用已经在"模糊限制语"（hedging）主题中进行了深入探讨（Lakoff，1972；Prince et al.，1982；Holmes，1984）。评价的这个功能在学术写作中尤其常见，甚至可以说是任何学术阅读或写作课程的一个重要内容，并基于《专用英语》（*English for Specific Purpose*）语境（Hyland，1994，1998；Banks，1994；Crompton，1997）和知识社会建构（Myers，1989，1990）两方面对其展开大量研究。迈尔斯（Myers）（1990）指出，他研究的一位生物学家应审稿专家和编辑的要求，在他的文章中引入或加强了模糊限制语的使用。这可能被理解为附加在特定知识主张上的确信程度是可协商的，因此文章的终稿必须进行非常准确的修改。然而，有迹象表明，模糊限制语可能不总是具有调节知识主张确定性的功能。例如，辛普森（Simpson）（1990）指出，文学界的一些作者以不寻常的方式使用情态，从而形成了最具争议的论点。巴特勒（Butler）（1990）和里佐米利奥蒂（Rizomilioti）（待刊）的研究表明，学科之间在情态的使用上存在很大差异。Myers 认为，在自然科学中，模糊限制语可以被作为一种纯粹的修辞手段使用："缓和的不是一个人对自己的研究主张，而是一个人的语言。"（1990：48）他认为，模糊限制语的一个实际功能是标示一个未被话语群体认可的知识主张，而不是未被认定的知识主张（Myers，1989：12）。换言之，模糊限制语是保持作者与读者关系的一种"优雅"的方法和策略。

组织话语

我们已经在上文讨论了如何使用评价，特别是通过寻求共同的态度、价值观和反应，在作者和读者之间建立关系；读者处于该关系的"下位"（接收方），很难对其提出异议。然而，这种关系不仅存在于语篇的信息中，还存在于语篇本身。换言之，作者不仅要告诉读者"这件事发生了，这是我对它的看法"，还要告诉读者"这是我们语篇的开始，这是该观点的内在联系，以及这是我们互动的结束"。举个简单的例子，如果一位母亲写了封信给女儿，当母女表达对世界大事的看法时，互动就在她们之间产生了。但除此之外，当作者和读者同时关注了某个语篇的进展和组织时，他们之间也会产生互动。简言之，写信人和读信人有两种关系：母女关系和说话人与听众的关系。

Sinclair（1987）认为，写作和言语中的评价往往出现在话语的某个边界点上，从而提供了一条线索来"监控"语篇的组织。在语篇中，这种控制功能表现得相当明显：无论是教师在学生交完作业后说的"*Yes*"（是）、"*That's right*"（没错）、"*Good*"（好），还是在一次日常谈话中不那么明显的"*Mm Mm*"（嗯嗯）、"*Sure*"（当然）、"*Yeah*"（是），都表明话语表达符合常理，具体内容无可置疑。在独白中，尤其是在书面独白中，每部分结尾处（例如，在一个段落的末尾）的评价表明一个观点的提出，并且假定读者已经接受了这一点。就好像作者一直在不断地评论话语本身的推进："叙述开始，它将被分成三个部分。这是第一部分，这是结尾，*and this is why it is interesting*（这就是为什么它很有趣）。如果到目前为止您还有兴趣，现在我们继续第二部分……"（评价内容用斜体表示。）

为了认识这一功能在实践中如何运作，通过例（1.8）〔摘自一篇探讨资本主义的文章——D. Loy，"The Religion of the Market"，*Journal of the American Academy of Religion*，65：275 - 90〕来说明。作者提出，在资本主义制度下生活的人们主要遵循两个原则（或命题）："市场是正确和公正的"和"价值可以通过价格充分体现出来"。作者还说：

（1.8）

[1] The basic assumption of both propositions is that such a system is 'natural'. [2] If market capitalism does operate according to economic laws as natural as those of physics or chemistry-if economics were a genuine science-its consequences seem unavoidable, despite the fact that they have led to extreme social inequity and are leading to environmental catastrophe. [3] Yet there is nothing inevitable about our economic relationships. [4] That misunderstanding is precisely what needs to he addressed-and this is also where religion comes in, since with the increasing prostitution of universities and the media to these same market forces there seems to be no other moral perspective left from which to challenge them. [5] Fortunately, the alternative worldviews that religions offer can still help us realize that the global victory of market capitalism is something other than the simple attainment of economic freedom: rather, it is the ascendancy of one particular way of understanding and valuing the world that need not be taken for granted. [6] Far from being inevitable, this economic system is one historically conditioned way of organizing/reorganizing the world; [7] it is a

worldview, with ontology and ethics, in competition with other understandings of what the world is and how we should live in it. ①

首先，我们可以从小句关系的角度来分析这一段（Winter，1977，1982，1994 和 Hoey，1979，1983，1994）。句子［1］以 Winter（1994：62-5）所说的"假设性"（hypothetical）陈述开始，也就是说，其是作者显然没有运用的表达方式〔常常标注引述以免受到批评的一种 *assumption*（*假设*）〕。"假设性"陈述会让读者对内容的"真实性"有所期待（预期），即作者所运用的陈述方式（同上），比如句子［3］。换句话说，作者在句子［3］中认为句子［1］和［2］的观点不正确。句子［4］开始用了一个前指名词词组（anaphoric noun group）（Francis，1986，1994），*that misunderstanding*（*那种误解*），是根据句子［3］总结了句子［1］和［2］观点，再次将其评价为不真实的表述。它还具有将句子［1］~［3］重新解释为问题的功能（再次使用 Winter 和 Hoey 的术语）：人们对市场的自然属性理解有误。句子［4］运用宗教术语回应了上述问题，同时，句子［5］~［7］评价了这个回应是否准确。此外，在句子［6］和［7］中，我们回到"假设-真实"序列中的"真实"要素，这再次评价句子［1］中的想法是无事实根据的。

如果从段落划分角度来看，我们认为句子［3］是第一部分的结尾。接下来的内容〔句子［4］中的 *that misunderstanding*（*那种误解*）〕将句子

① 译：［1］两个命题（或原则）的基本假设都是市场的"自然属性"（natural）。［2］如果市场资本主义运行依照的经济规律像物理或化学的自然规律一样（前提是，经济学是一门真正的科学），那么它所造成的结果似乎是不可改变的，尽管事实是它们已经导致了社会极其不公平和正在造成环境灾难。［3］然而，我们的经济关系并不具有必然性。［4］那种误解正是需要被解决的，也是宗教可以介入的原因，因为随着大学和媒体的价值观念越来越靠近市场，似乎没有其他道德观念可以向它发起挑战。［5］好在宗教所提供的世界观仍然可以帮助我们认识到，市场资本主义在全球的兴起并不仅仅是经济自由的成果；相反，由于它是一种独特的理解和评价世界的方式，有其自身优势。［6］这个经济体系远非不可避免，而是在历史条件下规定的一种组织/重组世界的方式；［7］这是一种带有本体论和伦理学色彩的世界观，与其他对世界是什么以及我们应该如何生活的观念存在竞争性。

[1] ～ [3] 视为一个能够在独立名词词组中进行总结的部分。句子 [5] ～
[7] 是该段落的最后一部分。因此，我们建议段落划分为三部分，即由句
子 [1] ～ [3]、[4]、[5] ～ [7] 组成（Sinclair 于 1987 年提出三部分
结构是书面话语组织的基础）。评价的确在这些部分发挥着重要作用。句子
[3] 评价句子 [1] ～ [2] 的观点，句子 [4] 中使用前指名词词组进行
评价，将句子 [1] ～ [3] 划分到同一部分。句子 [5] ～ [7] 评价了对
前述问题的回应，因此，从某种意义上来说整个讨论到此"结束"了，而
句子 [6] ～ [7] 也回到了对句子 [1] ～ [2] 的评价上，与第 [3] 句
的作用类似。

虽然这些评述并不等于可以"证明"Sinclair 关于评价功能的主张，但
至少能说明他运用了评价的方法。段落中的评价是以交互方式组织和呈现
的。当作者与读者之间的关系建立起来时，这种关系的一部分是对话语边界
及其各部分之间联系的本质的相互认识。

评价既可以用于组织语篇，又能用于突出重点，帮助读者明确话语的
"要点"（point）。"要点"是拉波夫（Labov）在讨论作为叙事要素的评价
的作用时使用的术语。他描述了纽约青少年男孩讲述的故事（Labov，1972；
见本书 Cortazzi 和 Jin 撰写的章节），其中或许包含了最初对语篇评价重要性
的认识。Labov 辨析了他提出的"基本叙事句"（the basic narrative clause），
如果没有它，故事就不可能成立，但是他补充说明了评价"也许是除了基
础叙事句之外最重要的因素"（Labov，1972：366）。Labov 认为，讲故事的
人所面临的最糟糕的命运是，在故事结束后，听故事的人问"那又如何？"。
这种情况说明，讲故事的人没有描述出其中的要点，即为什么所叙述的事件
值得受到关注。而评价可以表明故事是有趣的、惊喜的、可怕的等。因此，
评价通过指出故事的要点和所期待的听众的反应，以化解类似"那又如
何？"的质疑。尽管评价贯穿于整个叙事过程（形成一个与叙事结构并存的
"二级结构"），但它往往在不同的要点处出现，特别是在叙述的开始——摘
要、叙述的末尾——结语，或者只是在故事的结尾之前点题。从本质上讲，
正是评价使独白式叙事具有互动性，实现了交际功能。

我们如何认识评价?

多数读者都认可语篇中的评价内容。例如,下面这篇是大学图书馆中关于只读光盘(CD-ROMs)的信息公告,其围绕一个问题及其解决方案进行组织,最能体现评价的语句已用斜体标出。

(1.9)

〔1〕As well as a number of networked CD-ROM databases, Information Services also holds many other CD-ROM databases which have not been networked because of cost, technical reasons or lack of demand. 〔2〕Hitherto these have mainly been issued from Library Enquiry desks and used on dedicated CD-ROM PCs, meaning that *the CD-ROMs were only available during desk opening times* in exchange for the user's library card number.

〔3〕With the growing numbers of databases available this way, *this procedure is becoming unwieldy*, particularly in the Main Library. 〔4〕Therefore a CD-ROM autochanger was installed on trial six months ago in Zone GC. 〔5〕Making standalone CD-ROM databases available in this way means that *they no longer have to be issued by the Information Desk staff and thus are available whenever the Library is open, not just when the desk is staffed.*

〔6〕*The trial was successful*, and it is now planned to install CD-ROM autochangers in most of the Main Library subject areas, in order to place databases nearer the most relevant bookstock.

在该语篇中,对目前获取数据库的制度评价是负面的,因为用户〔*only available during desk opening times* (仅在问询台工作时间提供服务)〕和工作人员〔*unwieldy* (难以处理)〕都认为它不合理。新制度很实用,〔*databases*〕*no longer have to be issued by the Information Desk staff and thus are available whenever the Library is open*（使用［*数据库*］不再需要经由问询台的工作人员，图书馆正常开放期间均可使用），而且是 *successful*（成功的）。然而，我们如何识别出这些评价性信息呢？

或许可以从概念和语言两方面寻求答案。从概念上讲，评价被认为是具有比较性、主观性和价值性的。因此，识别评价就是识别具有比较性、主观性和社会价值标识的过程。Labov（1972）强调评价的比较性。也就是说，评价包括任何与规范标准进行比较或对比的内容。其中一个例子是使用否定词，将不存在的与可能存在的事物进行比较。因此，*they **no longer** have to be issued by the Information Desk staff*（它们**不再**需要经由问询台的工作人员）（句子［5］）是具有评价性的。而运用比较词语的例句出现在句子［2］中［*CD-ROMs were only available during desk opening times*（仅在问询台工作时间提供只读光盘服务)］，它让读者注意只读光盘服务不可用的情况。

评价的主观性在例（1.7）中没有体现，但在例（1.3）（工作狂丈夫的例子）中有许多表现：*I got so fed up*（我受够了）；*I missed him*（我很想念他）；*I'd rather go with him*（我更想和他一起去）。前两个句子类似于 Labov 的内部评价类型，其体现了某人对某一事件的（主观）反应。（第三个例子不适用于 Labov 的叙事分析。）

Hunston（1985，1989）试图阐释评价的价值性。Hunston 认为，"什么是好的"和"什么是坏的"可以根据目标达成情况来判断。"好的事物"有助于实现目标，而"不好的事物"会阻止或阻碍目标的实现。如果我们假设图书馆管理者和用户都有一个共同的目标，那就是一直可以获得信息，并且操作流程非常简单，那么就解释了何以对 *only available during desk opening times*（仅在问询台工作时间提供服务）和 *unwieldy*（难以处理）的评价是负面的，而对 *available whenever the Library is open*（图书馆正常开放期间均可使用）的评价是积极的。

从概念层面来看，评价的好处是，不限制可以进行评价的内容。例如，如果把目标达成作为评价的基础，那么在一定情境中，词汇重复就可以被视为一种评价。如果确立了一个目标，即 *our aim was to isolate the enzyme*（我们的目标是分离酶），并且在之后的语篇中出现了 *this led to isolation of the enzyme*（这导致了酶的分离），由于 *isolate the enzyme*（分离酶）的重复出现，这句话就可以被认为是评价性的，即使其中没有运用任何评价性语言。以这种方式看待评价的缺点是，对评价构成要素的争论会变成一个反复循环的问题。回到图书馆只读光盘的例子，我们认为 *CD-ROMs were only available during desk opening times*（仅在问询台工作时间提供只读光盘服务）是评价性的话语，因为我们设定的目标是随时提供信息资源，但由于这个评价关涉该目标，我们也得承认对这个目标是知晓的。更准确地说，*only* 这个词向我们表明某种评价正在进行，然后我们使用解释性方法来建构评价是什么，以及它与图书馆管理目标之间的关系。

就评价的语言学定义而言，我们可以从词汇（*lexis*）、语法（*grammar*）和语篇（*text*）三个方面来进行认识。

词汇

有些词语的评价性功能非常明显，因为评价是它们的主要功能和意义，这些词语包括：

形容词（adjectives）：splendid, terrible, surprising, obvious, important, possible, untrue

副词（adverbs）：happily, unfortunately, plainly, interestingly, possibly, necessarily

名词（nouns）：success, failure, tragedy, triumph, likelihood

动词（verbs）：succeed, fail, win, lose, doubt

虽然对于诸如此类词语的评价性功能已经基本达成共识，但要建立一个可以区分评价性和非评价性词项的标准绝非易事。我们借用两个句子来进一步说明：*Jane is a genius*（简是一个天才）和 *Jane is a student*（简是一名学生）。我们基本都会认为第一句是评价性的，*genius*（天才）是一个比较性的词语，对天才的评价是高度主观的，同时成为一个天才具有社会性价值。然而，第二句却容易引起争议。我们可能会争辩说，*student*（学生）

代表的是客观存在的一类人，与其他人的存在明显不同。然而，尽管有些人会认为 *student*（学生）这个词语是一个没有价值属性、纯粹描述性的标签，但其他人会争辩说，它有一个积极的内涵（可能与具有革新精神的、勇敢的知识分子联系起来）或消极的内涵（与懒惰、邋遢的外表和酗酒习性联系起来）。

近年来，许多以前只能通过直觉才能接触到的语言使用的方方面面，已经可以通过大型设备存储的语料库进行研究了。一名语言使用者对特定词语的直觉认识是该词语使用成百上千次之后经验积累的产物，它们散见在多年的异构语言经验中。在呈现某个社群话语时，可以运用巨大的语料库模仿（尽管不是完全一样）这种语言经验。

因此，我们不再执着于"genius"（天才）和"student"（学生）的具体概念，而是去获取这两个词语的数千个使用实例，它们都在自然产生的话语中出现，但可以同时显示在一个界面，以便于明确地观察到每个词语的累积效果。以下是从英语语料库（COBUILD 建立的）① 中分别随机选取的 20行含有"*a genius*"（一个天才）和"*a student*"（一名学生）的语句。

"*a genius*"（一个天才）（共计 446 行）

1 e football theme，［Shouts］The boy's **a genius** # < ZZ1 > normal voice < ZZ0 > It

2 A > I think he was very near to being **a genius**. < T > we realized almost

3 ered that the child was something of **a genius** at mathematics. He whipped

4 of the fundaments,' you know there's **a genius** at work. < LTH > Harry Burns

5 believe that Terence Trent D'Arby is **a genius**, Bobby Davro is great

6 y on Nov 26，1986，Malcolm Mclean is **a genius**, But the other side of geni

---

① 译者注：本书中的英语语料库如无特殊说明，均指柯林斯英语语料库。

7 phasised the status of the artist as **a genius**, For Mr Watson, this change

8 he was convinced that he possessed **a ' genius** gene'. And what to do

9 d outside the court：/My barrister's **a genius**, I'm laughing. It is a soft

10 been so ready to abuse Bentham as '**a genius** in the way of bourgeois

11 , in my place, should be, at least, **a genius**. It's a dreadful insult

12 without conceit, he was considered **a genius**, Knew, too, that such gifts

13 e to the West in parts, who is also **a genius**, Making sense of all this h

14 OK person, quite good looking, not **a genius** perhaps but I have lots of

15 ant to stop where he is, The son of **a genius** remains the son of a genius

16 r nothing is Michael Stipe known as **a genius** round these parts. Our spie

17 um, Santiago attacks # I may not be **a genius** # she told reporters during

18 for equality, her partnership with **a genius** such as John had inevitably

19 to talk to Brundle. It did not take **a genius** to work out that his season

20 uring </h> <dt>12 August 1992 </dt> **A genius** who saved millions
　 of lives

"a student"（一名学生）（共计 1977 行）

1 ust a patron of Buddhism. He became **a student** and then a teacher, writin

2 e time. I left home my first year as **a student** and an aunt paid for me to

3 early rehearsal of a play when I was **a student**. As I rehearsed, I felt li

4 kirk competing in trials while still **a student** at Dublin University.

5 f a mall. My brother was run over as **a student** at Florida State. In both

6 economics graduate, and Eileen, 18, **a student** at Princeton. For them it

7 prompted to do so by a question from **a student** during one of his lectures

8 larger, Klanac recruited Igor Copo, **a student** from the political science

9 nly better than those in Tibet. Once **a student** has survived the chinese

10 l, Bountiful, Utah)：I knew Dion as **a student**. I got to know him probabl

11 ontroversy surrounding the death of **a student** in police custody three

12 next step, said Markiyan Ivanyshyn, **a student** leader. Today's decision

13 ersity lecturer (Mr Ray Ruffon) and **a student** (Mr Sabelo Dlamini), had

14 bed-sitting room in Earls Court. As **a student** of politics. My name is Ra

15 t as the source of knowledge. It is **a student**-oriented-curriculum in the

16 </h? < Dt? 29 February 1992 </dt > < t > **A student** stranded in
   California aft

17 truth about his visit to Moscow as **a student**, then he will accept that

18 nk the French Department when I was **a student** was much more open and fre

19 cy exemption for a dependent who is **a student** who has attained 24 years

20 creditable 'performance': to guide **a student** with ten A-grade GCSEs to

把含有 "*a genius*"（一个天才）的句子放在一起，可以表明评价的意义。有证据证明了这一点：判断性和主观性词语，如 *believe*（第 5 行），*considered*（第 12 行），*known as*（第 16 行）；比较性和成就性词语（第 2、3、19 行）；其他正向评价词语，比如第 9 行的 *I'm laughing*（我在笑），第 12 行的 *gifts*（礼物），第 20 行的 *saved millions of lives*（拯救了数百万人的生命），以及第 14 和 17 行让步句中使用的 *genius*（天才）。虽然第 10 行的句子表明 *genius*（天才）并不总是一个正面性词语，但在大多数情况下其确实代表一种正面评价。另外，即便有一些语句表明学生往往与弱势状态紧密关联（见第 5、9、11 和 16 行），但大多数与 "*a student*"（一名学生）相关的句行是没有表现出这种评价意义的。这两组名词的区别可以通过比较第 16 行 "know someone as a genius"（某人被称作一个天才）和第 10 行 "know someone as a student"（某人被称为一名学生）来说明。第一个可以解释为"周围人都认为迈克尔·斯蒂普（Michael Stipe）是个天才"，而第二个则是"当迪昂（Dion）还是个学生的时候我就认识他了"。如此来看，只有第一句是评价性的。因而，通过审视类似于 *genius*（天才）这样的词语如何在典型语境中使用，就可以来论证这个词语的内在评价意义。反过来，即使在一个简句中，它也可以得到论证。如 *Jane is a genius*（简是一个天才），这句话中的 *genius*（天才）是具有评价意义的，并且使整个句子具有了评价性。

当然，这并不意味着说话人或作者完全不使用 *student*（学生）这个词来进行评价。例如，在下面的（真实）对话中，说话人 B 显然对学生的评价是负面的。只不过，其评价性并不是由 *student*（学生）这个词来标示的，而是通过对比性信号词 *just* 反映出来。

(1. 10)

    A：Who is he?

    B：He's just a student at the University Shakespeare Institute.

总体上，对 *genius*（天才）和 *student*（学生）这两个词语的例句分析已经相对清晰。然而，在许多情况下，一个词项除了要发挥评价功能之外，还需要提供信息，如此，这个词的评价性可能会更具争议性，尤其是动词和名词。例如，当下列动词后面跟介词 *in* 时，都表达了"参与某事或参加某项活动"的意思（Francis et al. , 1996：198）：

assist	engage	join
collaborate	help	meddle
collude	interfere	participate

然而，它们却具有不同意义层面的评价性。从参与活动的重要他人的角度来看，*assist* 和 *help* 评价了参与的积极性。例如，就其他抢劫犯而言，参与抢劫银行是一种积极的行为，但从银行工作人员的角度就并非如此了。*interfere* 和 *meddle*，与 *assist* 和 *help* 所反映的评价性质正好"相反"，因为从参与活动的重要他人角度来看，其对参与行为本身的评价是负面的。*collude* 的不同之处在于对活动和参与程度进行了负面评价：如果某人被描述为在一

个事件中存在串谋行为，则该事件会被评价为一种犯罪或应受谴责的事件。*collaborate*、*engage*、*join* 和 *participate* 并不用于评价参与的情况，而参与的好坏主要取决于活动本身的性质。

再举一个例子，*abstain*、*forbear* 和 *refrain* 都代表着对缺乏行动的一种正向态度，而 *flinch*、*retreat* 和 *shirk* 则表示一种消极态度。

许多名词和形容词都用来描述人、事物或状态等，作者以这种方式暗示赞成或反对的态度，同时提供一些其他相关信息。在下面的例句中（摘自 CCED，1995：453），形容词 *dewy-eyed*（动情的）和 *sentimental*（感伤的）都表示对过去的态度，但它们也暗示了说话人不喜欢这种态度：

> *I can never understand why people become dewy-eyed and sentimental about the past.* （我永远不能理解为什么人们对过去的事容易动情和感伤。）

同样，在下面这个例子中（CCED，1995：639），使用 *flag-waving*（狂热的爱国主义情绪）这个词组表明了说话人不认同这一事物：

> *The real costs of the war have been ignored in the flag-waving of recent months.* （近几个月，狂热的爱国主义情绪使人们忽视了战争的实际代价。）

而往往也会有两个词虽然传递相同的信息，但却反映出了不同的态度。例如，*rebels*（反叛者）和 *malcontents*（不满者）都表示不喜欢目前的制度，但后者含有不赞成的意味。某人的行为可能被描述为 *formal*（庄重的）或 *mannered*（矫揉造作的），后面这个词则会显露出不认可的态度。举一个大家更为熟悉的例子：*execution*（处决）、*assassination killing*（暗杀）、*murder*（谋杀）和 *slaughter*（屠杀）都可以用来描述同一事件，但人们对这些词语道德上的愤怒感是依次增强的。

正如上述以及本书 Channell 的章节中阐述的示例那样，与特定词项相关的评价可能非常复杂，也正如 Channell 和其他作者一致认为的，无法用直觉去判断（Sinclair, 1991; Louw, 1993; Stubbs, 1996）。再次强调，语料库提供了非常有用的信息，从而可以帮助研究和认知有关特定词语的评价作用，并能有新发现。例如，Stubbs（1996）指出，动词 cause 常常与表示糟糕情况的词语搭配使用，例如疾病、自然或经济灾难。继 Sinclair 和洛（Louw）（1993）之后，他将其形容为动词 cause 的"语义韵"（semantic prosody）[①]，并提出该词语的真正含义不应该是"使某事发生"，而是"使某坏事发生"的观点。

语法

接着将详细讨论语法与评价的关系。在这里，我们基本注意到有作者已经把语法的某些方面与评价联系起来了。以下是一些最值得关注的问题。

Labov（1972）

Labov 指出"偏离基本叙事语法会具有显著的评价力"（1972：378），并对此进行列举：

（1）强化词句（intensifiers），例如手势、表达音韵学、量词（比如 all）、重复和仪式性词句，比如 And there it was（就是这样）；

（2）对比性词句（comparators），Labov 列出了否定词、将来词、情态词、准情态词、疑问句、祈使句、或从句、最高级语句和比较句（387）；

（3）关联语句（correlatives），包括进行式、附加式（非限定的"-ing"小句）、双重同位词句和定语〔比如，a knife（一把刀）、a long one（一个长的）、a dagger（一把匕首）、a great big guy（一个大块头）〕；

（4）说明性词句（explicatives），即 while、though、since 或 because 等从属连词引导的从句以及小句之间的其他连接词语。

---

① 译者注：语义韵这一术语是 Sinclair 新创的专为语料库语言学研究使用的术语，主要功能是揭示词项结伴行为的语义特征和人们凭借词语搭配的方式表达态度、评价事件等。引自卫乃兴《基于语料库学生英语中的语义韵对比研究》，《外语学刊》2006 年第 5 期，第 50 页。

Stubbs（1986）

Stubbs 主要对以下语言进行研究："其用于……表达个人信念和立场，是否同意其他人观点，显示个人和社会忠诚、契约和决心等态度，或者使说话人从观点中分离出来，以保持话语和态度的模糊性。"（1986：1）他将其概括为"情态语法"（modal grammar）或"观点"。我们也可以将其看作评价的某些方面。尽管言语行为理论研究还存在较多不足，但他仍将这个理论运用到了其探究词汇、语法和语用意义之间交互关系的研究中。Stubbs 提及了与该领域相关的一些主题：

（1）命题来源的表达（expressions of the source of propositions）（参见 Chafe，1986）；

（2）参与程度的短语（phrases which limit commitment），比如 *all being well*（一切安好），*if I can*（如果我可以），*whatever that means*（不管那意味着什么）；

（3）明确的方式（ways of being explicit），例如，通过表演性（performatives）或模糊性（being vague）的语言（参见 Channell，1994）；

（4）认知动词一般或进行时态的选择（choice of simple or progressive aspect of verbs of cognition）；

（5）"私"动词（private verbs）① 的情态意义；

（6）逻辑性连词（logical connectors），例如 *and*、*but*、*or*、*if*、*because*；

（7）过去将来式的语句（past tense indicating remoteness），如 *I did wonder if I might ask you a favour*（我想知道能不能请你帮个忙）；

（8）指向将来时（references to future time）；

（9）附加疑问句（tag questions）。

Biber 和 Finegan（1989）

Biber 和 Finegan 列出了 12 个"立场标记语"，并将其定义为"表达对

---

① 译者注：常用 that-小句表示思考或内心活动的动词，以表现不会将思考的内容在公众面前表达出来的行为。

命题信息的态度、情感、判断和决心的词汇和语法"（1989：93）。这些标记语由特定类别和其他一些类别的词项构成，具体包括：

（1）表示情感、确信和疑问的副词；

（2）表示情感、确信和疑问的形容词；

（3）表示情感、确信和疑问的动词；

（4）模糊限制语（模糊性语言，比如 *about*、*sort of*）；

（5）强调性词语（比如 *for sure*、*really*）；

（6）表示可能性、必要性和预测性的情态词。

语篇

显然，所有关于评价的研究基本都认为，评价是贯穿全文的，而不是被局限在某一特定部分。这个认识在某种程度上是正确的，比如，在引自温特（Winter）关于情景－评价的示例中，情景和评价部分都使用了评价性语言（见 Winter，1982：191，也可以参见上文的观点，即评价往往发生在话语边界处）。

然而，在某些情况下，由于评价在语篇中的位置及其发挥的作用，它可以被识别出来。例如，Hoey 用一篇著名的文章阐明了由情景－问题－反应－评价（Situation-Problem-Response-Evaluation）四要素构成的语篇模式（Hoey，1983：68），其中最后一段的作用就是评价直升机投放货物的新系统。笔者从原文摘录了一些例句，加上最后一段 ［9］～［11］ 三句话，具体呈现 Hoey 对该语篇的分析及其框架：

(1.11)

情景（SITUATION） ［1］ Helicopters are very convenient for dropping freight by parachute，（直升机用降落伞投放货物很方便，）

问题（PROBLEM） but this system has its problems. ［2］ Somehow the landing impact has to be cushioned to give a soft landing... （但投放系统也存在一些问题。［2］ 不知何故，着陆时要以某种方式缓冲一下才

能实现软着陆……）

反应（**RESPONSE**）［5］… Bertin… has come up with an air-cushion system which assures a safe and soft landing.（……贝尔坦……发明了一种气垫系统，可以确保其安全软着陆。）

评价（**EVALUATION**）［9］Trials have been carried out with freight-dropping at rates from 19 feet to 42 feet per second. ［10］The charge weighed about one and half tons，but the system can handle up to eight tons. ［11］At low altitudes freight can be dropped without a parachute.（［9］已经进行了货运速度从每秒 19 英尺到 42 英尺的试验。［10］其可装载约 1.5 吨货物，而该系统最多可以处理 8 吨。［11］在低空处，不用降落伞就可以投放货物。）

从例（1.11）来看，［9］~［11］句中存在一些评价的信号词，特别是情态动词 *can* 的使用，但是该段落被视为评价主要取决于它相对于反应（Response）的位置，以及表明这个产品是如何被测试的这一事实。换言之，将最后一段话看作评价，是为了表明该句发挥了评价功能，而非表明其表达的内涵是评价性的。

评价、语法和词汇

在这一部分，我们将从语言学家的语言观来考虑评价的定位在哪里，尤其涉及语法和词汇之间的传统差异〔尽管在 Sinclair（1991）及 Hunston 和 Sinclair（见本书）的讨论中，词汇与语法并不是全然分开的〕。

正如本书导言开头提到的，我们目前关注的两类主要评价中，情态（modality）更易通过语法进行认知。也就是说，相比情感，通常将情态视为"语法"的语言特征。如此，情态经常会在语法（grammar）的范畴中被讨论，主要围绕情态动词这一类别；而情感/评价通常在词汇（lexis）这个层面讨论，主要围绕形容词和名词两个类别。这可能是因为，如前所述，情态评价倾向于对命题进行评价，而情感评价则倾向于对实体进行评价。在语言系统中，确定性评价是命题的一个重要组成部分：没有情态的命题只表示采取某种行动的必要性，而没有考虑保证这个命题的真值性。另外，对善恶或利弊的评价可以看成对实体质量的一种偶然性判断，涉及这些评价时，无须再次说明：使用一个具有鲜明评价特征的标签词〔例如，*cat*（猫）与*fleabag*（邋遢）的对比〕会被认为是一种有特定指向的语码选择，也就是说，它在原本指称意义上叠加了一种具有倾向性的情感。

从以上代表性观点可知，学者们已经对情态语法进行了大量研究（参见 Halliday，1994；Palmer，1986；Bybee & Fleischman，1995），然而，对情感评价的语法研究却很少（参见本书中 Hunston & Sinclair，Conard & Biber 的研究）。Labov 列举的评价的信号语（见本章"我们如何认识评价？"一节）中指出了其范畴，如对比性词句中最高级语句与观点表达的关系在直觉上是清楚的，但迄今为止对此的描述相对较少。这样的列举可能是很随机地汇集语法结构后呈现出来的，因此不提倡对其进行系统描述。值得注意的是，脏话（粗话）作为评价性言语之一吸引了许多语言学家对其展开相对严谨的研究，当探讨这一类话语时，即使它们的句法模式在某些方面惊人地与众不同，也很少运用语法分析（见 Zwicky 等，1971/1992）。

不过，在帕里斯（Perkins）（1983）、Stubbs（1996）和 Halliday（1994）对情态进行大量研究后，该领域研究范围已经有所延扩，涵盖了更为多样的结构可能性。例如，Perkins（1983）强调 *suggest* 等情态动词的作用；Stubbs（1996）提到通过认知动词一般式或进行式表达出来的决心程度存在差异；Halliday（1994）探讨了情态隐喻的表达，如 *I think* 和 *there is no doubt that*。这些更为广泛的可能性与情感评价以有趣和揭示性的方式重叠在一起，例如形式主语 *it*，而 Winter（1982）则讨论了插值（interpolation）与两类评价之间的联系。这表明，结构性解释情感评价是可行的，并且尽可能将两种主要的评价放在一起探讨是最有效的方法。

这一领域仍有许多主题值得研究，但如上所述，似乎可以将已经认定为信号评价的语言特征分为三类，每一类都首先考虑评价的不同本质特征（同见上文"我们如何认识评价？"一节）：

（1）评价会涉及评价对象与某种衡量标准（yardstick）比较的词句，比如对比性词句（comparators），具体包括：形容词和副词比较级；程度性副词；比较性副词，如 *just*、*only*、*at least*；消极性表达（词法的，如 *un-* 和其他词缀；语法的，如 *not*、*never*、*hardly*；词汇的，如 *fail*、*lack*）。

（2）评价是主观的：主观性的标记语。其类型非常多样，具体包括情态动词和其他（不）确定性的标记语；非限定形容词；某些副词、名词和动词；句副词和连词；转述性话语结构；标记句结构，包括以 *it* 和 *there* 为主语的句式，以及"特殊用法"的小句（Winter，1982），如假拟分裂句（pseudo-clefts）。

（3）评价是一种价值判断：价值标记语。这些词可以分为两类：一是指评价情境中使用的词项（这种定义的循环性似乎不可避免）；二是表明目标的存在及其（非）达成（"什么是好的"可以被理解为"什么促使我们实现了目标"，"什么是坏的"可以被理解为"什么阻碍了我们实现目标"）。

以上三类中，第三类更具词汇性，第一类和第二类主要是语法性的。即使从这样一个粗略的情况来看，就它们对评价的作用而言，一些领域开始被持续关注了：不仅在情态领域，还包括否定词语（见 Jordan，1998），以及在某种程度上可以用于评论的 that-小句和 wh-小句"包装"的命题（见 Halliday，1994，关于"事实"的讨论；Thompson，1996b）。

Stubbs（1986）呼吁通过"长期从事田野调查"（prolong fieldwork）来建立英语的情态语法。如果我们扩大研究范围，不仅包括他所指的语言层面，还包括上文提到的所有内容，那么田野调查显然会更加漫长。然而，正如 Stubbs 所说，有必要从评价的角度来看语法，并基于此建立一个系统连贯的架构，以补充传统语法视角下占主导地位的"命题"或"内容"的视角。这样的架构会在相对陌生的视角下展示许多语法特征，并揭示出不相关的现象之间的联系。

评价的参数

评价领域为什么有这么多不同的术语？其中一个原因是，评价行为可从多个不同角度的参数来衡量（这里我们重述了前文"什么是评价？"一节中的一些讨论）。我们常常会想到的参数有好－坏、积极－消极等。在下面的示例中，作者对冰面跳水运动进行了积极评价，比如运用了 *not ridiculous*（不荒谬）、*solitude and beauty*（孤独之美）、*make... worthwhile*（使……值得一提）等表述，与此同时那些消极评价的影响可能就被消解了，比如 *might not sound the most appetizing sport in the world*（听起来可能不是一项极具吸引力的运动）：

(1.12)

Plunging into a frozen-over lake on a blustery winter's day might not sound the most appetizing sport in the world. But in this small French resort ice-diving has become something of a craze. And it's not as ridiculous as it sounds：the solitude and beauty of the under-lake world beneath the sheets of ice makes all the preparation worthwhile.

名词 *craze*（热潮）是另一种评价，但指向并不十分明确。"热潮"的确可以表示很受欢迎，但可能只会持续很短的一段时间。因此，作者在第三句中用 *and* 作为连接，以体现积极性评价；而用 *but* 虽然会表现出消极的态度，但其实是通过双重否定来凸显积极评价的意蕴。

正如前文所言，对好－坏的评价依赖于语篇背后的价值系统。在这种情况下，人们通常假设变冷和潮湿是不可取的〔*Plunging into a frozen-over lake on a blustery winter's day*（在寒风凛冽的冬日跳入冰封的湖里）〕，并且除非有足够的补偿，否则做一些需要付出很多努力〔*all preparation*（花费很多精力）〕的事情也是不可取的。它还假设美的体验是一种积极的、有价值的体验。在该语篇中，孤独可以是积极的，也可以是消极的，与美的联系是积极的，比如 *the solitude and beauty ... makes all the preparation worthwhile*（*孤独之美……让所有的前期投入都值得*）。总之，在评价休闲活动时，更关注审美体验而不是身体舒适与否的体验。

但是，并非所有的评价都是对事物的好坏的判断。例（1.13）（摘自《新科学家》杂志）讨论的是临床药物试验的可靠性：

（1.13）

[1] Suppose two hospitals are conducting separate trials of the drug, in which patients are allocated at random to receive either surgery and tamoxifen, or surgery alone. [2] Each hospital will have a different group of patients, surgeons at the two sites will operate differently, each medical team will give slightly different courses of tamoxifen, and so on. [3] How can the two trials be compared? [4] Clearly, the results from the two hospitals are unlikely to be the same: there will probably be a difference in the size of the benefit conferred by tamoxifen on the two groups. [5] When the data consist of just two trials, it is possible that one will show no benefit from tamoxifen at all, because of chance factors. [6] In 100 trials, however, the play of chance is most unlikely to obscure the overall trend. ①

在这段语篇中，最明显的评价信号与作者的意念无关，而是与他对每一条信息的确信程度有关。确信程度由 *unlikely*（不可能）和 *probably*（可能）等情态助动词和其他具有情态意义的信号词来显示。比如，在第 [2] 句

---

① 译：[1] 假设两家医院分别对该药进行测试，随机分配患者接受手术和服用他莫昔芬，或仅接受手术。[2] 每家医院将有不同的试验组，医生也会有不同的操作方式，每个医疗团队将配置不同疗程的他莫昔芬，等等。[3] 这两个试验如何比较？[4] 显然，两家医院的结果不太可能相同：可能会在他莫昔芬药效上存在差异。[5] 当只开展这两个试验时，由于偶然因素可能有一个结果将显示他莫昔芬没有任何效用。[6] 然而，在多达 100 次的试验中，偶然性的影响作用微乎其微。

中，情态动词 *will* 用来表示作者在第一句中提出的一种假设情景。第 [4] 句和第 [5] 句的确定性——*the results from the two hospitals are not the same, there will be a difference in the size of the benefit..., one [trial] will show no benefit from tamoxifen*（两家医院的结果不太可能相同，可能会在……药效上存在差异……，有一个结果将显示他莫昔芬没有任何效用）——是通过 *are unlikely to*、*probably*、*it is possible that*、*is most likely to* 等进行调节的。在 Hyland 和其他学者使用过的术语中，这一段表达在很大程度上被认为是"模糊的"：作者描述假设情景时的表达是谨慎的。

另一个评价信号是副词 *clearly*，见第 [4] 句。这不仅表明了作者对内容的确信程度，同时明确向读者传达了这一确定性，或者这也正是读者所期待的。因此，在"他莫昔芬试验"的例子中显示了评价的两个参数：确定性和预期性。需要注意的是，从 *clearly* 的使用来看，被评价为明确的或预期的是话语本身及其传递的信息。

关键是要认识到，即使在此示例中没有显性的好－坏评价，但其仍然是存在的。这段话实际上包含了读者可以接纳的积极和消极的评价要素。如果我们根据科学研究的假设，试验的同一性既可取也很重要，并且结果应明确取决于控制性因素，而不是偶然性因素，因此，第 [2] 句和第 [4] 句中的"different"（差异性）和第 [5] 句中的"chance"（偶然性）的阐述表明了消极评价，而确保偶然性不会对结果产生太大影响（见第 [6] 句）则表明了积极评价。此外，示例中所表现的适度确定是进一步评价事物好坏的重要参数，这样，读者就可以对可能发生的事件做出明智而审慎的评估了。

评价的第四个参数是重要性或相关性。例（1.14）可以帮助论证一个问题的重要性（《卫报》1998 年 6 月 10 日，第 17 页）。在该例句中，作者认为英格兰所有的"打工人"都应该有假期去观看世界杯足球赛，因为英格兰队参加比赛是国家的一个重大事件：

（1.14）

Remember, it is eight years since England last played in a World

Cup. Over 24 million people watched England play Cameroon in the 1990 quarter final and football fever has grown even more intense since then. ①

但是，通常而言，重要性与"显著性"参数一样，被认为是话语本身的重要组成部分，用以引导读者了解语篇的核心观点。其经常通过形容词和副词来凸显，比如 *important*、*significantly*，见例（1.15）：

（1.15）

Morris's notes and proposals for the book offer insight into his ideas on the necessity for artists to challenge the institutions of art through social and cultural activism. *More importantly*, these notes indicate Morris's antipathy toward art world institutions and his frustrations with artists who tended to distance themselves from efforts to change the system.

有一些例证表明，不同的评价参数在语篇中可以发挥特定作用。某些体裁会优先考虑对必然性还是对好 – 坏进行评价。例如，在建构知识性主张的体裁中，评价的核心功能是评估知识主张各部分的确定性。因此，在学术论文中，依照确定性参数进行评价就显得尤为重要。而在以评价事物价值为核心功能的体裁中，如餐厅评论或人物推荐等，依照好 – 坏参数进行评价则更为重要。因此，对确定性和美德的评价似乎主要是"面向现实场景的"：它们表达了作者或说话人对命题和实体性状的看法（如 Halliday 所言，它们是以经验为导向的）。另外，对重要性和预期性的评价还有一个额外的"指向语篇"的功能：它们可以用来引导读者或听众使他们对所读或所听内容达到预期的连贯性。参照重要性参数进行评价似乎在语篇的组织中发挥了关键作用，因为信息的重要性或相关性一般在段落或语篇的开头和结尾处都会体

---

① 译：别忘了，英格兰队已经 8 年没有参加过世界杯了。在 1990 年英格兰对阵喀麦隆的四分之一决赛中，超过 2400 万人观看了比赛，从那时起人们对足球的热爱越来越强烈。

现出来。例如，Swales（1990）指出，学术论文的引言通常以一个"声明"（claim）开始，以表达文章对这一研究领域的重要贡献。在语篇术语中，依照预期性参数进行的评价似乎经常在点对点的层面上发挥作用。它可以将论点中的各个环节联系起来，以表明一个命题如何符合说话人的观点和他/她对听众观点的假设，以及与先前介绍过的主题相关的"一般性"（normalness）的构成（见本书 Thompson 和 Zhou 合作撰写的第七章）。

然后，我们确定了四个评价参数：好－坏（good-bad）、确定性（certainty）、预期性（expectedness）和重要性（importance）。然而，我们想说，评价本质上是一种现象，而不是几种现象，最基本的参数是好－坏参数。特别是，正如我们在上文讨论的例（1.13）"他莫昔芬试验"中所指出的那样，在文化价值层面必然性和可能性的评价并不是中立的。在一个追求理解和控制自然环境的文化氛围中，有知识则是好的，缺乏知识则是不好的。正是这一点使研究人员能够通过指明知识差距"创建一个研究空间"（借用 Swales 的概念）。"确定性"和"好"这两个参数之间的关联可以通过例（1.16）来说明（见《新科学家》1993 年 10 月 30 日），其讨论了哈勃常数（H）值的新发现：

（1.16）

［1］Michael Jones of the Mullard Radio Astronomy Observatory in Cambridge revealed the latest figures based on the Sunyaev-Zel'dovich effect in a galaxy cluster（*New Scientist*，Science，9 October）. ［2］These indicate that H lies in the range from 24 to 54，with a 'best' value of 38. ［3］The figure is based on observations of just one galaxy cluster，but the team expects to observe five or six more galaxy clusters within two years.

这段语篇提出了一个知识主张〔*H lies in the range from 24 to 54*（*H 在 24 到 54 之间*）〕，如此也就评价了这一主张的确定性〔*latest figures… indicate that*（*最新数字……说明了*）〕。主张的性状被确定为通过基于其他观察或解释的某些计算"表明"（indicated）〔但不是"显示"（shown）或"说明"（demonstrated）〕的事物。然后根据知识主张"好"（good）的程度对其进行评价。在该示例中，就是通过证据有多充分来评价。第〔3〕句中的 *just* 和 *but* 表明，目前支持主张的证据不是特别有力〔*just one galaxy cluster*（只有一个星系团）〕，但可能会有所改善。

简言之，当陈述知识主张时，首先依据确定性参数进行评价，然后是好 – 坏参数。另外，例（1.16）中的所有评价也有助于明确知识主张的确定性和好坏程度。一个具有确定性的知识主张是好的知识主张：如果这个主张只是部分可信，那么也只有部分是好的。

同样，从重要性或预期性的角度来看，对话语本身的评价也可以用好 – 坏参数作为参照。从本质上说，这些评价表明一个语篇要么是连贯的（各部分以预期的、显而易见的或相关的方式相互关联），要么是有意义的（所说的内容有趣、令人惊讶或重要）。连贯性和意义都是"好"语篇的体现。然而，说话人或作者可能会将他/她的话语的某些方面评价为"坏"或"不确定"，以及"好"或"确定"，但评价为"不相关"〔当然，也会使用一些表示部分相关性的短语，如 *to digress*（离题）、*by the way*（顺便）〕或"无趣"是不太常见的。

关于本书

本书前两章探讨了评价在语篇意识形态阐释中的作用。Hoey 撰写的"语言学中的劝说性修辞"一章探讨了诺姆·乔姆斯基（Noam Chomsky）作品中评价性成分在小句结构中的位置。Hoey 认为，评价的显明程度越低，就越难对其进行认识和评估，而巧妙地运用这一特性助推语言学界广泛接受了 Chomsky 的理论。该章论证了评价作为建构学术理论的"隐性说客"的重要性，并延伸到了知识的方方面面。

第三章"基于语料库的评价性词汇分析"由 Channell 撰写，其将研究范围从单个语篇扩展到英语语料库存储的大量（书面和口语）语篇中。这个语料库可以用于观测整个社会意识形态在语篇层面的风向标。Channell 展示了词汇如何在不同情境但又相似的语境中反复使用，以呈现重要的社会价值观，传统上将其称为"内涵"（connotation）。她展示了某些词语如何通过典型用法来暗示意义。

Channell 撰写的第三章是三篇以语料库为研究工具的论文的第一篇，然而这些论文的作者使用的方式非常不同。Conrad 和 Biber 撰写的第四章"言语和写作中的立场状语标记"中，使用定量数据说明各种言语和写作话语在评价〔或"立场"（stance），Conrad 和 Biber 使用的术语〕层面的差异。Conrad 和 Biber 根据状语的形式（主要是副词、介词短语和小句），以及它们是否表达了确定性、态度或风格，对语料库中的状语进行分类。同时，他们将形式和意义与话语类型联系起来，得出了关于每类体裁所偏好的立场表达的结论。

Hunston 和 Sinclair 撰写的第五章"评价的局部语法"指出，有一些可以选择并识别评价性词语的特定型式，并列出了识别评价性形容词的主要型式。此外，Hunston 和 Sinclair 说明了如何将评价参与者（评价者、被评价的事物、评价类型等）映射到这些型式中。这项研究支持了 Sinclair 的观点，即词汇和语法构成了一个体系，而不是两个独立的系统，他还研发了一套自动解析语篇的方法。

在 Cortazzi 和 Jin 撰写的第六章中，我们回到了指向语篇的研究方法。这一章发展了 Labov 的评价观，认为评价是叙事的一个重要因素。但是，他们认为评价行为不仅是叙事的一个组成部分，也是对叙事做出反应的一种方式，读者或听众可以对故事叙述者和故事本身都进行评价。

Thompson 和 Zhou 撰写了第七章——"语篇评价与组织"。这一章讨论了评注性附加语，如 *fortunately*（*幸运地*）或 *surprisingly*（*惊讶地*）等在建构话语，特别是在表明小句关系方面所起的作用。他们认为这些附加状语不仅作为语言的人际元功能的一部分来表明观点，而且在指明话语组织方面发挥着重要作用，从而也是语篇的语言元功能的一部分。同时，评价不是"附加"在语篇信息结构上的，而是语篇保持基本连贯性的核心要素。

Martin 的"超越交流：英语的评价系统"是本书的第八章，其考察了评价（evaluation）（Martin 称之为"*appraisal*"）在系统功能语言学中的作用。Martin 详细介绍了解释各种评价意义所需的系统网络结构，并运用该结构解析了戏剧《凡夫俗女》（*Educating Rita*）中的一个场景。该章探索了评价背后的复杂性，以及如何用可复制的方式处理这种复杂性。

最后一章"评价和话语层面"由 Hunston 撰写，以评价的复杂性为出发点，提出了评价可细分为性状（status）和价值（value）两类，并将其与 Sinclair（1981）的话语层面概念联系起来。该模型被应用于分析一系列主要来自报纸的劝说性语篇。

我们的目的是通过一系列优秀的论文指明有关评价的一些研究思路，以及在各种研究名目下，其在不同语言学研究方法中的地位。真诚地希望本书能激起读者对这一领域进行进一步研究的兴趣。

第二章
语言学中的劝说性修辞：诺姆·乔姆斯基语言特征的文体学研究

迈克尔·霍伊（Michael Hoey）

编者按

Hoey 在这一章深入探究了 Chomsky 作品中的精选段落，着重考察了 Chomsky 对评价性词语的使用。Hoey 认为，Chomsky 通过巧妙地运用评价先发制人地批评他人观点，尤其是消极地评价任何与其语言和语言学学科假设持不同意见的读者。此外，Hoey 还认为，Chomsky 的评价蕴含于小句和话语结构中，因此很难被发觉和质疑。

本章中，Hoey 讨论的核心观点是对小句关系的理解（也见本书第七章）。小句关系是读者感知到的小句之间的逻辑语义关系，它使语篇具有连贯性。情景－评价（Situation-Evaluation）就是这种关系的典型代表，Winter（1982：190－1）认为其是"最基本"、最重要的小句关系之一，它可以组织整个语篇。根据 Winter 的观点，情景小句（Situation clause）告诉我们当前情景是什么，评价性小句（Evaluation clause）告诉我们作者对该情景的看法。因此，就小句关系而言，评价是小句的功能之一，与"情景描写"有明显不同。一个评价性小句可以介入其他关系，尤其在 Hoey 有关评价－依据（Evaluation-Basis）（Winter，1982：71－2）的这一章内容中，作者首先告诉我们他或她对某件事的看法，然后表达提出观点的理由。显然，情景－评价－依据（Situation-Evaluation-Basis）可以形成三层小句关系，依次为"这是事实、这是我对它的看法、这是我看法的成因"，其可以清楚地表达出作者的想法。因此作者的评价会受到持不同意见的读者的质疑。Hoey 认为，Chomsky 避开了这种组织型式使读者更难去挑战他的观点。

Winter（1982）和 Hoey（本章，1983）在认识小句关系时都大量使用了问题标准。在给定两个小句的情况下，分析者在它们之间插入让第二个小句似乎最好回答的问题。这个问题揭示了小句之间的关系。下面的示例是 Hoey（1983：55）为了对其进行说明编造的，中间的问题表明了第一个和第二个小句之间是"情景－评价"（Situation-Evaluation）关系：

第一个小句　　*I saw the enemy approaching.*（我看到敌人正在逼近。）

分析者的问题　　How did you evaluate this? or What did you feel about this?（*你对此如何评价？　或你对此有何感想？*）

第二个小句　　*This was a problem.*（这是个问题。）

本章中，Hoey 用问题来证明 Chomsky 写作中的评价往往嵌入了其他信息，因为尽管有大量的评价，但很少有小句回应诸如"你对此有何感想？"这样的问题。

读者可能会困惑，为什么 Hoey 这一章的参考资料有些陈旧。这是因为本章内容最初是在 20 年前撰写和出版的。本章多次提到 Winter 和 Hoey 的早期研究成果，表明了人们对评价的兴趣远远早于它当前成为语言描写主流研究对象的时间。对这两位学者而言，评价是用于描述自然发生的话语如何运作的一个基本概念。Winter（1982：4）认为，任何一个小句都能提供"两种基本信息"——已知的和感知的，并以此为语法描述的出发点。语法界其他学者花了很长时间才达到这样的水平。

修辞学家乔姆斯基

毫无疑问，1957 年 Chomsky 出版的《句法结构》（*Syntactic Structures*），在战后语言学界掀起了一场最具影响力的运动——"乔姆斯基革命"。直到现在，如果不把转换生成语法作为语言研究的"支轴"，就很难提出新的语言学思想；任何试图脱离这一语法的人都很难融入主流语言学界。

为什么会有如此大的影响？对此有很多答案，但这些答案只有部分被认可。首先，Chomsky 认为语法应该解释语言的创造性，而不仅仅用于分析一系列有限的语句。这一主张促使许多语言学家将研究关注点从语料库转移到更具思辨性的基础理论研究上，使后者看起来更具目的性。

其次，Chomsky 认为语言学在学术领域扮演着非常重要的角色。前期语言学家们开展了较多枯燥乏味的个体语言的特定信息研究，而 Chomsky 则关注了在语言明显的异质性的基础上找到一个形式上和/或实质上的共性系统的可能性，以及心理和哲学层面的这种可能性的内在意蕴。

总体而言，笔者相信 Chomsky 也会如此回答为什么他的研究成果产生了巨大影响。他还可能会认可第三个答案，尽管他自身不会去过多强调这些。他在《句法结构》中提出，并在《句法理论要略》（*Aspects of the Theory of Syntax*）（1965）等著作中发展成熟的语法，在理论上把新旧论述精巧地结合起来。对于熟知 Chomsky 的读者来说，"短语结构成分"（the phrase structure component）是一个既熟悉又陌生的概念。比如，译林·哈里斯（Zellig Harris）早在 1952 年就讨论了"转换"这个概念；然而，这些概念在《句法结构》中的表达方式却是全新的。如此一来，这些新旧差异不会对读者认知造成太大冲击。于是，读者可以当作已经熟知了 Chomsky 使用的一套结构化描述，因此会把大部分注意力集中在运用别出心裁的算数方法得到同样的描述。简而言之，Chomsky 提出的革命性的理论创见实际上是"新瓶装旧酒"。

第四个答案可能不会被 Chomsky 所认同；在本章中，笔者试图论证 Chomsky 是一个造诣颇深的修辞学家，他的主要修辞手段是使读者很难去支持与其相左的观点，而对这一主张首先进行概要式介绍的是博塔（Botha）（1973）。他认为，在八种劝说策略中可以找到让变革者的主张有说服力的方式，"目的是说服持不同意见或中立的学者采纳或拒绝［作者］通过假设表达的观点"。下面是其中的两种策略：

（1）"通过'striking'（惊人的）、'powerful'（有力的）、'strong'（强烈的）、'convincing'（有说服力的）等词语夸大自己论点的显性价值。同时用相应的反义词来贬低对方的观点。"

（2）"警告你的对手，如果他不接受你的理论观点、数据或论点，

　　（i）那么他将会因自己的不理性而感到内疚和/或

　　（ii）那么你们共同所在的研究领域，将会被破坏。"

他还指出："然而，在转换语法领域可能遇到的这些因素的本质和属性，构成了一个成熟且能独立的研究主题。"本章是在这一方向上推进相关研究所迈出的第一步。笔者对 Chomsky 的观点正确与否不予评判，只是觉得他陈述自己的论点时有时会夸大事实，但这又不是证明论点错误的先验证据。因此，本章的目的是鼓励更多学者从批判的方法探讨 Chomsky 的话语体系。

评价主张

下面，笔者将深入分析 Chomsky 论著中的两段语篇。第一段摘自他在贝露琦（U. Bellugi）和布朗（R. Brown）（1964）编著中的一篇析出文献，即《正论：儿童语言语法的发展》（"Formal Discussion：The Development of Grammar in Child Language"）；第二段选自 1965 年出版的《句法理论要略》。这两段语篇或许不是最具代表性的，但在笔者看来，它们探讨的事件比他学术作品中论述的其他内容更适合作为示例进行分析。即便如此，也不能说这些内容是不符合常规的。仔细阅读他早期论著以外的文献，会发现许多其他

的例子；事实上，本章还会从其他地方选取一些例句讨论。

第一段选自 Chomsky（1964a）的一篇析出文献（为便于讨论和表述，对句子进行了编号）：

（2.1）

[1] It seems clear that the description which is of greatest psychological relevance is the account of competence, not that of performance, both in the case of arithmetic and the case of language. [2] The deeper question concerns the kinds of structures the person has succeeded in mastering and internalizing, whether or not he utilizes them, in practice, without interference from the many other factors that play a role in actual behaviour. [3] For anyone concerned with intellectual processes, or any question that goes beyond mere data arranging, it is the question of competence that is fundamental. [4] Obviously one can find out about competence only by studying performance, but this study must be carried out in devious and clever ways, if any serious result is to be obtained.

[5] These rather obvious comments apply directly to study of language, child or adult. [6] Thus it is absurd to attempt to construct a grammar that describes observed linguistic behavior directly. [7] The tape-recordings of this conference give a totally false picture of the conceptions of linguistic structure of the various speakers. [8] Nor is this in the least bit surprising. [9] The speaker has represented in his brain a grammar that gives an ideal account of the structure of the sentences of his language, but, when actually faced with the task of speaking or 'understanding', many other factors act upon his underlying linguistic competence to produce actual performance. [10] He may be confused or have several things in mind, change his plans in midstream, etc. [11] Since this is obviously the condition of most actual linguistic performance, a direct record-an actual corpus-is almost useless as it

stands, for linguistic analysis of any but the most superficial kind.

[12] Similarly, it seems to me that, if anything far-reaching and real is to be discovered about the actual grammar of the child, then rather devious kinds of observations of his performance, his abilities, and his comprehension in many different kinds of circumstance will have to be obtained, so that a variety of evidence may be brought to bear on the attempt to determine what is in fact his underlying linguistic competence at each stage of development. . . ①

第二段取自 Chomsky（1965）另一部论著，内容如下：

(2.2)

[1] One may ask whether the necessity for present-day linguistics to give such priority to introspective evidence and to the linguistic intuition of the native speaker excludes it from the domain of science. [2] The answer to this essentially terminological question seems to have no bearing at all on any serious issue. [3] At most, it determines how we shall denote the kind of research that can be effectively carried out in the present state of our

---

① 译：[1] 显然，无论是算术还是语言，最具有心理关联性的描写都是对能力的描写，而不是对行为表现的描写。[2] 更深层次的问题涉及一个人成功地掌握和内化各种结构而不受其他影响实际行为的因素干扰，无论其是否运用于实践。[3] 对于任何关心智力过程的人，或任何不仅仅是数据处理范围内的问题而言，能力问题才是最根本的。[4] 显然，只有通过研究行为才能发现胜任力，但这项研究必须以迂回和巧妙的方式进行，才能得到真实的结果。[5] 这些显而易见的评述直接应用于语言、儿童或成人的研究中。[6] 因此，尝试构建直接描写观察到的语言行为的语法是荒谬的。[7] 这次会议的记录完全错误地记录了不同演讲者的言语结构思路。[8] 这不足为奇。[9] 说话人在大脑中呈现了一种语法，它能很好地描述句子的结构，但是，当实际面对说话或"理解"的任务时，许多其他因素会影响其潜在的语言能力，进而影响实际行为。[10] 他可能会感到困惑、有些想法或者在中途改变计划等。[11] 这是大多数现实语言行为的条件，而当前直接记录语篇的语料库可以说几乎没有太高的利用价值，因为其仅用于语言的表层分析。[12] 同理，如果要探索儿童现实语法中任何有深刻意义且真实的内容，那么就要以各种巧妙的方式观察他在不同情境中的行为表现、能力和理解力，以便于多方面论证他在每个发展阶段的实际语言能力……

technique and understanding. ［4］ However, this terminological question actually does relate to a different issue of some interest, namely the question whether the important feature of the successful sciences has been their search for insight or their concern for objectivity. ［5］ The social and behavioral sciences provide ample evidence that objectivity can be pursued with little consequent gain in insight and understanding. ［6］ On the other hand, a good case can be made for the view that the natural sciences have, by and large, sought objectivity primarily insofar as it is a tool for gaining insight (for providing phenomena that can suggest or test deeper explanatory hypotheses).

［7］ In any event, at a given stage of investigation, one whose concern is for insight and understanding (rather than for objectivity as a goal in itself) must ask whether or to what extent a wider range and more exact description of phenomena is relevant to solving the problems that he faces. ［8］ In linguistics, it seems to me that sharpening of the data by more objective tests is a matter of small importance for the problems at hand... ①

这些段落吸引读者的突出特点就是运用了大量的评价性话语。情景－评价（Situation-Evaluation）中的小句关系可以被看作语篇组织中最基

---

① 译：[1] 有人可能会问，现代语言学优先考虑反思性证据和母语人士的语言直觉，是否必然将其排除在科学领域之外。[2] 这个本质上是术语问题的答案似乎没回答任何一个重要的问题。[3] 它至多决定了我们应该如何表示在当前的技术和认识状态下可以有效开展的研究类型。[4] 然而，这个术语问题实际上与另一个令人感兴趣的问题有关，即卓有成就的科学研究的重要特征是追求见解还是客观规律。[5] 社会科学和行为科学充分表明，可以追求客观规律，但不会因此而获得见解和看法。[6] 另外，有一个例子有力证明了自然科学总的来说是追求客观规律的，主要因为其是获得见解的工具（可以用于表明或检验更深层解释性假设的现象）。[7] 无论如何，在特定研究阶段，关注见解和看法（而不是把客观性作为目标）的研究者必须自问，对现象进行更广泛和更准确的描述是否或在多大程度上与解决其所面临的问题有关。[8] 在我看来，语言学界通过更客观的测试锐化数据似乎对解决眼前问题的作用不大……

本的关系（关于这一点的讨论，见 Winter，1977，1979，1982，1994；Hoey，1979，1983；Bolivar，1986）；因此，评价本身并不能用于区分 Chomsky 与其他作者的风格。使 Chomsky 对评价的运用具有重大意义的要素是：（1）评价的量化；（2）评价与情景因素的交织；（3）评价的自然呈现。

在科学论证中更常见的做法是，要么先给出评价，然后给出理由和依据，要么先介绍情况，然后再对其进行评价。这样做是为了让读者能够对评价结果提出质询。①

然而，在 Chomsky 的这两个选段中，我们发现情景的情景评价（*situation-evaluation of situation*）和评价的评价 – 依据（*evaluation-basis of evaluation*）这两种模式体现得并不十分清楚。评价和评价对象以一种更为复杂的方式交织在一起，使他可以提出更加多样的评价。在第一个段落〔例（2.1）〕中，我们保守估计，呈现了十种评价实例；在第二个段落中，大约有五种实例。下面是三个名词词组作为前置修饰成分的评价性例句：

(2.3)

For anyone concerned with intellectual processes, or any question that goes beyond *mere* data arranging, it is the question of competence that is fundamental.（对于任何关心智力过程的人，或任何不仅仅是数据处理范围内的问题而言，能力问题才是最根本的。）

---

① 以乌尔曼（Ullman）（1962）的一段话为例。"［1］现在经常听到的诸如 '这个词只由上下文决定，它本身没有什么意义'（脚注省略）这样的陈述既不准确，也不真实。［2］虽然词语几乎总是嵌入特定的上下文，是完全正确的，甚至是一个不言自明的真理，但在某些情况下，即便没有任何上下文，完全独立的一个词仍然是有意义的。［3］类似托尔斯泰的《复活》（*Resurrection*）、易卜生的《幽灵》（*Ghosts*）或简·奥斯汀的《劝导》（*Persuasion*）等单词式标题可以充满意义，甚至像吉卜林的《如果》（*If*）和亨利·格林的《虚无》（*Nothing*）这样的简短标题也会让人产生某种想法。"简而言之，我们可以说第［1］句是评价，第［2］句提供了评价的理由，第［3］句提供了依据。

(2. 4)

These *rather obvious* comments apply directly to study of language, child or adult. （这些显而易见的评述直接应用于语言、儿童或成人的研究中。）

(2. 5)

The answer to this *essentially terminological* question seems to have no bearing at all on any *serious* issue. （这个本质上是术语问题的答案似乎没能回答任何一个重要的问题。）

在这些例句中，评价并不是重点。举例来说，例（2.3）需要关注的问题不是：你对 ***data arranging***（**数据处理**）有什么看法（或评价）？也不是任何类似的问题。将 *data arranging* 评价为 *mere*（仅仅）是蕴含于以 *anyone*（任何人）为主语的名词词组中的，而该词组本身就是介词短语的一部分，起着附加状语的作用。因此，读者很难对这个评价产生疑惑；同样，它在句子中的内嵌深度不需要 Chomsky 太过在意。简言之，以这种形式将评价内置在句子中，使他能够保证评述的连续性，不必在发表或呈现评论的同时还要不断对其进行解释。此外，当评价以名词的前置修饰语而不是句子的补语出现时，作者和读者更容易将其视为给定信息或共同立场。鉴于此，评价也会较少受到详细审视。

如果我们仔细考察评价以避免读者直接质询，会发现可争论的空间还有很多。例如，在例（2.1）的第［5］句中，*these rather obvious comments*（这些显而易见的评述）隐藏了潜在的分歧。其意指："只有通过研究才能了解能力，但这项研究必须以迂回和巧妙的方式进行，才能得到真实的结果。"但是，为什么这些评述是显性的呢？除开能力和表现之间的区别的争议性，笔者认为，对于任何接受这一差异的聪明的外行人来说，*直接*（direct）研究行为获得的数据对能力研究毫无用处，这一点体现得并不明显，因为二者是密切相关的。只有当读者已经接受了他或她被鼓励认同理论时，评述的明显性才会变得显而易见。

为什么一个有潜在争议的评价被故意安排到比这句话更低阶的层面来弱化其产生争论的能力呢？对 Chomsky 而言，这个问题的答案似乎是如果他以 *rather obvious*（显而易见的）评述，会让潜在批评者更难向他发起挑战。可以说其使用了典型的"皇帝的新装"策略。在安徒生童话中，两个骗子警告每个人，如果看不到衣服就说明他不称职，或者是愚蠢至极的人，以此说服所有人将皇帝的赤身裸体当作穿着华服来欣赏。*rather obvious*（显而易见的）的效果就是让那些认为评述不明显的人怀疑自己的判断，而不是 Chomsky 的，并使潜在的批评者担心被公开指责自己疏漏了这些"显而易见"的东西。笔者稍后会再探讨这一点。

有时，内置评价是为了保护理论框架的某些方面不受质疑。例（2.6）来自"语言学理论"（Linguistic theory）（Chomsky，1966），其再次通过前置修饰成分进行评价（强调我的）：

（2.6）

　　Repetition of fixed phrases is a rarity; it is only under exceptional and *quite uninteresting* circumstances that one can seriously consider how 'situational context' determines what is said, even in probabilistic terms.（重复固定短语是很少见的；只有在特殊和相当无趣的情况下，人们才能认真思考"情景语境"如何决定言语，即使在概率意义上也是如此。）

与前一个例句一样，评价蕴含于其中，可以让 Chomsky 不必为有争议的观点提供依据；那些对承担社会角色或社交机制有兴趣的人等可能会对评价提出异议。社会语言学家要关注这些问题，特别是生成语法学家。鉴于情景语境已经言明 *quite uninteresting*（相当无趣）的情景，其消除了在生成语法中纳入任何语境特征的必要性的效果。这也避免了使他的创造性问题是语言学理论的核心这一观点受到挑战（Chomsky，1964b）。

这两种评价的陈述方式无须证据支持，读者只有在打断其陈述观点的前提下才能将注意力集中到这两种评价上。然而，尽管 Chomsky 的许多评价都是潜没性的，但也不能断定都是如此。考察两段选篇中没有潜没性评价的语句是很有启发性的，因为读者可能期望这些内容得到一个依据支撑或去关注某个情景。此处将例（2.1）中的首句作为例（2.7）再次讨论：

(2. 7)

It seems clear that the description which is of greatest psychological relevance is the account of competence, not that of performance, both in the case of arithmetic and the case of language. （显然，无论是算术还是语言，最 具 有 心 理 关 联 性 的 描 写 都 是 对 能 力 的 描 写，而 不 是 对 行 为 表 现 的 描写。）

虽然从例句中看不出来什么，但其实际回答了一个问题：从刚才给出的例证中，你从能力和表现的相关关系中得出了什么结论（以及你对这个结论有多大把握）？而不是一个评价性的问题：什么是明确？因此，评价的功能类似于评注性状语，例如 *Clearly*（清楚地），而不会成为句子的核心要素。与前面例子一样，读者并不期望在语篇后面有据可循。至此，值得注意的是，这是 Chomsky 写作的一个常见公式，通常用它使结论看起来毋庸置疑，进而强化这个结论。摘自《语言学理论的现有问题》（"Current Issues in Linguistic Theory"）（1964b）的例句如下：

(2. 8)

In any event, whatever the antiquity of this insight may be, *it is clear* that a theory of language that neglects this 'creative' aspect of language is of only marginal interest. （无论如何，不管这种见解有多么陈旧，显然一个忽视了语言"创造性"的语言学理论是会被边缘化的。）

(2.9)

Perhaps this notion... is related to the equally strange and factually quite incorrect view... that current work in generative grammar is in some way an outgrowth of attempts to use electronic computers for one or another purpose, whereas in fact it *should be obvious* that its roots are firmly in traditional linguistics. （也许这个想法……与同样奇怪但实际上不正确的观点有关……目前的生成语法研究在某种程度上出于某种目的尝试使用了电子计算机，而事实上，*很明显*，它的根基还是在传统语言学。）

(2.10)

It seems natural to suppose that the study of actual linguistic performance can be seriously pursued only to the extent that we have a good understanding of the generative grammars that are acquired by the learner and put to use by the speaker or hearer. （我们似乎很自然地认为，只有当透彻理解了学习者习得并被说话人或听众使用的生成语法时，才能够认真地研究语言的实际表现。）

在例（2.1）第［7］、［8］、［9］三句话的关系中也存在同样的省略现象。第［8］句评价第［7］句 *not surprising*（不足为奇），它不评价真实性，而是评价这一真实性的不可预见程度。第［9］句是评价和将会议记录视为 *totally false*（完全错误）的缘由。但其以及后面并没有跟着依据，尽管有人可能会认为第［10］句实际上一定程度上发挥了这一作用。另外，这两个评价是有争议的，但在这种情况下，通过使用 *totally*（完全地）和 *in the least bit*（一点）等强化词进一步强调了它们的评价性。与所建议的相反，任何受过教育的非语言学家都会惊讶地发现，人们的讲话记录完全错误地描述了产生这种言语的语言结构概念；正如以前那样，对那些已经接受了所概述的理论方法的人来说，这个评价不足为奇。如同 *rather obvious*（显而易见的），Chomsky 宣称自己的主张 *not in the least bit surprising*（并不是最令人惊讶的），这使得批评者有责任证明他们为什么会形成令人惊讶（*surprising*）的主张。换句话说，Chomsky 说自己的主张是可预见的或无标识的，因此批评者需要提供更多的理由予以反对。[①]

评价反对者

我们已经看到，大部分支持和维护 Chomsky 观点的评价是没有依据的。这同样也适用于他自己那些批判不同主张的评价。笔者讨论 *rather obvious*（*显而易见的*）时谈到了这一点，但还有必要进一步对其进行探讨。

据了解，Chomsky 批判斯金纳（Skinner）时（选自 Fodor & Katz，1964）为语言学的争论带来了新的注解。但是，他想关注的对象是一个能激发他提出大量主张的人。令人遗憾的是，在 Chomsky 后来的著作中，他对所有与自己语言学理论或方法的观点相左的人使用了同样的语调。例（2.1）中有 6 处针对潜在批评者的无礼言辞；例（2.2）的 7 个长句中全都有体现。我们将依次讨论。

例（2.1）的第［3］句提到 *anyone concerned with intellectual processes*（*任何关心智力过程的人*），或 *any question that goes beyond mere data arranging*（*任何不仅仅是数据处理范围内的问题*），这有两个问题。第一，如果读者参与了数据处理，他或她只被认为 *mere*（*仅仅*）参与了数据处理。*beyond*（*超出*）这个词强调了这样一个事实：Chomsky 的批评者已经对自己只关心琐碎问题而感到自责。第二，任何对这句话的核心主张——能力问题是根本问题——提出异议的人将面临这样一种指责：其不是一个关心智力过程的人，关注的问题也不是一个仅仅涉及数据处理的问题。简而言之，任何质疑 Chomsky 主张的人都只是扮演了一个组织整理数据的角色。这完全就是"皇帝的新装"那套路数。

[①] 有理由认为，第［7］句在一定程度上为第［6］句中的评价提供了依据，但它本身就是一种评价，因此不符合所提出的反对意见。

接下来的三句话基本上也使用了相同的策略。如果读者不是通过迂回和巧妙的方式研究表演，那么他的研究结果很难保证是严谨的；任何对这一主张提出异议的人的研究结果很难会引起重视。试图构建一个直观描述所观察到的语言行为语法的人都是在尝试荒诞之事；捍卫这种立场的人也同样荒谬。〔*rather obvious*（显而易见的）的重要性已经讨论过了。〕第 [11] 和 [12] 句也是如此。使用真实语料库的潜在批评者不愿意承认他们的语言学类型是最肤浅的一种；直接观察表演的潜在捍卫者因为没有发现任何真实的东西而感到气馁。

例（2.2）中话语的攻击性更明显。第 [1] 句提出的问题首先被认为是 *essentially terminological*（本质上是术语的）问题，然后没有得到回答，他认为自己对无关紧要的问题无须答复，尽管对于提出问题的人来说，它代表了一个关于整个生成语言学基本有效性的问题。① 因此，任何追问这个问题的人都只是对琐碎的问题感兴趣。然后，他引用特罗洛普（Trollope）在《巴切斯特塔》（*Barchester Towers*）中的忠告："聪明人犯错时，总是通过指责有罪的人的过错来掩盖自己的错误。"他没有回答"无关紧要"的问题，而是建议那些提出这个问题的人以牺牲自己的见解和看法为代价去追求客观规律。我们被告知：*The social and behavioral sciences provide ample evidence that objectivity can be pursued with little consequent gain in insight and understanding.*（社会科学和行为科学充分表明，可以追求客观规律，但不会因此而获得见解和看法。）〔见例（2.2）中的第 [5] 句〕没有数据、引文和臭名昭著的例子摆在眼前。这类陈述被认为是不证自明的。如果其很难论证，后续话语就更是如此：*On the other hand, a good case can be made for the view that the natural sciences have, by and large, sought objectivity primarily insofar as it is a tool for gaining insight.*（另外，有一个例子有力证明了自然科学总的来说是追求客观规律的，主要因为其是获得见解的工具。）（见第 [6] 句）但没有一个例子可以力证，甚至去尝试表明：我们应该支持 Chomsky 的主张。最

---

① Botha（1973）主要研究这个问题。

后，在挑战了批评者之后，Chomsky 又一次采用了"皇帝的新装"这个策略。任何一个坚持认为生成语法学家过分依赖母语者（通常是语言学家本人）直觉的人，都可能被打上这样一个烙印：他关注的是客观规律本身，而不是见解和看法（见第 [7] 句）。

结论

在这一章中，笔者关注了两个密切相关的因素，它们正是修辞学家 Chomsky 能取得成功的原因。两者都是由 Botha（1973）提出，但其没有详细说明或描写。通过研究发现，Chomsky 运用评价支持了自己的论点，也威慑了批评者。关于后一点，笔者认为他通过内嵌和引用未指明出处的文章掩饰了缺乏支持争议性评价的依据。这些特征在 Chomsky 后来的所有论著中都是断断续续被提及的，并且在《句法结构》这本书中几乎完全没有阐述，因此很明显，Chomsky 最初的影响力并不来自它们。更令人遗憾的是，他觉得有必要在后续著作中采用这种策略，特别是因为他在辩论风格和内容方面的影响力都很大。

第三章
基于语料库的评价性词汇分析

乔安娜·查奈尔 （Joanna Channell）

编者按

本章列举了一些带有积极或消极评价意蕴的词语（例如 *fat*、*par for the course* 和 *right-on*）。Channell 使用英语语料库的词语索引行（concordance lines）来展示这些含义是如何产生的。索引行可以将各种含有检索词项的实例集中展示，以便直观了解该词的典型语境，特别是最常与之一起搭配使用的其他词语。Channell 阐明了这种搭配信息的重要性，并应用它为读者全面了解词语内涵提供依据。

Channell 用"语用意义"（pragmatic meaning）〔而不是"内涵"（connotation）〕来描述语言符号与其使用者之间的关系，而不是单词或短语本身固有的内容。该研究与 Sinclair 和 Louw（1993）早期对"语义韵"（semantic prosody）的研究密切相关。语义韵（或语用意义）是指某些词语由于经常同具有某种语义特征的语言单位共现而产生的一种肯定或否定的语义评价取向〔Channell 用"极性"（polarity）来表述〕。因此，如果某个词经常与肯定或否定词语固定搭配，说话人就可以利用这种关联来隐晦地表达评价意义。比如，动词短语 *set in*（Sinclair，1991），常常与表示不希望发生的事情（例如疾病或恶劣天气）的主语搭配使用。因此，*set in* 的语义韵总是负面的，可以用其暗示某种态度或感觉。例如，*the hot weather set in early that year*（那年炎热的天气早早就来临了）表明了这位作者不喜欢那样炎热的天气，即便他并没有直接说出来。

Channell 提出的一个重要观点是，语用意义往往被语言使用者的直觉隐藏起来。（大多数讲英语的人在别人指出 *set in* 的语义韵之前，不会自觉意识到它的内涵色彩，尽管它已经是日常用语的规定用法了。）如果只有一两个有关单词或短语的样例可用，其语义信息不仅会被悄无声息地隐藏起来，而且很难对其进行观察。〔我们无法从 *hot weather*（炎热的天气）本身看出 *set in* 实际的语用意义。〕我们需要有大量的词语或短语实例作为依据，帮助进行积极或消极评价。正如 Channell 表明的那样，所需的实例最容易从大型语料库中获得并作为"词语索引行"以供研究。（Channell 以语料库为研究工具，可与本书 Conrad 和 Biber 的语料库研究进行比较。）

由于语用意义是隐藏在反思中的，要找出哪些词有语用意义具有偶然性：有人可能只是在研究其他事物时碰巧遇到了这样一个词。而偶然性难以坚实地支撑语言学研究。相比之下，Channell 开展的是对高频英语词汇的系统研究，在《柯林斯 COBUILD 英语词典》（CCED，1995）编纂期间就在推进了。该词典对语用意义进行了编码，为 Channell 的研究提供了一个综合数据库，便于从中选择实例分析。

引言

本章所探讨的内容旨在说明如何从语料库中提取词语索引实例，用以分析某个单词或表达的评价功能。笔者想论证和阐明评价分析可以建立在对实际数据的系统观察基础上，不再以具有偶然性和不可靠性的语言直觉为基础。

在这个过程中，笔者还会探讨一个观点，即基于语料库的分析不仅能合理描述语言，还能使观察超出直觉所能作用的范围，从而揭示直觉无法触及的评价功能（相似观点见 Louw，1993）。

讨论一些实例后，笔者将简要阐述本研究的意义、应用和理论问题。

思路

本研究认为评价的功能在于了解任何能够表达说话人或作者对其语篇内容的态度或情绪反应。其中，笔者重点关注了由单个词项或半固定的表达所承载的功能，而不是由整个句子或语篇片段承载的示例（例如，创造表明态度的意蕴）。另外，笔者还会进一步聚焦于讨论将评价作为其含义的一部分进行编码的词项，而不是以评价为唯一目的的词项。以下两个例子展示了唯一功能是表现主观评价的词项：

（3.1）

The Australian press thought he was an *idiot*. （*Guardian*）〔澳大利亚媒体认为他是个白痴。（《卫报》）〕

（3.2）

I waver between wondering why everyone finds him so *scrumptious*，and finding him so myself. （*Independent*）〔我在惊讶于为什么每个人都觉得他那么帅气和我自己也这么认为之间摇摆不定。（《独立》）〕

相比之下，例（3.3）中，*self-important*（自大）除了传达不满的评价意蕴之外，还传递了其他信息：

（3.3）

They were，are，the most plodding，bloated，*self-important* slop-bucket in rock history. （Review of a band in a magazine on popular music）〔他们一直是摇滚史上最沉闷、最傲慢和最自大的一群人。（某流行音

乐杂志对一支乐队的评论）〕

　　本质上讲，这是一个弗斯①式（Firthian）的程式，意在描述——一种通过关注语篇前后语境，认知意义的描述。弗斯说："词的完整意义存在于语境中，离开完整语境的意义研究不是一项严谨的研究。"（Firth，1935：37）

　　Stubbs（1996：22－78）简明扼要地叙述了当前语料库语言学对弗斯语言学认识的不足，他总结道："现在语料库语言学正在进行的详细描述性研究将对许多已被接受的句法和语义方面的观点进行一次大改写。"（1996：49）Stubbs 也可能增加了语用学理论，近期的相关研究和本章例句表明，许多语用现象只能通过大型语料库研究才能揭示出来，在单独例句的研究中无法通过内省认识和观察。

　　然而，笔者与弗斯不同的是，从广义上来假设意义的描述表现在两个方面：

语义学（semantics）＋语用学（pragmatics）＝意义（meaning）

〔这个公式与盖茨达（Gazdar）的提法相似，1979：2〕。态度的编码可以是语义的也可以是语用的。在 *scrumptious*（帅气）的语境中，态度编码是语义上的；在 *self-important*（自大）的语境中（下文会继续讨论），态度编码则是语用层面的，除了语义意义外，《牛津高阶英语词典》（OALD）将其定义为"认为一个比另一个重要得多"。有时，我们也会将要描述的含义类型称为内涵。莱昂斯（Lyons）（1977：176）慎重地指明内涵（*connotation*）这个术语的用法为"非哲学用法"。他对某个词内涵的定义是"除了其核心含义之外的情感或感情成分"。

　　分析法由两种来自不同语言分析领域的技术手段组成。首先，搭配分析法用计算方法来识别通常与所研究词项共现的词语。其次，这里使用对话分析法的改编版去探究有关词项含义和功能的信息。这些信息可从其对语篇或后续对话内容的特殊效果中观察到。

---

　　① 译者注：弗斯（1890 年 6 月 17 日~1960 年 12 月 14 日），英国语言学家，现代语言学伦敦学派的创始人。

数据

本章数据来自当时英语语料库中的 2 亿个口语和书面语用词①，其也为准备编写的 Collins COBUILD 出版物所用。在编写新版《柯林斯 COBUILD 英语词典》（CCED，1995）的两年半中，笔者仅从众多的可识别和可分析的实例中选择了很少的一部分作为实际研究对象。（有关语料库研究的更多信息，请参见 Barnbrook，1996②；McCarthy，1990；Sinclair，1991；Stubbs，1996；等等。）

方法

研究方法的选择是"自下而上"的，因为要确定词项的评价极性，研究人员必须用大量实例作为支撑。另外，通常难以依据直觉明确评价极性，那么，研究者就不能从"一个例子"开始思考，然后再寻找引用它的实例。因此，本研究的观测只能以一个大的研究项目（如编纂新词典）为依托，该项目成员详尽地查阅了当前几乎所有的英语词汇。CCED 编译团队沿用一种特定的语用学方法〔爱丽丝·戴格南（Alice Deignan）和笔者开发的〕，该方法要求团队在所有词语索引中探寻具有褒贬色彩的评价极性的证据，并以此建立相关条目。团队研究过程中产生了大量前所未有和意料之外的关于英语的观察。CCED（1995：xxxiv – xxxvii）详细介绍了在词典中如何处理语言的语用问题。

先来讨论一个实例，因为它的评价功能尽人皆知。

---

① 英语语料库中的词汇量是不断增长的。在研究过程中，语料库的词汇量是 2 亿个。其词汇量在 1998 年 7 月达到过 3.2 亿个。英语语料库内含英国通用口语、英式英语、美式英语、澳大利亚的新闻报道、杂志，以及英、美国家出版的书籍、广播报道等。

② 译者注：此处应为 1995。另外，参考文献中 Barnbrook 1995 年有两个文献，但未标明 a、b，因此正文中所说文献具体指哪一个姑且存疑，下同。

实例

例1：*FAT*

由于英国文化对体重的偏见，*fat*（胖）这个词既不是中性形容词，也不是褒义词。本研究选取了一些有关 *fat*（胖）的词语索引数据，按照目标词右侧单词首字母罗列，见表3-1。

表3-1　fat（胖）的语汇索引实例

I'll fall for that. My inner thighs are growing **fat**. Me and God I've been
chastise yourself for eating and end up feeling **fat**. If your hand-or your mind-moves towards
well, I met with Stanley Jaffe, and he saw I'm no longer **fat**. 'Still, she had to do a screen test, the
and toads. In the middle sits my duck, Jeffrey, sleek and **fat**, and utterly calm despite my sudden appearance
Schopenhauer residence chanting 'Fat and old, fat and old, **fat** and old' mourning the sexy flowering of her youth?
the end-all? Not even the Ex smells bad? It's an ex with a **fat** ass? A squint? What are you, a moron?
at them with quiet eyes and an enigmatic smile. A short, **fat**, brown proprietor with a bald head and a gray
out across the front seat trying to coax out our big **fat** cat, Pooch. Pooch hates anything that involves
- whenever he went- from old Maria Ivanovna, a **fat** crafty old woman, or from her deputy anna
and equally bellicose middlesex side. The once-**fat** Gatt says he threatens real business this summer
with a teasing grin. 'You're going to be the best dressed **fat** lady in town. Would you believe most of it is
into the dining room. we debated leaving, but a party of **fat** people beside us told us not to give up because it
fat people? A: It could be. I mean perhaps you should ask **fat** people. B: Do you think that's a reason that it
on the way out the door. Drive all the way down to that **fat**, pompous lunatic's castle on the hill. Be checked
you can remember some of these-one is, 'your mom is so **fat**, she on both sides of the family
To the problem which broke up his marriage. 'I was a **fat** slob, a pig hooked on cocaine, 'said one headline.
Bollag reporting: A pig shed, housing dozens of large, **fat** sows surrounded by their little piglets
FATHER: It is a wonder you don't get **fat**, the amount you eat between meals.

笔者邀请读者对其进行浏览，并观察他们对 *fat*（胖）这个词的印象。笔者的分析是：

（a） *fat*（胖）总是与贬义的形容词搭配使用，比如 *old*（老）、*ass*（屁股）、*bald*（秃顶）、*slob*（懒散）、*crafty*（狡猾）、*pompous*（浮夸）；

（b） 通过暗指不（*not*）变胖的结构，用以表达发胖不好，比如，*end up feeling fat*（最后觉得自己胖了），*it is wonder you don't get fat*（奇怪的是你不发胖），*he saw I'm no longer fat*（他看到我不再是胖子了）；

（c）*fat*（胖）是滑稽的，比如 *best-dressed fat woman in town*（镇上最佳衣着的胖女人），*your mom is so fat*（你妈妈太胖了）等。

在所有描述对象是胖人的例子中，这个评价是贬义的。

从 *fat*（胖）这个词可以看出关于评价功能的一个重要主张：极性可以根据指称对象的应用属性而变化。在此情况下，如果指称对象是动物，肥胖就不是一件坏事了，比如：*Dozens of large, fat sows surrounded by their little piglets-oh, how cute!*（几十只肥大的母猪被小猪包围着，哦，多么可爱！）的确，其传递出了相当积极的意义，再比如 *my duck, Jeffery, sleek and fat*（我的鸭子杰弗里，浑圆滑亮的）。要注意的是，当 *fat*（胖）与非生物的指称对象搭配使用时，常常也会具有贬义色彩，例如 *fat salary*（丰厚的薪水）、*fat profits*（暴利）、*fat cats*（脑满肠肥的懒汉）等（有关讨论，请参见 Carter，1987：53 – 4）。

这些实例更加具象地向我们表明了，生活在英国文化架构中的每个人都自然而然地认为，肥胖是不受欢迎和不好的。当然，在其他文化中或许并非如此。因此，*fat*（胖）这个词生动地展示了一种文化认同或文化动机评价，其取决于文化中共享的价值观。可见，以 *fat*（胖）为例可以直观说明语料库数据如何证实一些利用 *fat*（胖）表达消极态度的直觉认知。

在研究 CCED 的过程中，有很庞大的一类实例是关于个人行为的。这并不令人特别惊讶，正如 Thomson 和 Hunston 在本书导言中提到的那样，评价性语言关注的是个人判断和社会定义的好坏观念的表达，而对个人行为的评价在许多情况下是个人判断的问题。特别是，有许多消极词语触及了英国文化中备受关注或已明确的层面，同时其也是英国人对所有自大或自我膨胀行为的批判性用词，见例2。①

---

① 具有相似评价功能的词项包括 grand（庄严的）、social climber（趋炎附势的人）、pontificate（自以为是地谈论）。下面这些同类词语或表达传递出了某人事半功倍的意思：flavour of the month（红极一时）、get something handed to him/her on a plate（让某人轻松赢得）。

例2：*SELF-IMPORTANT/SELF-IMPORTANCE*

似乎没有必要举例说服读者，讲英式英语的人使用 *self-important*（自大）一词时带有极强反感态度。如（选自134条引文）：

> the tender egos of a bunch of **self-important** reporters.
>
> boy-boy, insincere, overwrought, **self-important**, retro indie swill
>
> head bobs forward and back in that **self-important**, self-adoring way
>
> the most plodding, bloated, **self-important** slop-bucket in
>
> there is a swipe at David Owen：so **self-important**, so naked in his ambition
>
> caught up in New York's alarmingly **self-important** social circles,

直接的语言语境中的消极词项包括：

名词（nouns）：tender egos（脆弱的自我）、swill（劣质的食物）、slop-bucket（污水桶）、swipe（抨击）

形容词（adjectives）：insincere（不诚恳的）、overwrought（过于激动的）、self-adoring（自我陶醉的）、plodding（沉闷的）、bloated（膨胀的）、naked（in his ambition）（野心勃勃的）

副词（adverbs）：alarmingly（令人震惊地）

这些词项都可以通过相似的方式检索固定搭配来证实其消极性。因此，我们可以看到，评价部分（无论是积极还是消极，在该实例中都是消极的）是说话人和作者对消极词项进行了聚类，因而形成了一个相互支持的否定词网络。Louw（1993：172）发现："在很多情况下，语义韵'成群结队共现'，并互相加强和支持。"

反观 *self-important*（自大），其特点是作者或说话人对自大人群进行了深刻批判，因为他们表现得好像自身比说话人对他们的判断更重要。通过诸如 *confident*（自信）、*assertive*（坚定自信）、*effective*（精兵强将）之类的词语对可能相同的个人品性给予积极评价，并且可以很好地描述上文倒数第二个例句提到的欧文（Owen）勋爵（前英国政治家），是一名非常成功的国际谈判者，这表明许多人对他的品行进行了积极评价。

以上两个例子都有显明而又直观的极性（都是消极的）。接下来，笔者将开始探讨极性不显著的实例。

例 3：*RIGHT-ON*

Right-on[①] 似乎是一个新词，因为 1989 年出版的《牛津高阶英语词典》（OALD）和 1987 年的《柯林斯英语学习词典》（CCELD）中都没有收录该词。其中，OALD（1995）对它的定义如下：

adj（infml）：aware of and sympathetic to current social and political issues, esp involving groups who are not well represented：a right-on feminist.〔形容词（非正式）：认识并体察当前社会和政治问题，尤其是对那些少数群体：觉醒的女权主义者。〕

然而，从语料库数据可以发现，牛津大学出版社编辑人员或许忽略了某些情况。比如在许多例句中，*right-on* 其实也带有消极评价色彩，见例（3.4）～（3.8）。

（3.4）

There are those on the side of the tediously right-on as well as with the yob squad who will regard this... （有些无聊的明理人就像游手好闲的讨厌鬼一样，他们会考虑这一点……）

（3.5）

... very short hair, checked shirt, men's trousers, loads of 'right-on' badges with a strident, assertive personal style... （……很短的头发，格

---

① 译者注：20 世纪 80 年代，英国用该词表达右派或保守派对左派或自由主义者的嘲笑之意；但现在多用 "woke"（觉醒的、明理的、开明的等）来表示相似含义，意味着 "人们要对当前政治和文化环境保持清醒，清楚知道你正处于怎样的环境中"，同时也用来形容有女权思想的男性。

子衬衫，男士裤子，许多带有彰显强烈自信的个人风格的、"左倾"色彩的徽章……）

（3.6）

The Times says 'the right-on Ben Elton and Stephen Fry are about as funny as tofu', which I thought was rather severe... （《泰晤士报》报道，"理智的本·埃尔顿和斯蒂芬·弗莱不好笑"，我认为这是相当严厉的评述……）

（3.7）

April De Angelis's selection of right-on wimps and screwballs is... （阿普丽尔·德·安吉利斯在道义上的懦夫和怪胎之间的选择是……）

（3.8）

I'm bloody sick of your right-on, wishy-washy, liberal idealism. （我受够了你爱抬杠、犹豫不决和自由理想主义。）

〔例（3.4）～（3.8）来自英国杂志和报纸，从1333个事件中选出，出现频率从《泰晤士报》的百万分之五点三到杂志的百万分之十四不等。〕

这些例子显示了对被赋予"左倾"属性的所指对象的消极态度。其与 *tediously*（无聊）、*strident*（张扬的/尖锐的）、*wimps*（懦夫）和 *screwballs*（怪人）等搭配使用支持了这一看法。但是，*right-on* 的使用似乎比 *fat*（胖）更复杂、更微妙。它提出了一种政治观点，人们可能同意也可能不同意。在上述例句中，作者们多持否定态度。

进一步考察语料库数据中有关用 *right-on* 表达积极态度的例句后发现，其实际上极具讽刺意味或者传达了暗含的某种态度（参见 Louw，1993），例如：

(3. 9)

　　... a re-release of their debut from last summer. Easy-going，right-on but brilliantly offbeat post-daisy age hip-hop，and... （……去年夏天他们的首张专辑得以重新发行。轻松自在、激进但又不合群的"后雏菊时代"的嘻哈，以及……）

　　于此，*but* 的出现表明，作者将"不合群"置于与 *right-on* 语用对立的位置，这意味着 "right-on-ness" 原本并不是表达赞美某种音乐的意思。

　　下面两个例子显然是 *right-on* 的积极用法：

(3. 10)

　　Yoghurt is the right-on product for the forward-looking dairy trade. The mark-ups are restrained and health benefits well tabulated. （酸奶是乳制品行业的明智选择。限制溢价，同时被标榜为健康产品。）

(3. 11)

　　Virago is a triumphant combination of right-on thinking，impeccable literary taste and commercial know-how. Happy birthday！Here's to the next 20 years. （维拉戈是一个头脑清醒、具有无可挑剔的文学品味和独到营商手段的集大成者。生日快乐！为下一个 20 年干杯。）

　　当 *right-on* 与其他消极词语搭配时，用来指称消极的政治立场。当它处于一个积极语境中时，它又会显示出褒扬的意味。从前文英语语料库中表达消极性的例句，我们或许看到了比以往使用更微妙的一些实例，证实了英国媒体的政治立场偏右。（由于英语语料库中收录的偏右的报纸比偏左的数量多，不同风格报纸比例不均衡，但这本身也反映了英国不同报纸的相对数量和立场。）

　　下一个讨论的词是一个负极性的典型实例，似乎无法对其进行有意识的内视。笔者已经把相关语料数据呈现给数百名读者，并且他们貌似很容易就认可了（并增加了他们有意识的知识储备）regime（政权）这个词是消极的，但许多人报告说，他们也是看到这些数据才意识到这一点的。

例4：*REGIME*

OALD（1995）对 *Regime* 的定义似乎更具直观性：

Regime n（a）method or system of government：a socialist, fascist, totalitarian, military regime.〔政权（政体）的统治方法或体制：社会主义的、法西斯的、极权的、军事政权。〕

将这个定义用到任何一个单独例句中都是合适的，比如：

... the collapse of Communist regimes in Eastern Europe（CCED）〔……东欧共产主义政权的崩溃（CCED）〕

然而，当笔者进一步研究大量实例后，发现还存在一些其他情况。*regime* 有说话人不同意如此委任的政权或体制之意。要注意到，*regime* 还有其他两个含义，与第一个意思相关，但极性不同：一是指饮食、健身、锻炼等养生之道或生活规则，二是指企业管理体制或组织方法。聚焦到政治意义层面上，COBUILD 语料库中有 6500 多个相关实例。常见的固定搭配（left collocates）按降序①依次是：军人、共产主义、旧的、纳粹、苏联、维希、法西斯、现行、伊拉克。从一个英国人视角来看，这些都是不受他们欢迎的政体的代表性词语。

在英国，*regime* 常被用于攻击政治对手。下面是英国议会政治辩论中的一句话〔杰克·坎宁安（Jack Cunningham）是工党政治家，阿什顿

---

① "left collocate" 意指在讨论中的词之前的一个经常出现的词，"in descending order"（降序）表示按频次排序。比如 "ancient regime"（旧制度）出现频次比 "communist regime"（共产主义制度）少，但比 "nazi regime"（纳粹制度）多。

（Ashdown）是自由民主党领袖，约翰·梅杰（John Major）是当时的英国首相和保守党领袖〕：

（3.12）

Jack Cunningham was left to complain that Mr. Ashdown had said nothing new and spent more time attacking Labor than John Major's discredited regime. (*Guardian*) 〔杰克·坎宁安抱怨说，阿什顿没有发表任何新政见，而且比约翰·梅杰领导的失信政府花了更多时间攻击工党。（《卫报》）〕

而例（3.13）中使用 *regime* 让人很意外，因为该例句来自常年支持工党的报纸——《卫报》：

（3.13）

The breakdown of services in the London borough of Lambeth was nothing to do with underfunding but the result of years of political feuding, mismanagement and incompetence by the Labour regime, according to an independent inquiry by Elizabeth Appleby QC, who published her report yesterday. 〔王室法律顾问伊丽莎白·爱普比（Elizabeth Appleby）昨天发布的一项独立调查显示，伦敦兰贝斯区服务业的崩溃与资金不足无关，而是多年政治纷争、管理不善和工党无能的结果。〕

新加坡政府对《国际先驱论坛报》（*International Herald Tribune*）提出的藐视法庭诉讼的一个法律案件提供了另一种证据，表明 *regime* 是一个消极性词语。该报的评论版刊登了一篇文章，提到"不宽容的政权"，并声称其利用"一个顺从的司法部门让反对党破产"。此处没有点名任何特定国家，但我们可以断定，新加坡政府认为这是对它的间接指称，而且这是不利的。在质证中为自己辩护时，该报编辑：

... said he believed the article referred to 'Asian communist and military regimes' such as China, North Korea, Vietnam or Burma, not to Singapore. He argued that the word 'regime' meant 'a system of government which is totalitarian or has major totalitarian characteristics'. He denied that it could be applied to democratic governments. (*The Guardian*)〔……表示认为文章提到的是"亚洲的共产主义和军人政权国家",比如中国、朝鲜、越南或缅甸,而不是新加坡。他认为"regime"一词的意思是"极权主义或具有主要极权特征的政权体制"。他不赞同该词可以应用于民主政府。(《卫报》)〕

语料库的实例并不支持该编辑的分析,但确实可以证明使用 *regime* 一词会引发批评。

下面要讨论的例句是另一种情况,其不会从直觉上即刻暗示任何消极的东西。

例 5:*PAR FOR THE COURSE*

笔者继续用前文"例句 + 词典定义"的方式表述。

(3.14)

She was about an hour late but I'm told that's about par for the course for her. (OALD)〔她迟到了大约一个小时,但我听说这对她来说是家常便饭。(OALD)〕

be par for the course (infml):to be what one would expect to happen or expect sb to do. (OALD)〔意料之中(非正式):某事或某人正如所期盼的那样。(OALD)〕

通过进一步反思认识到对该词的定义是恰当的。*par for the course* 这种隐喻用法显然源于高尔夫球场,用来描述高尔夫比赛中所打的杆数。因此,在高尔夫运动中,它是对某人行为表现的积极评价(尽管"低于标准杆"更好)。而当我们看到大量例句之后,就会对它产生新的认识。隐喻的使用拓展了该词的意思，而不是源自高尔夫。以下是英国图书语料库中所有相关的引文：

and then she started wailing, ' < p > **Par for the** bloody **course**, ' the Duchess

S African interference in Namibia-**par for the course**, despite that place's an insubstantial presence in her life. **Par for the course**, < p > Study after

vulture-like in the corridor-**par for the course** with RTAS. You won't

plays, the vicious infighting that was **par for the course** around a woman who

he took it with a flick of his wrist. '**Par for the course**, I done this trip so

nights a week is quite acceptable and **par for the course**, Trying to break with

The third was out of order, which was **par for the course**, The fourth was on

missed it, This turns out to be about **par for the course** this night. when I

will being contested was pretty well **par for the course** too, Nobody expected

hers were not. Which had always been **par for the course** according to her

A for sexuality and E for subtlety. **Par for the course** out here, (Would he

and was, as a golfer might say, **par for the course**, Aysgarth smiled at

was cancelled at the last minute: **par for the course**, Athenagoras'

< o > Michelle seemed rather put out, **par for the course**, as I went outside

their pregnancy, Disturbing dreams are **par for the course** in pregnancy, It must

可被视为"par for the course"的行为如下：

wailing, South African interference in Namibia, an insubstantial presence, vulture-like behaviour, vicious infighting, something which is out of order, something missed, a contested will, scoring E for subtlety, something cancelled, Michelle being put out, disturbing dreams. （恸哭，南非对纳米比亚的干涉，虚无缥缈的存在，秃鹫般的行为，恶性内斗，某事物的混乱，忽略的事物，有争议的意志，微妙的 E 分数，被取消的某事，米歇尔被放出来，噩梦。）

如果不结合任何例句的语境，那么 *par for the course* 似乎被局限在某事件或行为被消极评价的语境中。它本身并不表达消极评价，而是将不好的事件或情境评价为可以预料的。

英式英语口语语料库中关于 *par for the course* 的 11 个例子（频率为 0.5‰），也只表现了该词的消极评价意义。在演讲中，*par for the course* 有两种用法：一种是说话人对其观点的自我评价，另一种是第二个说话人对第一个说话人的观点提出自己的评价。第二个说话人使用 *par for the course* 之处，还将带有支持或同意的意思。下面一位女性说话人展示了自我评价的用法：

(3.15)

C：And I think the worst thing I do suffer from is-harassment from single male guests in the hotel who think you're fair game. I mean I've had such crude comments lewd-comments just aimed at me since I've been stopping at the-hotel. And it's every single holiday I go I get it so I accept-it as sort of par for the course. [1]

这段语篇显示了 *par for the course* 在博克瑟（Boxer）和皮克林（Pickering）

---

[1]　译：C：我认为我最糟糕的经历是在酒店里被单身男性客人骚扰，他们认为你是可被调戏的对象。我的意思是，只要我在酒店停留，就会收到一些粗鲁的评论——只针对我的调戏性话语。每次去度假，我都会收到，这是意料之中的事。

（1995）所说的"间接抱怨语"（indrect complaints）中是一个常用的短语。间接抱怨语指的是，说话人对自己或不在场的某人或某物表示不满或不悦，而听众对这一冒犯行为不用负直接责任。当使用了间接抱怨语时，听众可以在回复中使用 *par for the course* 表明支持或理解，见例（3.16）和（3.17）：

（3.16）

D. That was nasty wasn't it Eve.

F. Yeah but it's par for the course.［laughter］

（3.17）

【打印电脑文件有困难】

F. . . . bombs the machine when you go to print. Soon as you hit er-'Okay' that's it.［laughs］Terminal. So erm I can only think there's something in the file that's doing it.

G. Oh shit. Well it's par for the course for today I think.

F. Is it. Oh dear.［laughs］

G. It's been a real shit day.

F. Oh well I'm glad somebody else is having one.

在下一个语篇实例（一段对话）中，A 试图说服 B 接受他的观点。两人都在房屋信贷互助会工作，A 认为在申请新账户时要求提供特定类型的个人财务信息是可以接受的，B 似乎不情愿。

（3.18）

B. Well we could do it on a voluntary basis. I mean we can ask them if they would like to fill this form in. You probably can't make it compulsory. You might put people off you see.

A. I was just assuming that it would only be if it was sort of Mafia moneysort of stuff-People aren't really reluctant about giving-I mean this is fairly [B：Oh] rudimentary kind of information.

B. I don't know. Maybe-Maybe not. Maybe people expect to fill in f-lengthy forms [A. Mm] -th-these days if they open accounts.

A. It seems all sort of par for the course in a way.

B. Yeah. Yeah. Er.

A. – find out you've got a lot of accounts with the Mafia or something.

B. [laughs] I hope not.

A 使用 *par for the course* 支持自己的观点，即"人们认为这种事情很正常"，并要获得 B 的支持（"人们希望填写冗繁的表格"）。因此，A 的用法是亲和性的，但在一个更复杂的语境中。他需要做"修复工作"（因为存在分歧），具体体现为模糊使用 *par for the course* 和他的玩笑。B 听后也笑了。

美国英语语料库数据表明，*par for the course* 在美国语境中并不常见，尤其是在书面语中。不过，在可检索的引文中，消极语境居多。下面从国家公共广播电台的 9 个报道中选 2 个作为例句分析：

(3. 19)

REPORTER. . . . needled Democrats noting that she was one of only two women ever to address the convention.

GOVERNOR ANN RICHARDS [Democrat, Texas]. And two women in 160 years is about par for the course. But if you give us a chance, we can perform. After all, Ginger Rogers did everything that Fred Astaire did. She just did it backwards and in high heels. [1]

---

① 译：记者：……民主党人感到恼火，指出她是仅有的两名在大会上发表讲话的女性之一。得克萨斯州州长安·理查兹 [民主党]：160 年间仅有两名女性能发表讲话是预料之中的事。但如果你给我们一个机会，我们可以表现得很好。毕竟，金格·罗杰斯做了弗雷德·阿斯泰尔能做的一切。只是她付出了更多的努力和投入。

（3.20）

REPORTER. Lafayette really has gotten by with relatively little damage. I mean, we had 75 mile-per-hour gusts and there's leaves and branches all over the streets, and-and power is out. But, I mean, that's all kind of par for the course in a hurricane. ①

回到对英国国家语料库的例句分析，很少有例句可以证实 *par for the course* 会出现在明显不是消极语境的话语中，其含义似乎正是 OALD 所描述的。三个代表性的案例都来自同一份报纸（《今日》）和同一个主题（娱乐业），这至少增加了这样一种可能性：都是由同一名记者撰写的。在其中两个摘录的语篇中，*par for the course* 用于将可接受性归咎于所称的"常规"行为，然后其与特定的不可接受的行为形成对比（第一个例子是关于公然的自我标榜的，第二个是关于婚姻不忠的）。

（3.21）

For Claudia Schiffer, who has been publicising her autobiography and revealing lots of fascinating personal details, such as the fact that she once ate a whole bar of chocolate. A good plug is par for the course on this sort of exercise, but Ms Schiffer went further, insisting on appearing in most photos with her masterwork clamped firmly to her bosom. ②

（3.22）

In an interview last year, Pru spoke frankly about the temptations which

---

① 译：记者：拉斐特的损失相对较小。我的意思是，我们这里有每小时 75 英里的阵风，街道上到处都是树叶和树枝，而且停电了。不过，这是飓风来前的常态。

② 译：对于克劳迪娅·希弗来说，她一直在宣传自己的传记，并透露了很多有吸引力的细节，比如曾经吃了一整条巧克力。在这类活动中，一个好的广告宣传是必不可少的，但希弗女士更为深思熟虑，在大多数照片中她都把自传紧紧地抱在胸前。

accompany work and separation. 'As far as I know, Tim hasn't strayed,' she said, 'though I'd be very surprised to know for certain that he hadn't. I'm sure both of us have had lots of flirtations. That's just par for the course, isn't it? Tim would be extremely angry if he ever thought I'd been unfaithful-but he'd also be profoundly bored if he thought I never fancied anyone else.'①

在这两种语境下，作者和说话人可能实际上都对描述的行为持消极态度，并通过使用 *par for the course* 来隐藏这一点。"a good plug"（一个好的广告宣传）和"lots of flirtations"（多次调情）都是无法被大众完全接受的行为。

我们已知 *par for the course* 与消极评价存在既定联系，为作者无须明示的情况下进行评价编码提供了便利。不过，这两个语篇也没有其他证据能够表明作者持否定意见。例（3.23）从字面上看更像一段积极评价的例子，但描写的是会被部分人批判的行为：

（3.23）

Reinforcing his image as a sexual athlete, Jack Nicholson has been working hard in London... 'If Jack isn't in bed by 3am he always goes back to his hotel,' giggles one of the starlets who have danced attendance as his publicity caravan moved around town this week. All of which is pretty much par for the course for a high profile 57-year-old roisterer who's making darn sure his Jack-the-lad image stays intact. And, hell, why shouldn't a footloose superstar have a little fun now and again?②

---

① 译：普鲁在去年的一次采访中坦言工作和分居带来了诱惑。"据我所知，蒂姆并没有迷失自己，"她说，"尽管我很惊讶地知道他确实没有。我相信我们俩都有过很多次调情。这是意料之中的，不是吗？如果蒂姆认为我不忠，他会非常生气，但如果认为我从不倾慕任何人，也会极度厌烦的。"

② 译：杰克·尼科尔森在伦敦一直努力工作，以强化他精力旺盛的形象。"如果杰克凌晨3点还没上床睡觉，他通常会返回酒店。"当本周他的宣传车队在镇上四处走动时，其中一位曾参加过舞会的明星咯咯笑着说。所有这些对于一个57岁的知名酒疯子来说都是相当正常的，他正努力维护自己"小伙子杰克"的形象。还有，见鬼，为什么一个自由自在的超级明星不能时不时地找点乐趣呢？

总而言之，我们注意到，*pay for the course* 已经延伸出了另一种含义，尽管它还会在与高尔夫球有关的场景中使用，但用意已经大不相同了，因为它几乎总是被用于表达"不好"的意思，然后又声称是"预料"之中的事件或行为。

到目前为止，所有被纳入分析的例句都显示了其消极评价的意蕴，或者说正在形成消极评价的用法〔尽管 *fat*（胖）也可以作为积极词语使用〕。为了平衡各类例句的呈现，下文列举两个表达积极评价的实例，但积极性表现得又不是非常直观。

例 6：*OFF THE BEATEN TRACK*

该短语意指一个没有多少人住或去的地方。与中立的描述语不同，*off the beaten track* 在英语语料库出现时都表现出了一种积极评价，例如：

(3.24)

Colfiorito, at 760 metres, is cool in the summer, off the beaten track, and as a result becoming ever more popular with visitors. This fine hotel has every facility, including tennis-courts and the obligatory swimming-pool. (*British Books*)①

(3.25)

My perfect day; Sophie Lawrence.

EastEnders star Sophie is appearing in *The Rocky Horror Show* at the Duke of York Theatre, London. Where? 'I'd be living off the beaten track in the South of France, in an old stone farmhouse surrounded by meadows, in the hills near the sea. ' (*Today*)②

· ① 译：科尔菲奥里托酒店建在海拔 760 米处，夏季凉爽，人迹罕至，因此越来越受游客欢迎。这家高级酒店设施齐全，建有网球场和游泳池。(《英国书目》)
② 译：我完美的一天；索菲·劳伦斯。《东区人》这部剧的演员苏菲现身伦敦约克公爵剧院的《洛基恐怖秀》。在哪儿？"我会住在法国南部人迹罕至的路边，住在一座被草地包围的古老的石头农舍里，住在海边的小丘上。"(《今日》)。

（3.26）

Aghios Georgios was off the beaten track-in fact there was hardly a track at all. The rough, loose-stone road gave our hire car some heavy stick. Escape. But that's the charm of this island. （*Today*）①

通过对比，笔者发现了另外两种表达，它们的认知意义大体相同，但极性却相反：

Out in the sticks（在偏远地区）

（3.27）

【今天报告一起列车故障】

But five minutes after leaving Nuneaton that also broke down. Regional Railways Central said：'Passengers were stranded out in the sticks so it was not possible to walk them along the line or pick them up by road. '②

（3.28）

【《泰晤士报》个人理财版】

We are finding that whereas properties right out in the sticks would have been snapped tip a few years ago, nowadays some people are thinking twice about them. Bedford reckons that the best bet is to buy a property... ③

---

① 译：阿吉奥斯·乔治奥斯是一条人烟稀少的小路——事实上几乎没有路。崎岖、松散的石路让我们租的小车吃了不少苦头。大逃亡。但这也是此岛的魅力所在。（《今日》）

② 译：但在离开努尼顿5分钟后列车也坏了。区域铁路中心说："乘客被困的地方偏远，所以无法沿着线路步行或通过公路将他们接走。"

③ 译：我们发现即使几年前房子就被抢购一空了，现在仍有一些人还在观望。贝德福德认为，最好的选择是买一套房产……

In the boondocks（在穷乡僻壤）

（3.29）

. . . any prolonged stint in those boondocks is pretty demoralizing.（……在那些穷乡僻壤待太久会使人士气低落的。）

（3.30）

. . . would rescue whats his name from the boondocks and everything would go back to. . .（……会把他从穷乡僻壤中救出来，一切都会回到……）

（3.31）

. . . from God-knew-where in the boondocks. . .（……上帝知道在穷乡僻壤的什么地方……）

（3.32）

. . . rednecks from the boondocks looking for action.（……穷乡僻壤的乡巴佬们正在伺机而动。）

例 7 是笔者要讨论的最后一个例子，同样与社会行为有关，通过考察语料库研究如何揭示正在改变其含义以获得新意义或新极性的词语和表达，引入了关于评价功能的另一个更有趣的视角。

例 7：*TO ROAM*

列文森（Levinson）（1983：165－6）综述了语言变化的相关研究，指出现有词汇的新意义往往是从隐含意义（即意义的语用方面）开始的。然而，他强调："我们并不确定它是如何运作的。"对动词 *roam* 的分析可能会让我们对这一过程有所了解。1988 年后的语料库数据显示，这是一种半固定的表达方式，将早期的肯定极性用法转换成了否定极性。笔者推测这代表了当前词汇发生的变化。

如上文表述型式，首先是 *roam* 的词典定义，其在 1974 年版的 OALD 和 1987 年版的 CCELD 中都有一些相似的概念界定：

> **roam** walk or travel without any definite aim or destination over or through (a country, etc.): going; -about the world; -the seas; settle down after years of-ing. (OALD) 〔在没有明确目的或目的地的情况下漫游或旅行（一个国家等）：旅行；环游世界；海洋；多年后定居下来。(OALD)〕
>
> If you roam an area or roam around it, you wander or travel around it without having a particular purpose. (CCELD) 〔如果在某个区域或它周围漫游，你会漫无目的地四处游走或旅行。(CCELD)〕

从这些定义我们可以看出，这个词是中性的，实际上通常是积极的，营造出休闲、美丽乡村等内涵。然而，当前的英语语料库数据明确表示，该词除了已有的用法外，还出现了一种具有不同含义和不同内涵的新模式，那就是 *to roam the streets*（在街头闲逛）的表达。以 *roam* 为词根（比如 roam、roamed、roaming、roams）出现的 1020 次当中，有 113 次为 *roam/roamed/ roaming the streets*，部分样例见表 3 - 2。

这些例句大多描写了对活动的否定评价。列举作为*在街头闲逛*（*to roam the streets*）主语的名词可以清楚地说明这一点，比如妓女、流浪儿童、武装人员、暴徒、抢劫犯、右翼青年帮派和新纳粹分子、破坏公物者、野狗、偏执狂。在街头游荡时的活动包括：寻找食物、袭击人、用石头砸车、随意殴打人、焚烧和抢劫、暴乱等。因此，在 *roam the streets* 的固定搭配中，*roam* 体现了其原始用法所不具备的以下特征：

（a）危险的（dangerous）

（b）胁迫的（threatening）

（c）不赞成（disapproved of）

（d）有目的的（purposeful）

表 3 - 2　有关 roam the streets（在街头闲逛）的词语索引例句

potato peel and sawdust. Children **roamed the streets** searching for food.
how many prostitutes actually **roamed the streets** then since the idea of
three thousand vagrant children **roamed the streets** and docks ready for
of armed men are reported to have **roamed the streets** attacking people and
and return home immediately as mobs **roamed the streets** stoning cars and
let him down completely. This boy **roamed the streets** until eventually he
the ambling American servicemen who **roamed the streets** in twos and threes
Public Morality Committee who **roamed the streets** of Riyadh in an effort
last summer, about 60 teenagers **roamed the streets** randomly beating people
the city as bands of looters **roamed the streets** during the night. By 9
Hotel in Bangkok as bands of people **roamed the streets**, burning and looting
fires. ABC reporter Steve Bell **roamed the streets**, talking to the rioters.
Right-wing youth gangs and neo-Nazis **roamed the streets** again overnight for the
As people left, vandals moved in **roaming the streets** and sometimes sleeping
in particular who are out there **roaming the streets** right now. . .
township schools to spend their days **roaming the streets** or joining marches.
ve got packs and packs of wild dogs **roaming the streets**, which further is
perhaps thousands of armed men now **roaming the streets** of the capital,
here. The dog had been found **roaming the streets** with some very very
er neutered which aren't gonna be **roaming the streets** anyway there'll
how many 12 and 13 - year - olds are **roaming the streets** and council estates,
Africa when we have such bigots **roaming our streets**.
who spent the last years of his life **roaming the streets** and port and Cartagena
would be indoors rather than out **roaming the streets** making up their own
Nancy did not approve of her pet **roaming the streets**, but she did not want
to 3 :4, where she finds him after **roaming the streets** in the middle of the
that while jobless stockbrokers are **roaming the streets** of London, their
Some 27,000 classic cabs are still **roaming the streets** of Britain, 17,500 of

少数例句证实了这种变化正在发生，*roam the streets* 不具有大多数例句表现出来的否定性特征，例如：

(3. 33)

ABC reporter Steve Bell roamed the streets, talking to the rioters. （美国广播公司记者史蒂夫·贝尔在街头游走，与暴徒交谈。）

这句话很有趣，因为转述的情况使街头闲逛变得合理，而在主语位置上的指称对象却是不适合的。但要注意，这种闲逛显然是有目的的。

(3. 34)

... that while jobless stockbrokers are roaming the streets of London...
(……当失业的股票经纪人在伦敦的街道上游荡时……)

尽管作者暗示对于股票经纪人来说失业是一件坏事，但笔者怀疑他将其视同于武装团伙或野狗。例（3.35）显然不是否定性的表达：

(3. 35)

Some 27000 classic cabs are still roaming the streets of Britain... （约 27000 辆经典的出租车仍在英国街头穿梭……）

根据这些语料库数据，笔者可以推断 *roam the streets* 将来只有否定意义，而肯定意义会逐渐消失。再往后发展，所有以 *roam* 为词根的词语都会变为否定性词语。

回到 Levinson 的问题："如何改变的?"似乎可以回答为："是渐进的。"数据显示，当描述的活动是积极的时，大多数作者都尽量不用 *roam the streets*，但有人会特意认识到其值得怀疑。那些在积极情境中使用 *roam the streets* 的人可以假设是把动词 *roam* 和 *the streets* 搭配在一起。将否定意义建立在每个人都意识不到的基础上是明显不够的（笔者也不知道它会变成这样，尽管笔者断言它的确会如此）。目前，这两种意义（就 *roam the streets* 而言）是并存的，但否定意义占主导地位。这表明，我们实际看到的是变化过程的瞬像。Stubbs 的文章（待刊）更为细化地指出了这一过程的变化，因为 *the streets* （没有 *roam*）出现在许多消极语境中，可参见 *a growing menace on the streets*（*街道上日益增长的抢劫勒索*）和 *not safe to walk on the streets*（*在街道上行走不安全*）两个例子。此处的推断将在后续用新的语料库数据再次验证。

讨论与结论

基于政治、道德和审美判断等方面的实例，笔者探讨和展现了各种各样的评价。这些分析对词汇意义理论、心理词库的心理语言学解释，以及在词典和语言教学等应用层面都产生了深远的影响。下面笔者将概括总结一下。

首先，语料库分析方法的使用表明系统分析和描述评价功能是可行的。在不依赖直觉的情况下，定量数据可以清楚地显示出某一词项的评价极性。

在词汇意义理论方面，我们惊讶地发现事关词项应用的重要层面并未涉及有意识的反思，特别是当其关系到与肯定或否定取向同等重要的意义时。事实上，这种情况使词汇与句法和音系相一致：理论认为在这两个方面说话人控制着他们没有意识到的规则（例如，在猫狗大战中形成复数语素的正确形式）。缺乏与意义相关联的意识似乎是令人惊讶的，因为语言学理论的前提是假设意义行为是一个有意识的行为（因此与构建语法话语的行为不同），所以说话人会知道为什么所言意味着所行。

对词汇变化的观测表明：

- 同一个词在同一时刻对不同的说话人而言有不同的含义；以及
- 说话人继续学习他们已熟知的词语的新内涵和用法，因此
- 推断人类心理词库的内容和结构也相应地变得更加困难。

关于应用，基于 CCED 项目，笔者发现评价功能在表述大量但尚未量化的词语中发挥着关键作用。笔者看到了一些词典解释词义的例句，它们的内涵实际上是不完整的，因为没有指明词语或表达的极性。笔者认为如果声称是对有关词项的完整描述，包括词典释义在内的词义描写不能忽视这一方面，也不能将其限制在仅仅标记为"贬义"（derog）的少数词项上。

本研究也给语言教学提了一些尖锐的问题。学习者必须获得有关所学词

语的评价功能的信息（如果相关的话），反过来意味着教师需要提前掌握这些词语的正确信息〔布朗（Brown），1995 简述了该问题〕。笔者已经认识到了内省法的不可靠和不充分性，这就表示在教科书、读本和词典中对词汇的描写需要进行重大改进。

最后，本章还提出了许多尚待回答的问题。第一个也是最关键的一个问题是：为什么许多词项的评价极性不能通过内省法分辨出来？到目前为止，学界还未对其缘由进行学理性解释。如此一来，其大大增加了控制语言的可能性，以便将真实想法不动声色地表达出来，此类研究可能成为批评语言学学者们高度关注的主题和研究兴趣点（参见 Stubbs，1997 进一步的例证和类似的观点）。

第二个问题，有人观察到相比于肯定极性，否定极性似乎更易被人发觉，出现得也更频繁。在编写 CCED 的过程中，编录者注意到录入的否定词数量是肯定词的两倍多。要判断为什么会出现这种情况还为时过早，尽管这是一个有实质意义的发现。例如，可能是编录者对贬义词项更敏感，毕竟误用否定词项描述的社会后果冲击力远大于误用肯定词项引起的效果。评价性语言的整个语场可能都需要与 Brown 和 Levinson（1987）在阐释礼貌行为时所用的"面子行为"（facework）概念联系起来。

第三个问题，说话人如何认识词项的评价功能？词项出现频次起到了一定作用，特别是对难以进行有意识反思的词项，报道过经典出租车"roaming the streets"（在街上穿梭）的记者还没有看到足够多的 *roam the streets* 的否定用法的例子，因此，没让他或她对 *roam* 一词在心理词库中的存储进行必要的调整。

最后，在理论建构上，人们习惯于寻求通论。这就产生了一个问题，即无法通过直觉获得评价极性的语项之间是否仍有共性可寻。到目前为止，本章尚不可得出一个定论，但笔者想这应该是自然语言研究中常有之事。

附录：引用的词典

Collins COBUILD English Language Dictionary（CCELD）（1987）．London：

HarperCollins.

Collins COBUILD English Dictionary（CCED）（1995）. London：HarperCollins.

Oxford Advanced Learner's Dictionary（OALD）（1995）. Oxford：Oxford University Press.

第四章
言语和写作中的立场状语标记

苏珊·康纳德（Susan Conrad）、道格拉斯·比伯（Douglas Biber）

编者按

Conrad 和 Biber 在这一章对会话、学术文章和新闻报道三类语篇进行了统计研究。在该语料库中，他们识别出具有多种语法形式的状语：主要有 *probably*（可能）等副词，*in most cases*（在大多数情况下）等介词短语，以及 *I think*（我想/我认为）之类的从句。这些状语表达的意思与说话人或作者对所言内容的态度或立场有关。具体分为三类：

（1）认知立场，表明说话人或作者对内容的确定性，以及信息从何而来，例如 *probably*（可能）、*according to the President*（依总统所言）；

（2）态度立场，表示对所言或所写内容的情感或判断，例如 *surprisingly*（令人惊讶地）、*unfortunately*（不幸地）；

（3）风格立场，表明某件事是如何说或写的，例如 *honestly*（诚实地）、*briefly*（简短地）。

Conrad 和 Biber 论证了在各语域（register）中哪些意义出现的频率最高，哪些语法形式最常与语域中的每个意义相关联。例如，他们认为，相比学术文章或新闻报道，会话中出现立场状语的频率更高；在三类语域中，认知立场的状语比其他两个出现得更为频繁；在会话中，立场最常通过副词表明，其次是小句和介词短语。Conrad 和 Biber 还分析了每个类别中出现频率最高的单词和短语。比如，对一名英语教师来说，下列信息马上就会有用：如果你在教学习者如何在会话中用英语表达立场，关键要知道几个非常有用的单词（或词组）——*probably*、*of course*、*perhaps*、*maybe*，以及短语——*I think*、*I guess*。

比较 Conrad、Biber 和第三章作者 Channell 对语料库的不同使用方式是一个很有趣的研究。

Conrad 和 Biber 使用语料库分析时，对每个有特定意义或功能（立场的表达）的实例都做了标记。然后，他们基于统计数据全面认识了每类语域中的状语是如何表达的。相比之下，Channell 的出发点是某一个具体的单词或短语，其通过讨论几组索引行去揭示暗含的意义。Conrad 和 Biber 的研究基本概括了各种语境中最典型的立场状语的具体实现。而 Channell 的研究则深入阐述了与特定词项相关的立场（评价）。

这两种研究思路相辅相成，不光是由于 Conrad 和 Biber 的关注重点是语法，而 Channell 的是词汇。事实上，在本章的结尾处，Conrad 和 Biber 论述到他们的研究中对某个词项抛出了有趣的观点，而其可能需要使用类似于 Channell 的方法进一步研究。同样，Channell 若要研究词项，则可能需要借助 Conrad 和 Biber 的统计分析法。关键是，这两种方法都为我们提供了无法从直觉获得的信息。我们不能像 Conrad 和 Biber 那样，仅凭直觉就可以计算出一组给定单词和短语的相对频次。在很多情况下，正如 Conrad 所言，不能仅仅通过直觉来认识一个词的含义。

引言

在过去的几年里，除了命题内容之外，语言学家还对说话人和作者表达他们个人感受和评估的方式越来越感兴趣。这些研究涉及的代表性术语包括"评价"（evaluation）（Hunston，1994）、"强度"（intensity）（Labov，1984）、"情感"（affect）（Ochs，1989）、"言据性"（evidentiality）（Chafe，

1986；Chafe & Nichols，1986）、"模糊限制语"（hedging）（Holmes，1988；Hyland，1996）和"立场"（stance）（Barton，1993；Beach & Anson，1992；Biber & Finegan，1988，1989）。个体表达的相关研究中也注重各种方法的互补性，包括详细描述单个文本样例，以及对大型计算机语料库中一般范式的实证调查。

在本章中，笔者运用基于语料库的方法来研究说话人和作者使用状语标记个人立场的不同方式。笔者使用术语"立场"（stance）作为涵括三类主要语域中个人感受和评价的术语：

（1）认知立场，评述对一个命题的确定性（或质疑）、可靠性或局限性，包括对信息出处的评述；

（2）态度立场，表达说话人的态度、情感或价值判断；

（3）风格立场，描述信息呈现的方式。

笔者将立场研究限定在用于构筑命题的语法手段上。[①] 例（4.1）[②] 中，立场状语可能用来表达说话人对命题的不确定性，*she put grease in it*（她往里面放了油）：

（4.1）

Maybe she put grease in it. （Conv）

〔也许她往里面放了油。（会话）〕

限定补语小句的主要动词（matrix verb）或形容词谓语（adjectival predict）同样可以表达说话人的立场。因此，例（4.2）用形容词 *sure* 显示

---

① 因此，笔者排除了立场的纯词汇表达，其中一个完整的小句用于直接表达某种态度或感受。例如，以下句子通过使用承载价值的动词、形容词和名词明确地表达了个人的感受和判断：I hate him and his cardigan（Conv）〔我讨厌他和他的开衫（会话）〕；You're so stupid（Conv）〔你太愚蠢了（会话）〕；What an absolute jerk!（Conv）〔真是个混蛋！（会话）〕。然而，这些例句并未说明立场的语法化表达：使用语法手段为其他命题提供个性化的框架。

② 本章中给出的所有例句都是自然话语。括号中的内容表示它们的语域：Conv（会话），Acad（学术文章），News（新闻报道）。

说话人对命题的确定程度：

(4.2)

I'm sure I've spoken to him.（Conv）

〔我确定我和他谈过了。（会话）〕

其他语法手段，如情态动词和一些名词表达也可以用来表明立场。

本章只关注立场状语。通过基于语料库的分析方法，笔者能够利用英语状语系统中的语法资源记录说话人和作者标记立场的不同方式。这些方法同样可以用于研究所有立场特征，但这超出本章的讨论范围了。

基于语料库方法的主要研究发现之一是，关于立场的通用性概括是不充分的。此外，并不是说在口语语域中标记立场，而在书面语语域中避免标记。正相反，每个语域都有各自的立场表达型式：具体而言，每个语域会对不同的立场状语、语法类型的状语有所偏好，并倾向于将状语分布于各种小句位置。简言之，这些使用型式可以根据不同语域的独特交际特点从功能上进行解释。

立场状语标记语的特点

立场状语标记语可以基于三个参数来表征：（1）语义类别；（2）语法表现；（3）句位。此外，大多数立场状语在整个小句的使用范围、表示说话人态度或该句命题构成框架上都有相似之处。不过，笔者还描述了一个特殊的立场状语子类，其使用范围已经超出了一个短语。

从它们的内涵来看，立场状语可分为认知立场、态度立场和风格立场三大类。认知立场状语用于表达说话人对主句信息状态的评述。认知立场分为以下几个子类。

（a）表达命题的确定性

（4.3）

Well *perhaps* he is a little hit weird... （Conv）

〔嗯，也许他有点古怪……（会话）〕

（4.4）

About 12 – 20 pigs per pen is *probably* the ideal number... （Acad）

〔每个猪圈有 12 ~ 20 头猪可能是最理想的数量……（学术文章）〕

（4.5）

Some potentialities for bettering rice yields by this method *undoubtedly* exist，but their magnitude remains unknown. （Acad）

〔这种方法无疑会对水稻产量的提升有所帮助，但能提升多少尚不清楚。（学术文章）〕

（b）表达命题的事实性

（4.6）

You can *actually* hear what she's saying. （Conv）

〔你真的能听到她在说什么。（会话）〕

（4.7）

You're wise to lock it *really*. （Conv）

〔你把它锁上真的是明智的。（会话）〕

（4.8）

For a little while it was not clear that wave mechanics and matrix mechanics were different expressions of the same basic physical theory，but *in fact* that proved to be the case. （Acad）

〔有段时间，人们并不清楚波动力学和矩阵力学是同一基本物理理论的不同表达，但事实证明是这样的。（学术文章）〕

（c）表达命题的模糊性

（4.9）

It seems to clean it up *if you call it* that. （Conv）

〔如果你这么说的话，似乎它可以被清理干净。（会话）〕

（4.10）

'We were both dancing and then she *sort of* fell over and went into a fit. '（News）

〔"我们俩都在跳舞，然后她好像摔了一下就全身发抖抽筋。"（新闻报道）〕

（d）使用诸如 *apparently*、*evidently* 等词语，明确指出或暗示出信息源

（4.11）

Egypt's nuclear power industry is still in the design phase，but *according to Mr. Kandil*，nuclear power was the only clean energy alternative for Egypt... （News）

〔埃及的核电产业仍处于设计阶段，但据坎迪尔先生说，核电是埃及唯一的清洁能源替代品……（新闻报道）〕

（4.12）

They just *apparently* built up huge quantities of dry bird droppings and these were staggeringly high. （Conv）

〔它们显然只是收集了大量的鸟粪，而且数量惊人。（会话）〕

(4.13)

Durkheim's emphasis upon the importance of constraint is *evidently* directed primarily against utilitarianism. （Acad）

〔涂尔干强调约束的重要性，显然主要是针对功利主义。（学术文章）〕

（e）标记信息的局限性或确定命题的真实性

(4.14)

In most cases the stacking of bands is such as to produce a monoclinic cell similar to that in tremolite... （Acad）

〔在大多数情况下，波段的堆积就像产生类似透闪石的单斜晶胞那样……（学术文章）〕

(4.15)

From our perspective, movement success is paradoxical. （Acad）

〔在我们看来，运动的成功是自相矛盾的。（学术文章）〕

态度立场状语的意义也很广泛，涉及态度、感受、价值判断或期望等，但很难对其再细分出子类别。示例如下：

(4.16)

But *fortunately* I put it in a folder so the folder was destroyed. （Conv）

〔但幸运的是，我把它放在一个文件夹里，而文件夹已经被删除了。（会话）〕

(4.17)

Most surprising of all, at a quarterly delegate meeting at the end of

091

1873, it was generally held that there could he no reasonable objection to their [women's] employment... (Acad)

〔最令人惊讶的是，1873 年底的一次季度代表大会上，人们普遍认为没有合理理由反对 [妇女] 就业…… (学术文章)〕

(4.18)

The extent to which insect flight-muscles are developed is, *as one would expect*, correlated with the capacity for flight. (Acad)

〔正如人们所料，昆虫飞行肌的发育程度与飞行能力有关。(学术文章)〕

(4.19)

Unfortunately, IPC as proposed is applicable to only a relatively small number of pollutants. (News)

〔不幸的是，所提议的 IPC 只适用于很少数的污染物。(新闻报道)〕

(4.20)

Sensibly the presenter, matinee idol-manque Richard Jobson, kept his dinner suit on. (News)

〔理智的演讲者，从未成为人气偶像的理查德·乔布森，一直穿着晚礼服。(新闻报道)〕

(4.21)

Amazingly, Adam walked away from the crash with just a graze on his left shoulder. (News)

〔令人惊讶的是，亚当能在这次撞车事故中幸免于难，仅仅擦伤了一下左肩。(新闻报道)〕

最后，风格立场状语评论说话的方式。也就是说，它们规定了呈现或理解信息的方式，例如：

（4.22）

Honestly, I've got a headache. （Conv）

〔*说真的，我头疼。*（会话）〕

（4.23）

If his-desires were carried out we'd, well we'd be talking about thousands of pounds. *Literally*. （Conv）

〔*如果他的愿望实现了，我们会，好吧，我们说的是几千英镑。真的是。*（会话）〕

（4.24）

More simply put, a feedback system has its inputs affected by its outputs. （Acad）

〔*更简单地说，反馈系统的输入受其输出的影响。*（学术文章）〕

（4.25）

Briefly, the aim was to encourage particular schools to develop and implement learning resources plans... （Acad）

〔*简言之，其目的是鼓励特殊学校制定和实施学习资源计划……*（学术文章）〕

立场状语的一个交叉描述性参数是语法表现，如单个副词、副词短语、名词短语、介词短语、限定性或非限定性小句。下面举例说明。

（a）单个副词作立场状语

(4.26)

A message *actually* belongs to exactly one communication act. （Acad）

〔一条消息实际上只对应一种沟通行为。（学术文章）〕

（b）副词短语作立场状语

(4.27)

I assume you're right Lynda, but *quite frankly* I don't know. （Conv）

〔琳达，我想你是对的，但坦白地说我很难做出判断。（会话）〕

（c）名词短语作立场状语

(4.28)

The enthusiastic housekeeper will *no doubt* be pleased to hear that the carpet retailers are going back to the twist. （News）

〔这位热心的管家听到地毯零售商重回事业上升期，无疑会很高兴。（新闻报道）〕

（d）介词短语作立场状语

(4.29)

I'll tell you *for a fact* that Steven won't go for Ollie tonight. . . （Conv）

〔我如实地告诉你，史蒂文今晚不会去找奥利……（会话）〕

（e）限定性小句作立场状语

(4.30)

She, she's in hospital here *I think*. （Conv）

〔她，我想她在医院里。（会话）〕

（f）非限定性小句作立场状语

（4.31）

We feel that if we did not pursue this second transplant it would be like,
to put it bluntly, pulling the plug on her. （News）

〔我们觉得，如果我们不进行第二次移植手术，说白了，就等于结束她的生命。（新闻报道）〕

最后，大多数立场状语可以出现在小句的任何位置：开头、动词前、动词后和结尾。笔者以实际会话为例进行说明。首先，立场状语放在句子的主语前：

（4.32）

Actually I can't blame her. （Conv）

〔其实我不能怪她。（会话）〕

其次，立场状语出现在动词前，即在主语和主动词之间，包括助动词和主动词之间：

（4.33）

Well I *actually* said thank you for that. （Conv）

〔好吧，我真的说了谢谢你。（会话）〕

（4.34）

I'll *actually* go round there. （Conv）

〔我真的会去那里。（会话）〕

(4.35)

... he didn't *actually* do them. （Conv）

〔……他并没有真的这么做。（会话）〕

动词后的状语位于主动词和句末必要元素之间，如主语补足语或直接宾语：

(4.36)

I'm *actually* cold. （Conv）

〔我真的很冷。（会话）〕

在句末，状语位于整个小句的结尾处：

(4.37)

They look good *actually*. （Conv）

〔他们看起来不错。（会话）〕

某些立场状语的特殊性在于其小句位置经常受到限制。这些状语有时候会在小句层面上使用，也可以超出后面短语的范围使用，因此必须放在短语之前，如 *sort of* 等模糊标记语和类似于 *literally* 的风格立场状语：

(4.38)

There's such... you know... *sort of* appalling need. （Conv）

〔有如此 ... 你知道的 ... 有点可怕的需求。（会话）〕

(4.39)

At the centre, visitors can see not only the trees flourishing on *literally* the world's richest compost. （News）

〔在中场，游客不仅可以看到树木在可以说是世界上最肥沃的堆肥上茁壮成长。（新闻报道）〕

我们也可以把上述情况看作立场状语，因为其标记了立场，表示说话人对不确定性或风格的评价，尽管它们在这些情况中具有更大的局部范围。

立场状语标记语的应用型式

上一节对立场状语的概述本身就是基于语料库的，通过考察自然语篇语境中的数百个状语，展现了它们之间的区别。然而，如果有适当的分析工具，语料库可以揭示更多关于语法特征的信息，除了结构描述之外，还可以探讨实际的应用型式。下面将进一步阐述这个研究，讨论说话人和作者使用立场状语的独特方式。

语料库与分析方法

本章对立场状语的分析是《朗文英语口语和书面语语法》（*Longman Grammar of Spoken and Written English*）的一部分内容（Biber et al.，1999，chapter 10）。我们根据朗文英语口语和书面语语料库的两个主要语域——会话①和学术文章汇报研究结果，每个语域大约有 500 万词语篇。对于某些应用型式，我们也探讨了新闻报道类语篇的研究发现，因为其提供了一个有助于与会话和学术文章立场状语表达方式进行对比的角度。

基于语料库的语法研究使用了一系列复杂的计算技术和分析工具。在朗文语法项目中，对整个语料库都进行了语法标记，然后使用一系列专门针对所研究的每组语法特征"量身定制"的计算程序进行分析。更深入的研究通常需要基于语料库中较小的子样本进行交互式分析。

状语是最难用计算技术分析的语法特征之一，因为它们的分布非常广泛

① 本章中，会话和新闻报道都是英式英语。

和灵活，并且同一种形式常常会用于其他语法功能。因而，笔者使用了一个交互式文本分析程序，类似于文字处理器中的拼写检查器。所有状语都是先在每个语域中抽取一个 100000 词的语篇样本识别出来的。然后，交互程序循环浏览每一篇文章，当它检测到状语时就停止。程序提示使用者为该状语选择正确的编码。交互程序初步分析了每个状语的使用特点（如语义类别、语法表现、句位）。当初始分析正确时，使用者就会接受这个编码。然而，交互程序还提供了其他的分析列表供选择，因此当初始分析不正确时，使用者就会选择与正确分析相匹配的选项。

对每个立场状语交互编码之后，使用其他程序和统计软件包汇编频次，并分析语境特征之间的关联型式。

不同立场的语域分布

图 4－1 呈现了会话、学术文章和新闻报道等语篇中立场状语出现的频次。其中，会话中立场状语的频次几乎是写作语域的两倍。[①] 这样的分布非常符合会话者自己与他们的信息建立关联的意愿，因此通常会基于个人态度

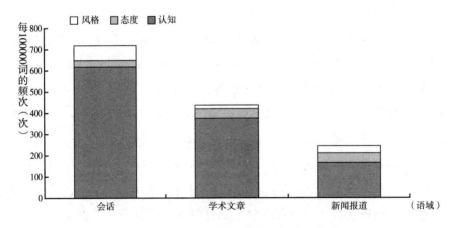

图 4－1　立场状语在三类语域中的使用频次

---

① 与其他语法特征相比，立场状语在各类语域中都很少出现。比如，环境状语（时间、地点和行为）出现的频次超过立场状语 10 倍，大约每 100000 个词中会出现 8000 次。

和评估构建命题。而更令人惊讶的是，学术文章的作者使用立场标记语的频次几乎是新闻报道作者的两倍。

　　三类语域中最常见的语义类别是认知立场状语，并且常见的认知立场状语也都标记了认知立场。表4–1列出了三类语域每100000个词中出现频次多于10次的立场状语。

表4–1　各类语域中最常见的立场状语

	会话	学术文章	新闻报道
认知立场状语——质疑（doubt）/确定性（certainty）			
certainly *	*	*	*
definitely	*	—	—
maybe	**	—	*
of course	***	*	*
perhaps	**	***	*
probably	******	**	**
认知立场状语——确实性（actuality）			
actually	*******	*	*
really **	***********（***）	*	*（*）
in fact	*	*	*
认知立场状语——不准确性（imprecision）			
like	**	—	—
sort of	******	—	—
认知立场状语——信息来源（source of information）			
according to	—	*	**
认知立场状语——限定性（limitation）/视角（perspective）			
generally	—	**	—

　　注：1. 每个 * 代表每100000个词中出现超过10次。
　　2. 括号内的标识表示可以将其理解为强度副词。*really* 这种模糊用法尤其会出现在主语补足语之前的动词后的位置，例如，*it's really wonderful*（会话）。在这种情况下，*really* 可以解释为"in reality"，或被看作 *wonderful* 的强化词。

099

如表 4 - 1 所示，只有少数立场状语比较常见。但其中有一些在会话中极为常见。正因如此，会话中对立场状语的选择是较为单一的，尽管到目前为止立场标记语的使用最常见。也就是说，四个立场状语在会话中最为常见，每 100000 个词中使用次数都超过了 60 次，分别是：*probably*、*actually*、*really*、*sort of*。这四个立场状语的使用次数占所有认知立场标记语使用次数的 70%。

这些特定状语的频繁出现符合会话的一些语境特征，特别是对人际交往的关注、个人评价和观点的表达，以及缺乏计划或修改的时间，致使难以精确用词。因此，会话参与者经常使用 *probably* 来评估情景、人员，以及做预测：

(4.40)

It's *probably* what smelled. （Conv）

〔大概就是这个味道。（会话）〕

(4.41)

That's what I mean with that Jean you *probably* won't need vitamins. （Conv）

〔这就是我说的，琼，你可能不需要维生素。（会话）〕

(4.42)

Yeah, but he could *probably* do a two till ten shift... （Conv）

〔是啊，但他大概可以上两点到十点的班……（会话）〕

(4.43)

He'll *probably* buy the Pioneer speakers. （Conv）

〔他可能会买先锋音箱。（会话）〕

另外，表示确实性的立场状语 *actually* 和 *really* 用来表达所言不只是一种观点，而且是对现实的真实反映。

(4.44)

A. Let's hope I've got my keys.

B. It's alright，I've got mine.

A. *Actually*，I've got yours.（Conv）

〔A. 但愿我带了钥匙。

B. 没关系，我带我的了。

A. 实际上，我拿了你的。（会话）〕

(4.45)

Catherine was *actually* a year lower than Suzannah.（Conv）

〔凯瑟琳实际上比苏珊娜小一岁。（会话）〕

(4.46)

You don't *really* need to drink constantly.（Conv）

〔您真的不要经常喝酒。（会话）〕

(4.47)

Well it's all called tea *really*.（Conv）

〔其实这都叫茶。（会话）〕

上面提到的三个词也反映了会话中经常会有的不准确性。它们具有一个广义的意思；例如，*probably* 的确切可能性仍然是不确定的。

另一个常见的立场状语 *sort of*，显然也标示了不准确性。通常，它用于表示用词不准确：

101

(4.48)

So we're all *sort of* in the same, very close vicinity. （Conv）

〔所以我们可以说都在同一个地方，离得非常近。（会话）〕

(4.49)

Yeah you couldn't *sort of* get at anywhere near him to start with. （Conv）

〔是啊，你一开始就无法在任何地方接近他。（会话）〕

事实表明，学术文章中存在相同的认知意义。也就是说，学术文章作者相当重视对确定性、确实性和不准确性的公开评估。然而，与会话不同的是，学术文章中不同认知立场标记语的使用范围相对较广，个性化的标记语并不常见。

(4.50)

Certainly it can be shown that for an isentropic expansion the thrust produced is a maximum when complete expansion to P occurs in the nozzle... （Acad）

〔可以肯定的是，对于等熵膨胀，当喷管完全达到 P 时，产生的推力是最大的……（学术文章）〕

(4.51)

There is *perhaps* no more important index of the social condition. （Acad）

〔也许没有比这更重要的社会状况指标了。（学术文章）〕

(4.52)

Probably the conditions that would allow life to flourish anywhere in the universe do not differ much from those that have allowed life to evolve on

Earth. (Acad)

〔也许，在宇宙中任何地方，生命得以繁衍的条件与那些允许生命在地球上进化的条件差别不大。(学术文章)〕

(4.53)

It is, *of course*, of a complexity far beyond our power to solve. (Acad)

〔当然，这是一个我们无法解决的复杂问题。(学术文章)〕

(4.54)

But the unexpected was what *actually* happened. (Acad)

〔但出乎意料的是实际发生的事情。(学术文章)〕

(4.55)

These alignment rules mean that such computers do not *in fact* operate as pure byteoriented machines... (Acad)

〔这些对齐规则意味着这类计算机实际上并不像纯粹的字节型机器那样运行……(学术文章)〕

另外，学术文章更注重标记命题的局限性，立场状语 *generally* 出现的频次较高对此有所体现：

(4.56)

Generally, early varieties are insensitive or of low sensitivity while long-duration varieties are very sensitive. (Acad)

〔一般来说，早期品种不敏感或敏感性低，而长历时品种则非常敏感。(学术文章)〕

（4.57）

The mature females are large white worms with pointed tails which may reach 10 cms in length（fig. 56）whereas the mature males are *generally* less than 1 cm long. （Acad）

〔成熟的雌性是带有尖尾的大型白色蠕虫，长度可达到约 10 厘米（图 56），而成熟的雄性通常不到 1 厘米。（学术文章）〕

最后，与其他两类语域相比，新闻报道很少标记认知立场。将其与学术文章进行对比会有一个很有趣的发现：学术文章公开标记命题的确定性或确实性是比较常见的，而新闻报道中将命题作为简单事实进行报道的情况更为普遍。不过，新闻报道中偶尔会有认知立场状语，尤其在采访的引语中，也包括在对无法确定的过去或未来情况的解释，对事件、人物的分析，以及对数量的不准确报道中：

（4.58）

'However, no one should be frightened,' she added. 'I would *certainly* stay the night without any fears. '（News）

〔"但是，没有人应该害怕，"她补充道，"我一定会毫无畏惧地待在这里过夜。"（新闻报道）〕

（4.59）

And he insists：'Paul is a nice lad, *really. . .* '（News）

〔他坚持说："保罗是个好孩子，真的……"（新闻报道）〕

（4.60）

. . . detailed records of the security police, if they ever existed, have *probably* long since been destroyed. （News）

〔……治安警察的详细记录，如果有的话，可能早就被销毁了。

（新闻报道）〕

（4.61）

Upstairs in the Hampton Room Kawak was preening and strutting his stuff with a worried frown, pondering *perhaps* in which language to prepare a winner's speech. （News）

〔楼上汉普顿房里，卡瓦克皱着眉头，刻意地摆弄着他的东西，或许在思考用哪种语言准备获奖感言。（新闻报道）〕

（4.62）

Maybe the Food Safety Bill will be useful damage-limitation: pre-empting public terror that almost nothing in the supermarket is safe to eat. （News）

〔也许《食品安全法案》将是一项有效控制损害的法律制度：预先消解了公众对超市里几乎没有东西可以安全食用的恐慌。（新闻报道）〕

值得注意的是，新闻报道是唯一一个经常使用立场状语 *according to* 标记信息来源的语域。这与新闻报道中强调信息来源相对应。*according to* 用于从指定人员和出版物到仅通过位置确定出处的各种信息来源：

（4.63）

By Friday night, *according to* the prominent Paris-based Romanian human rights activist, Mr Mihnea Berindei, the chain around the pastor's house was 200 strong. （News）

〔据总部在巴黎的罗马尼亚著名人权活动家米赫娜·贝林迪先生说，到周五晚上，牧师家周围的锁链已多达200条了。（新闻报道）〕

（4.64）

According to the French art magazine, Connaissance des Arts, the

Picasso painting has belonged for more than 50 years to a collector who kept its existence secret-even from members of his family. （News）

〔据法国艺术杂志《艺术知识》称，50 多年来毕加索的这幅画一直在一位收藏家手里，他甚至对自己的家人都保密。（新闻报道）〕

（4.65）

According to Washington sources，the first step towards this new world order for steel has been agreed in principle by Brussels and Washington...（News）

〔根据华盛顿方面的消息，布鲁塞尔和华盛顿已经原则上同意了向世界钢铁新秩序迈出第一步……（新闻报道）〕

总体而言，相比认知立场状语，态度立场状语和风格立场状语应用较少。但实际上，它们也比较常见，具体分布有些出人意料。风格立场状语与认知立场状语相似，在会话中最常见，用来强调说话人是"serious"（严肃的）、"honest"（诚实的）、"truthful"（真实的）、"frank"（坦率的）或者"hopeful"（充满希望的）：

（4.66）

No *seriously*，I can't sing that song. （Conv）

〔不，说真的，我不会唱那首歌。（会话）〕

（4.67）

Honestly，it's so hard when you make him cry. （Conv）

〔老实说，当你把他弄哭的时候，真的很难。（会话）〕

（4.68）

I don't think they'll be enough nuts to *tell you the truth*. （Conv）

〔我认为他们不会疯狂到告诉你真相。（会话）〕

(4.69)

The hangers could in fact go, go in there because that looked to be rather a good hanger, *frankly*. (Conv)

〔衣架实际上可以放进去，坦白说，那看起来是个相当不错的衣架。（会话）〕

(4.70)

Hopefully something better will come along. (Conv)

〔希望会有更好的事情出现。（会话）〕

出人意料的是，风格立场状语在新闻报道中也挺常见的。在该语域中，它们通常用在评论体育或娱乐表演的文章和一些引文中：

(4.71)

Frankly, few societies would have tackled even the choreography of this week's presentation, not to speak of the rest. (News)

〔坦率地说，很少有团体能处理好本周演讲的编排问题，更不用说其他的了。（新闻报道）〕

(4.72)

Hopefully team owner Frank Williams-rumoured to be courting Ayrton Senna as Prost's teammate for 1994-will have noticed. (News)

〔希望球队老板弗兰克·威廉姆斯会注意到，谣传他正在讨好埃尔顿·塞纳，让其成为1994普罗斯特的队员。（新闻报道）〕

(4.73)

However, Mr Leeder said: ' *Quite honestly* I don't hold out much hope, but this is the first time the church has agreed to visit us. . . ' (News)

〔然而，利德先生说："老实说，我不抱太大希望，但这是教会第一次同意来看我们……"（新闻报道）〕

同样令人惊讶的是，态度立场状语在新闻报道和学术文章中使用得相当普遍，但在会话中却相对少见。在新闻报道中，许多态度立场状语会在评论中出现，其中文本的目的主要是传达态度：

(4.74)

As one might expect of such an assembly of talent, Sahara Blue is a stately, tasteful listen, but only at its best captures the poet's urgency and potency. (News)

〔正如人们对这位才华横溢的天才所期待的那样，《撒哈拉蓝》是一首庄严、有品位的音乐，但只有在最佳状态下才能感受到诗歌的紧迫性和力量。（新闻报道）〕

(4.75)

Here, *unfortunately*, no restaurant area is yet available to allow customers to eat what they buy where they buy it, but the time spent waiting for a takeaway sandwich will be an invaluable education in Italian food. (News)

〔不幸的是，这里没有餐厅可以让顾客堂食，但等待外卖三明治的时间将成为了解意大利美食非常宝贵的机会。（新闻报道）〕

受访者的引语中也包含态度立场状语：

（4.76）

Instructor Graham Marley, 33, said yesterday: 'It was a freak accident but *fortunately* Terry kept his bottle. ' (News)

〔33 岁的教练格雷厄姆·马利昨天说："这是一次意外事故，但幸运的是，特里保住了他的瓶子。"（新闻报道）〕

不过，态度立场状语也会出现在一些新闻报道中：

（4.77）

Ironically, before Monday night's murder in north Belfast, the only other woman to be killed by terrorists this year was singled out at a flat a short distance away. (News)

〔具有讽刺意味的是，星期一晚上贝尔法斯特北部发生谋杀案之前，今年唯一被恐怖分子杀害的妇女就在不远处的一个公寓里。（新闻报道）〕

（4.78）

...72 percent of respondents think that a further cut in business rates would have a favorable effect on their company, though, *surprisingly*, 4 per cent believe it would have an adverse impact. (News)

〔……72% 的受访者认为，商业利率进一步下调将对他们的公司产生有利影响，但令人惊讶的是，4% 的受访者认为会产生不利影响。（新闻报道）〕

在学术文章中，一些作者的态度被公开地纳入手册和教科书中，甚至技术报告中也可能包含对令人惊讶的内容或预期内容的评述：

(4.79)

My account of political integrity takes the personification much more seriously, as if a political community really were some special kind of entity distinct from the actual people who are its citizens. *Worse*, it attributes moral agency and responsibility to this distinct entity. (Acad)

〔我对政治完整性的解读更重视人格化，好像一个政治共同体真的是一种特殊的实体，不同于实际存在的公民。更糟糕的是，它把道德能动性和责任归于这个独特的实体。（学术文章）〕

(4.80)

Fortunately, reheat systems for commercial supersonic transports are only required to produce about 10 percent increase in thrust... (Acad)

〔幸运的是，商业超音速运输机的再热系统只需要增加大约10%的推力……（学术文章）〕

(4.81)

In general, somewhat stout, short-strawed varieties are more resistant, *as may be expected*, but some of the long-strawed varieties are also resistant. (Acad)

〔总的来说，有些粗壮的、矮秆品种的抗药性更强，这是可以预料的，但一些长秆品种也有抗药性。（学术文章）〕

(4.82)

Somewhat surprising, there are more accidents than near-accidents occurring in clear weather and in daylight. (Acad)

〔有点令人惊讶的是，在晴朗的天气和白天发生的事故比未遂事故还要多。（学术文章）〕

立场状语的语法表现

虽然立场状语可以通过不同的语法结构来表现（见上一节"立场状语标记语的特点"），但常用的只有三种：单副词（single adverbs）①、介词短语、限定性小句。总体上，这三类语法表现占这三种语域中所有立场状语的90%以上，但如图4-2所示，三种语法表现在各个语域中的分布并不完全相同。

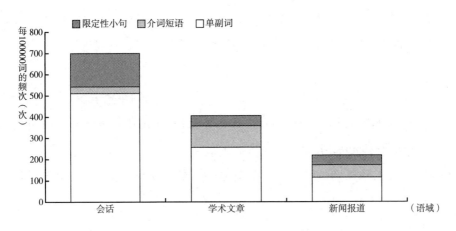

图 4 - 2　立场状语的语法表现

三类语域中，与其他语法表现相比，单副词作立场状语最常见。而迄今为止，这些形式在会话语域运用得最为普遍，占立场状语总数的70%。这可能是由于单副词可以表达与立场状语所有主要语义子类相联系的含义，例如：

（4.83）

　　You *definitely* pay the penalty don't you，for leaving your children?

_____

①　包括作为副词的固定的多词表达，如 *sort of* 和 *of course*，其中的名词和介词不再有独立的意义。作为介词短语的如 *in fact* 之类的表达，在这些表达中，成分词保留其各自的意义，并且可以修饰名词（比如 *in actual fact*）。

111

（Conv；epistemic—certainty/doubt）

〔你肯定会因为离开孩子付出代价，不是吗？（会话；认知——确定性/质疑）〕

（4.84）

The airline *actually* withdrew special security precautions shortly before the DC10 went down. （News；epistemic—actuality）

〔事实上，在DC10飞机坠毁前不久，航空公司就撤回了特殊安全防范措施。（新闻报道；认知——确实性）〕

（4.85）

It's Friday today so everyone's... *sort of* relaxed and good. （Conv；epistemic—imprecision）

〔今天是星期五，所以每个人都……有点轻松和愉快。（会话；认知——不准确性）〕

（4.86）

Evidently the degree of reaction increases markedly from root to tip of the blade. （Acad；epistemic-source of information）

〔显然，从叶片的根部到尖端的反应程度明显增加。（学术文章；认知——信息来源）〕

（4.87）

Generally, however, a functional model explicitly reflects the internal structure of the system. （Acad；epistemic-limitation/perspective）

〔但是，通常，功能模型明确地反映了系统的内部结构。（学术文章；认知——限定性/视角）〕

(4.88)

But，*amazingly*，most men quizzed don't believe the conspiracy theory.
(News；attitude)

〔但令人惊讶的是，大多数接受调查的男性并不相信这种阴谋论。
(新闻报道；态度)〕

(4.89)

Technically all definitions should be in 'iff' form. (Acad；style)

〔从理论上讲，所有定义都应是"当且仅当"的形式。(学术文章；风格)〕

表4-1还表明，最常见的立场状语是单副词，包括会话中最常见的四种立场状语。

相对而言，介词短语多在学术文章中作为立场状语出现，即便其在新闻报道中也并不鲜见（约占两个语域中所有立场状语的25%）。虽然介词短语可以描述得更详细，但其语义功能范围却比副词的更局限。它们在限定主张的普遍性或明确表示作者观点时十分有效，这一功能习见于学术文章中。例如：

(4.90)

On the whole，however，philosophers have ignored this possibility.
(Acad)

〔然而，总的来说，哲学家忽略了这种可能性。(学术文章)〕

(4.91)

The motivations or sentiments which lead individuals to participate in social activities are not *in most cases coterminous* with the functions of those activities. (Acad)

〔在大多数情况下，引导个人参与社会活动的动机或情绪与这些活动的功能并不相关。（学术文章）〕

(4.92)

From our point of view the most important types of physical equilibria are phase equilibria... （Acad）

〔在我们看来，最重要的物理平衡类型是相平衡……（学术文章）〕

(4.93)

From our perspective，it went too far in narrowing the original Schelerian ambition to a sociological subfield. （Acad）

〔从我们的角度来看，把舍勒原本的雄心壮志局限在社会学的一个分支领域中进行认识着实过分。（学术文章）〕

令人惊讶的是，限定性小句常常在会话中作为立场状语，与传统期望形成鲜明对比，会话在结构上是简单的。这些形式中的大多数是评述小句，通常有第一人称代词作主语，用于明确说话人的观点或表达某种程度的怀疑：

(4.94)

It'll come out in the wash *I guess*! （Conv）

〔我想它会洗干净的！（会话）〕

(4.95)

It's a good job I've got two. So I shall have one of them *I think*. （Conv）

〔干得好，我有两个。所以我想我应该拥有其中一个。（会话）〕

(4.96)

She'll do that for a long time *I bet*. （Conv）

〔我打赌她会这样做很长一段时间。（会话）〕

限定性小句表示怀疑或可能性的其他示例如下：

(4.97)

Well *you never know*, Vic might even phone if she can get near a phone.（Conv）

〔你永远不知道，如果能靠近电话，说不定维克就会打电话。（会话）〕

(4.98)

Who knows I might even get a chance to try one of these days.（Conv）

〔谁知道呢，说不定哪天我就有机会试试呢。（会话）〕

最后一点，限定性小句在 *because* 引导的小句的会话中作为立场状语的情况比较少见，但也值得注意。这些小句体现了说话人评论的证据来源，而不是要在主句中给出命题的理由，例如：

(4.99)

He's seriously deficient in what he should be learning *cos* . . . he should know that at least.（Conv）

〔他严重缺乏理应掌握的知识，因为……他至少应该知道这一点。（会话）〕

立场状语的句位

从图 4 - 3 立场状语的句位分布比例可知，立场状语多出现在句首或置

115

于动词前（pre-verbal），尤其在学术文章和新闻报道两类书面语的语域中。从功能角度来看，这些句位是便于作者使用的，因为在实际提出命题之前为作者提供了一个命题框架。此外，位于句首的立场状语还发挥着连接状语的次要功能，特别是 *in fact* 等确实性状语和风格立场状语，例如：

（4.100）

I can hear actually. *In fact*, I can hear everything you're saying. （Conv）
〔我真的能听见。事实上，我能听到你说的每一句话。（会话）〕

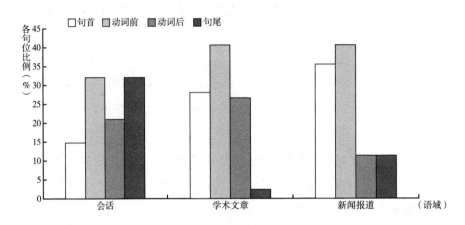

图 4－3　立场状语的句位

（4.101）

Through gossip we learn from other people's lives without undergoing the pain or danger of their experiences. *In short*, gossip is a chronicle of humanity. （News）
〔通过流言蜚语，我们可以从他人的生活中学习，而不必自己经历这些痛苦或危险。简而言之，流言蜚语是人类的编年史。（新闻报道）〕

（4.102）

The two experimental set-ups were different, incompatible, and so could not act together. *In a word*, they were complementary. （Acad）

〔这两个实验装置是不同的、不相容的，因此不能一起使用。总体上，它们是互补的。（学术文章）〕

诸如此类的立场状语有助于强化或精简前述内容。状语不仅标示了即将呈现的小句性质（例如，它是一个真正的事实或它被简要地呈现出来），还标示了其与前文的论述关系（参见本书第七章）。

立场状语位于动词后在学术文章和会话中也很常见。该句位的状语通常修饰名词短语，而不是整句话，起着模糊标记语的作用，例如：

（4.103）

This is *about* the fourth time we've played. （Conv）

〔这大概是我们第四次参加比赛。（会话）〕

（4.104）

［They］account *roughly* for 57 percent and 43 percent of group sales respectively. （News）

〔［他们］分别约占集团销售额的57%和43%。（新闻报道）〕

不过，特别是在以 *be* 为主动词而不是助动词的小句中，各种立场意义的表达则会放在动词后①：

（4.105）

Well I think it was *actually* different places... （Conv）

〔好吧，我想它实际上是不同的地方……（会话）〕

---

① 从另一个视角分析，这些情况也可以被看作紧跟在主语之后的位置（该情况下的 *be*），因此当状语跟在助动词之后时就相当于位于动词前。

(4.106)

... they were *definitely* not respectable in the eyes of most clerks.
(Acad)

〔……在大多数职员看来，他们绝对不值得尊敬。（学术文章）〕

(4.107)

It is, *in a word*, more modernist. (Acad)

〔总而言之，它更现代。（学术文章）〕

(4.108)

Characters are *apparently* motiveless, compulsive liars, who shy from eye contact. (News)

〔这些人物显然都是有谎言癖的，他们害怕眼神交流。（新闻报道）〕

(4.109)

These are *literally* bandits. (News)

〔这些简直就是强盗。（新闻报道）〕

惊喜的是，位于句尾的立场状语在会话中更为普遍。对听众而言，由于命题已经被说话人提前处理过了，接收信息的效率不是很高；但由于这些立场状语可以让说话人在提出命题后来调节，便于在即兴生成会话的场景（online production circumstances）中使用。在该情况下，最常用的是限定性小句，示例如下：

(4.110)

But it's hard luck *I suppose*. (Conv)

〔但我想这是运气不好吧。（会话）〕

118

（4.111）

That one's quite hot *I think*. （Conv）

〔我觉得那个很辣。（会话）〕

（4.112）

... treatments and preservation of the rain forest and all this sort of thing, *I imagine*. （Conv）

〔我想……热带雨林的治理和保护，以及诸如此类的事情。（会话）〕

总体而言，虽然确实有很多立场状语位于句首，但其句位是由各种因素决定的，包括状语的语法表现、小句的结构、语篇的语域、状语的主要和次要语义功能。

结 论

本章简要介绍了英语立场状语的主要特点。对于立场状语使用的细节和复杂性，还可以开展更为深入的研究。尽管本章只对立场状语进行了概述，但也在内容和方法上为相关研究提供了有价值的贡献，阐明了基于语料库分析的作用。

也许最重要的是，研究结果表明了语域对立场标记分析的重要性。在三类语域中，立场状语在语义类别、语法表现、句位和最常用的词项上的使用都有明显差异。每个语域的不同偏好与其交际目的和生成语境有关。如此一来，将任何一个语域的分析生搬硬套到其他语域或整个英语语言的分析只会造成更多误解。

除了阐明不同语域之间的差异外，基于语料库的分析对揭示值得进一步深入研究的具体语场也很重要。例如，与两种书面语语域相比，会话语域中使用特定立场状语标示怀疑、不准确性和确实性的频率很高。在分析这些立场状语时发现，很明显，它们除了简单地标记说话人的立场外，还具有重要的社会功能。使用诸如 *perhaps* 和 *maybe* 之类表示怀疑的词语提出建议；使用 *really* 和 *actually* 等确实性副词来缓和分歧。因而，会话中常见的此类立场状语所扮演的社会角色将是一个值得进一步研究的领域。

　　总而言之，基于语料库的分析是对特定语篇进行深入研究的补充。其为理解语言特征结构变体和实际使用型式提供了知识基础。通过基于语料库的分析，我们获得了一个在特定语境中语言使用的真正独特之处的视角，并有效为未来研究明确了方向。

第五章　评价的局部语法

苏珊·霍斯顿（Susan Hunston）、

约翰·辛克莱（John Sinclair）

编者按

　　本书导言中提到了一个学界普遍接受的观点，即除了情态之外，评价没有属于自己的语法，可以仅从词汇术语对其进行最有效的探索。产生这种偏见的部分原因是，从通用语言语法角度来看，评价似乎总是有赖于其他资源，并且在某种程度上随机分散在与非评价功能共有的一系列结构性选项中。然而，如果从评价的表达出发，并确定所涉及的一系列结构，我们最终很可能会构建出一个更加系统和连贯的语篇图景。Hunston 和 Sinclair 在本章所要探讨的内容就是建构评价的局部语法。

　　Hunston 和 Sinclair 认为，继桑普生（Sampson）（1992）之后，有许多语言领域不太适合（如果有的话）用一种语言语法进行通用性描写。比如俚语、术语等显然已有自己的型式，但只能作为例外或"遗留物"（leftover）在通用性描述中处理，因为这类型式与传统的以动词为中心的小句不同。因而，这些领域需要有一个局部语法。局部语法不需要将描述变成与之并不相适的通用类型，而是使用专门为每个领域开发的类型和术语。其通过提高准确性、明确性和累积覆盖率等来补偿在可推广性上的缺憾。

　　如本书一贯主张的那样，鉴于评价是语言的核心功能，而通用语法一直无法对其进行接续性的描述，显然在该领域很适合尝试提出局部语法概念。Hunston 和 Sinclair 着眼于评价性形容词，划分了十分具体和清晰的类别，如评价对象（*thing evaluated*），并将它们与同样非传统但具有更广泛潜在适用性的类别相结合，如链接（*hinge*）（参见 Barnbrook & Sinclair，1995），用以建立一组展现这些类别的型式。将本章与 Conrad 和 Biber 撰写的第四章进行比较很有意思；本章还重点讨论了一种特定的结构/语义类别，即评价性状语的使用，尽管采用了一种与传统研究截然不同的方法。

Hunston 和 Sinclair 主要从自动句法分析（automatic parsing）的应用来判断他们的方法是合理的，但也对整个语言描述和"自然"语法的发展产生了潜在的、更广泛的影响。"自然"语法比传统语法更能反映使用者体验语言型式的方式。在分权和放权问题备受政治领域关注的时代，似乎应该在语言学领域开展一场类似的运动。探索语言通用性很容易与语言使用的个人经验这一基本出发点脱节（Toolan，1996）；局部语法是保持平衡的一种方式。但其能在多大程度上有效发挥传统语法的功能还有待考察：本章表明，Hunston 和 Sinclair 的这些研究进展可能比目前普遍认识到的更有启发性。

引言

本章认为，传统的结构分析系统并不能覆盖所有语法结构，需要开辟一条新思路，确保其全面性。这条新思路将比传统语法分析系统更简化，由于它变得必不可少，更为谨慎的做法是将其运用到大量的分析研究中——长期开展的子语言（sub-languages）研究就使用了这一思路（见下文）。一旦采用这一策略，就很容易与言语行为和语用学建立联系，并有可能生成一种新的功能主义。评价的交际行为就是其中一个例子。下文举例说明了评价性形容词和名词的使用型式，并对其进行了解析，以表明如何将评价性语法的类别映射于开放式文本。

语法、局部语法和子语言

一种语言的语法至少隐性地提供了基本的类别和组织结构，以便以大家都认可的标准描述该语言组成的任何文本。近年来，人们开始使用一种新的资源，即电子语料库，来检验语法在对实际口语表达和书面语中出现的任何事物进行分类时的可靠性。语料库现在经常用于试验新软件，并且可能越来越多地用于比较、验证和评价自动句法分析系统。试验（training）是指在一个小型语料库中试用原型软件，得出研究结果并基于此改进软件性能，整个过程循环进行。

即使应用的是最新的句法分析器（parsers，以下简称为"分析器"），语料库语法学家仍发现，即便软件对开放性语篇已经进行了最完善的处理，依然有很多无法分析的内容。也就是说，错误和问题原则上并不能通过进一步研发分析系统来解决，但也观察到，就语篇主体而言，无论研发何种分析器都无法充分描述语篇的某些内容。我们对总会有"遗漏"的预判是有把握的，因为被"遗漏"的组织结构似乎与其他语篇有很大的不同。Sampson（1992）明确指出了这一点，并引用了菲尔墨（Fillmore）等人（1988）的观点论证了传统语法未能覆盖到的语场，主要包括标点符号、各类俚语、演讲，以及姓名、地址、头衔、金额等特定常用表达。针对许多被"遗漏"的内容，格罗斯（Gross）（1993）提出的局部语法和"有限自动机"（finite automata）的概念似乎具有一定参考价值。他认为，短语结构规则和转换规则都不适用于说明这些结构，但有限自动机可以。实际上，正是这些局限性使得自动机适用于相当有限的描述，其原则是最好的语法是实现列出的目标的"最简单"的语法（Chomsky，1957：14n.）。

Gross 和 Sampson 都认为，这种结构所涉及的开放式文本数量使得其有必要通过语法来处理。Sampson 和 Gross 都表示，这些结构被忽视了，因为它们没有表现出有趣的普遍性，其中许多都是语言中反映的社会习俗，从任何常用的视角来看都是十分具体和不可预测的。对于寻求某些普遍真理的语法家来说，它们的优先级很低。然而，用户的需求迫使这些理论家调整了研究的优先顺序。语言政策制定者和国际资助机构在翻译、语音识别、文档检索等应用程序中用到了语法。为此，他们对系统准确度要求极高（高于 99.5%）；①无须人工预处理或干预即可工作；运行速度很快，可实时应用（在研究人员等待的同时）。如果通用语法不能满足这些标准，局部语法或许可以。既然局部语法如此重要，那么探索如何运用它很有意义；任何综合语法都必须对它们做出规定，而且局部语法本质上比其他语法规则更简单、更弱化、更有限，因此最大限度地运用局部语法有利于提高分析效率。

具有复杂性的子语言是一个值得探讨的描述性语场。自 Harris（1968）之后的三十年里，语言学家一直试图找出有说服力的例子，正如皮尔逊（Pearson）（1998）在一篇有价值的评论文章中所叙述的那样。虽然最初子语言的概念暗示了它们是某种特殊的存在，或者揭示了科学知识的结构，但实际衡量标准似乎与局部语法有很多重叠之处。Pearson 引用的莱尔贝格尔（Lehrberger）（1986）的标准就像记手账一样易于使用：

有限内容（limited subject-matter）；

词汇、句法和语义的限定（lexical, syntactic, and semantic restrictions）；

语法的"偏离"规则（'deviant' rules of grammar）；

某结构的高频次（high frequency of certain constructions）；

语篇结构（text structure）；

特殊符号的使用（use of special symbols）。

因此，可以将局部语法描述的部分看作小句（但不是无关紧要的），将子语言的描述看作扩展了的局部语法。由于通过研究发现在日常语篇中探寻真正的子语言很难，我们有必要从局部语法的基层来建立一种语言的专业用法。

---

① 这样一个标准回避了如何评估分析结果的问题。就本章而言，将准确度界定为与分析者的判断具有一致性即可。

Barnbrook 和 Sinclair（1995）声称 COBUILD 系列词典中的语言定义构成了一种子语言。除了"有限内容"之外，其很容易就符合了 Lehrberger 的其他标准，这表明应该重新思考该标准。

从一开始，这种特定内容的想法被想当然地认为是子语言思考的核心，但进一步考察后发现，以它作为标准并不可靠。当然，我们可以预见，小规模的关注同一问题的群体会逐渐形成独特的表达方式，以谈论和书写他们的专长，无疑，这样做部分是为了提高沟通效率，部分是为了显示差异性，还有一部分是出于无意识地抄袭他人。但子语言的定义不排除广泛的、易被接受的传播类型（如果它们符合规范的话）。报纸标题，有时可以作为一种子语言的例子来支持这一观点，因为它们几乎覆盖了整个人类经验。一部通用语言词典也必须囊括所有人类事物，这似乎与其中使用的话语不同。有一些符合有限内容标准的专业词典，在编纂时并不会因内容的限定而改变。如果使用与 COBUILD 相同的定义技术的科学词典应该被视为一种子语言，而不是通用语言词典，那就太奇怪了。

有两个理由可以支持 COBUILD 的"整句"（full-sentence）定义构成了一种子语言，而不管其内容是什么。一是由于它不被认为是子语言的典型语域，接受它将扩大子语言论证范围；二是词典的定义句绝不是其中唯一的语言结构类型。还有一些关于发音规则、词类、用法注释，有时还有词源，[①]以及使用范例等方面的说明。因此，识别子语言时，笔者接受它是从更丰富的话语中选出来的，必须与之分离。

最初子语言的概念至少应该暗含：它本身是一种具有自身完整性的变体，在合适的场合不断使用；它是构成完整事件的语言，而不是在更普遍的话语中反复出现的风格。但现实是，语篇并不会长期受制于任何一类子语言；专业语言和通用语言难以分离。为了避免子语言被语言学界边缘化，有必要从整个语篇中挑出构成子语言选段示例的部分进行研究。词典

---

① 其他的话语范围也都可以作为子语言，这个想法激发了人们从字典词目自然呈现的语篇中自动提取子语言的兴趣（Fontanelle，1995）。

中使用了各种各样的语言，有一些是相当复杂的，也没有一种语言能持续性地支撑任何长度的语篇，但词典词目的重复结构引导使用者在每一点上都期望适当的变化。因而，从词典中提取定义语言是一项简单的工作。在从表面组织结构不明显的语篇中提取子语言的情况下，该方法总是存在循环使用的风险。

接下来要关注的是子语言和依赖局部语法的语篇选段之间的相似性。事实证明，这种区别很大程度上体现在描述它们的方法不同，而不是要描述的型式存在显著差异。一个人如果倾向于使用某个通用分析工具解释所有子语言的实例，那么就必须对每个子语言进行同样程度的修改和细节调整，以至于人们最终可能觉得，最初努力证明单一的通用语法可以解释所有语篇的观点已经从根本上被削弱了。另外，一个人如果选择几种局部语法，那么从一开始就在语法中构建了多样性分析。回到Sampson 和 Gross 的立场，我们可以接受局部语法不可或缺，并考虑如何将这种必要性进一步升华和内化。局部语法可以提供优于通用语法的描述性特征吗？

在试图回答这个问题之前，有一个重要的现实问题需要解决。必须以某种方式确认要运用局部语法处理的语篇选段，而通用语法则不会选择（或者至少不应该选择）。因此，面对每一个局部语法，都必须检验其每个语篇单位，看其是否符合分析条件。我们可以预见，至少在测试程序变得非常复杂之前，一些语篇单位会被不止一种语法错误地选择。当一个句子表面上与定义有着相同的结构，而不是一个定义时，如果用这种方法来分析，它似乎就是一个错误的定义。笔者用 Barnbrook 和 Sinclair 的例子 *A dog is a damned nuisance*（狗真的太令人讨厌了）说明这一点。作为一个定义，它是有规律的（*dog* 这个词被定义为一种讨厌的动物）：这个错误在于最初的评价，而不是分析本身。最终，Barnbrook 和 Sinclair（1995：17）构想了一组专门的分析器，每个程序只分析那些具有特定功能的句子，并且每个句子都使用自己的术语集。除此之外，还需要用路径选择软件识别每个句子的功能，从而将句子传输到正确的分析器中。

再次回到局部语法是否优于通用语法的问题上。Barnbrook 和 Sinclair（1995）提出的局部语法为通用语法提供了另一种分析方法；这是一种十分不同的分析方法，可以称为"有限自动机"。任何限定句都有两种分析，一种不考虑其功能（定义），另一种以句子是一种定义为出发点。一方面，句子可以用通用语法描述，主要指向句子的结构关系；该语法将非常复杂和强大，因为它需要涵盖所有的通用型式。另一方面，同一个句子一旦被赋予了话语功能，就可以进行另一种分析；由于选择程序的原因，语法分析会简单得多。哪种分析更有用、更有效几乎毫无疑问。用"主语"、"动词"和"宾语"讨论一个定义远不如用"定义对象"（definiendum）、"上位词"（superordinate）、"鉴别性词句"（discriminator）和"上下文残差"（contextual residue）等来讨论（具体见下文）。后一种分析是"功能性的"，与功能语法的传统不同，并且包含了一些价值性的语用参数。

功能语法（Dik，1968；Halliday，1994）描述了语法各个组成部分的内部功能、它们是如何相互联系的及如何创建意义单位，但这是产生意义的特征，因而仍然属于语法内部。语义示意性术语的使用表明了意义范围，并为选择的操作意义提供基本指导，但没有达到精确性描述。"过去"、"现在"、"未来"或"主动"、"被动"，甚至"物质过程"、"目标"、"环境"等词都具有这种性质；"主语"或"宾语"这样的词（对于英语）已经失去了大部分的关联性。诸如这些类别的用途非常广泛；因此，它们的应用仅限于语言分析本身就不足为奇了。学生学习使用术语时遇到的困难证明了术语的深奥性。

基于每种句子类型的局部语法的另一种分析前景是，它将为每类句子匹配比高度通用类别标签更明显和更可信的类别标签。因此，有必要探讨局部语法的概念在句子层面的延展程度。与通用语法研究思路不同，本研究不强调全面性。许多语篇可能会以多样性和相互重叠的方式实现，使得专门开发一种局部语法的价值不大，而且许多单句可能会因太过"独立"而无法对其进行分类。但是，即便只是部分成功地应用了局部语法，也会让这项研究具有价值和意义。

在本章的最后一部分，笔者将讨论评价性语言。如何认识并以一种能发挥其话语功能的方式描述它？这个术语常常很难被界定清楚，它存在过度使用的问题，但在人类交流中是非常重要的。语言单位分类涉及两个方面：构成和结构定位。第二个方面通常会取代第一个方面，正如上文提到的伪定义；如果在词典中 *dog* 的定义中只出现了 *A dog is a damned nuisance*，人们就别无选择，只能接受这个定义。同样，互动口语所持有的一种观点是，每次简短的交流都包含将评价作为最终成分的结构性规定；在交易所的主要业务完成之后，为了传递信息、回答问题，或者遵从请求或指示，参与者有机会就交换价值达成一致。通常，该成分仅是其中一个参与者的简单致谢或轻声道谢，默认情况下被其他参与者接受；几乎没有很强的评价性语言，但由于结构定位，它会被解释为正向评价。

不过，本章只探讨评价的构成层面。笔者提供了对被解释为评价的句子的描述，而无须寻求其结构功能方面的支持。虽然这只是一个局部研究，但它是一个开始，从中笔者可以评估局部语法作为替代通用语法的描述工具的突破和推广程度。

局部语法的定义

Barnbrook 和 Sinclair 分析的子语言来自《柯林斯 COBUILD 英语词典》中使用的定义。具体来说，Barnbrook（1995）开发了一个分析器解析《柯林斯学生英语词典》（CCSD）中的定义。这些定义使用整句，老师或任何试图向学习者给出词义的人会自然而然地使用这类句子。因此，它们或许被视为自然语言的一种形式，与传统词典中晦涩和高度传统的定义形成对比（Hanks，1987：116；Barnbrook & Sinclair，1995：13）。一本 COBUILD 词典的读者很容易识别出给什么下定义〔定义对象（*definiendum*）〕和定义是什么〔定义内容（*definiens*）〕，实际上是将自然语言的定义转化成一个虚拟等式。笔者可以将这个简单的等式提炼出来，见表 5-1（尽管这只是定义中的一部分信息）。

表 5 – 1　等式化定义

词语	COBUILD 定义	等式
biggish	Something that is biggish is fairly big; an informal word	biggish = fairly big
bloodstock	Horses that are bred for racing are referred to as bloodstock	bloodstock = horses bred for racing
calve	When a cow calves it gives birth to a calf	calve = give birth to a calf

为了研发一个计算机程序，让机器具备这种与人类相似的技能，Barnbrook（1995）将 COBUILD 中的定义分为 17 种类型（其中三种在表5 – 1有所说明），功能术语映射到每种类型的每个部分，并编写了自动解析每个定义的软件程序。表 5 – 1 中提到的等式用"左侧"（left-hand side）表示，内含定义对象（*definiendum*），即定义的事物；"右侧"（right-hand side），内含定义内容（*definiens*），即具体定义；两边用"链接"（*hinge*）联系起来。COBUILD 定义的 *run* 的第一种含义的解析见表 5 – 2。

表 5 – 2　解析定义

链接	左侧		右侧	
		定义对象 **run**		**定义内容** move quickly, leaving the ground during each stride
When	you		you	

资料来源：改编自 Barnbrook（1995：179）。

在表 5 – 2 中，左侧的 *you* 与右侧的 *you* 相匹配。其在定义对象（*definiendum*）和定义内容（*definiens*）中都被省略了。

Barnbrook 和 Sinclair（1995）对分析器的输出进行了更详细的描述。该论文没有提到术语定义对象（*definiendum*）和定义内容（*definiens*），但在下面例子中增加了这两个术语。例如，*An **orbit***（轨道）的定义是 *the curved path followed by an object going round a planet, a moon, or the sun*（物体绕行星、月球或太阳运行的弯曲路径），具体解析如下：

左侧：

an	match₁
orbit	headword—*definiendum*
is	hinge

右侧：

the match₂

curved discriminator ⎫
path superordinate ⎬—*definiens*
followed by ⎭

an object... ⎱discriminator⎰

or the sun

*If you **apply** a rule, system, or skill, you use it in a situation or activity*（如果你**使用**规则、系统或技能，则在某个情况或活动中使用它）的定义解析如下：

左侧：

if	hinge
you	match₁
apply	headword—*definiendum*
a rule...skill	match₂

右侧：

you match₁

use superordinate ⎫
it match₂ ⎬—*definiens*
in a situation discriminator ⎭

or activity

（根据 Barnbrook，1995；Barnbrook & Sinclair，1995：32，34 的内容进行了调整）

尽管 Barnbrook 和 Sinclair 只使用 CCSD 中的定义开发分析器，但他们研究的最终用途之一是从非词典语篇中自动检索信息。例如，计算机可以检索技术手册查找定义，并将其转换成表 5-1 的等式，从而自动生成词典。Pearson（1998）目前正在进行这方面的研究。局部语法将被用于分析整个语篇中随处可见的孤立句子，而不是一组自然出现和可以通过词典数据库组织识别的句子。

局部语法与评价

从上文已经了解到，*A dog is a damned nuisance* 这句话可以用两种局部语法来分析。作为一个定义，它可以通过定义对象、链接、定义内容进行分析。而要把它作为评价来分析，我们则可以使用"评价对象""链接""评价范畴"等。除了术语的变化，对分析器的操作基本上是一样的。我们能否从这个简单的转换中推断出，评价会像定义那样适合使用局部语法分析呢？

要回答这个问题，就必须铭记定义的特征，其让自动解析它们的程序具有可行性。定义是以限量的型式表达的（如 Barnbrook 和 Pearson 认定的那样）。正是这种限制将定义语言限定为一种子语言，并允许自动解析。

评价是否以类似方式受限？笔者从最简单的评价示例开始分析：通过使用形容词，一个实体具有了可评价的特质，比如 *This building is really beautiful*（这座建筑真的很美）。可能发挥这一功能的形容词很容易被识别出来。例如，大多数人都会用 *beautiful*、*nice*、*great*、*interesting*、*terrible*、*despicable*、*important* 等形容词表示评价，原因很明显，它们的含义兼具主观性和价值性。因为这类形容词并不构成一个封闭类词，所以不可能用它们的词目编写计算机程序。相反，为了让搜索程序能够识别何时使用形容词评价某个实体，无论该形容词是什么，都必须能够指定以这种方式使用的语言型式。用以下例句（摘自英语语料库）说明形容词 *beautiful* 的各种使用型式：

（5.1）

. ［before a noun］（在名词前）She was a beautiful and considerate young girl.

［following a link verb］（跟在系动词后）She is both beautiful and charming...

［with a comparator］（跟对比性的词句）She was just as beautiful as she had been 30 years before... I wasn't beautiful enough for the movies... I had forgotten how beautiful she was.

［patterns with the superlative］（最高级的型式）... wintry Bosnia was at its most beautiful... He works in a winery complex that is one of the most beautiful in Australia... Elba is the largest and most beautiful of the Tuscan islands.

［patterns with 'about'］（跟"about"型式）There is absolutely nothing beautiful about dying for a cause... there's a great deal that is beautiful about Ian Sellar's moving film... What's beautiful about lying in mud and acting like a cockroach on its back... ［their］team embody all that is bright and beautiful about the game.

［followed by a to-infinitive］（跟不定式 to）Her face is beautiful to look at... it was beautiful to see the land so green after years of drought.

最近，语料库语言学关注型式在英语语法和词汇中的重要性（如 Sinclair, 1991；Francis, 1993；Hunston & Francis, 1998）。其在单词和型式两项主要调查研究中掀起热潮，一个聚焦动词（Francis et al., 1996），另一个关注名词和形容词（Francis et al., 1998）。得出两个观察结果：第一，每个词语的意义都可以用常见型式描述；第二，共享特定型式的词语同时也共享其词义。

例如，名词 *invitation* 的意思是邀请参加聚会或用餐，后面通常跟不定式 to，比如 *The ambassador has refused an **invitation** to attend the inauguration* *ceremony*（大使已经拒绝了参加就职典礼的邀请）。还有许多其他名词有这种使用型式，其中一个子集表示未来的行动方针正在被鼓动或允许。除了 *invitation* 之外，还有 *appeal*、*call*、*cue*、*incentive*、*instruction*、*leave*、*licence*、*mandate*、*plea*、*proposal*、*request*、*suggestion*、*warning*。如《柯林斯 COBUILD 英语语法句型》系列词典所示，这不是个案，但它说明了语言的通用规则：每个词语都出现在一组有限的型式中，共享同一型式的词项，并且共享其词义。

还有两点需要说明。首先，从形容词出现的型式整体范围来看，应该有可能指定一组通常与评价性词语共现的有限型式。其次，从这些型式和与之共现使用的形容词中，应该可以区分出评价性形容词和非评价性形容词。如果我们把讨论限定在显性和使用典型评价性词语的评价上，应该可以编写评价的局部语法。

辨析评价：一些示例

这里笔者探讨一些用于评价的典型语法型式。目的是探寻其是否可以辨识评价性形容词，并论证运用评价的局部语法分析这些型式的可行性。

第一种型式：it + 系动词 + 形容词词组 + 小句

该型式（或者更确切地说，它是几个型式的集合）以发语词或先行主语 it 开头，紧随其后的是系动词、形容词词组和限定性或非限定性小句（that-小句、wh-小句、to-不定式或-ing 小句）。根据 Francis 等人（1996，1998）使用的元语言，这些型式被表示为 it v-link ADJ that、it v-link ADJ wh、it v-link ADJ to-inf，以及 it v-link ADJ-ing。正如 Francis（1993）所指出的，该型式中使用的形容词具有某种评价性意义。例如：*fortunate*、*heartening*、*splendid*、*wonderful*；*awful*、*stupid*、*terrible*、*important*、*necessary*；*common*、*odd*、*interesting*、*relevant*、*significant*、*surprising*。被评价的事物通过形容词词组后面的小句体现出来，形容词本身将"事物"（thing）置于评价范畴。部分解析见表 5–3。

表 5 - 3　第一种型式解析

it	系动词	评价范畴	评价对象
		形容词词组	限定性或非限定性小句
It	was	certain	that he was much to blame
It	was	suprising	how many on that course had disabled children
It	seemed	important	to trust her judgement
It	was	wonderful	talking to you the other day

该型式确实是一种很好的评价性形容词的"诊断"型式，因为其中出现的所有形容词都是评价性的。此外，解析过程很简单：只有一个配置将语法型式映射到解析范畴。唯一的问题是那些由型式连接引起的问题：形容词型式跟在同样有语法型式的动词后面时会发生变化。举个例子，如果一个形容词，比如 *strange*，其所在型式为 it v-link ADJ that，本身又是型式 V n adj 的一部分，与一个动词（比如 *think*）共现，则形容词的型式会因省略了系动词而改变，比如 *I thought it very strange that no one else had heard the news*（我觉得很奇怪，还没有人听到这个消息）。

第二种型式：There + 系动词 + *something/anything/nothing* + 形容词词组 + *about/in* + 名词词组 /-ing 小句

该型式以"虚拟主语"开头，接着是一个系动词，然后是 *something*、*anything* 或 *nothing*，再加一个形容词词组，紧随其后的是介词 *about* 或 *in*，最后再加一个名词词组或-ing 小句。例如：

(5.2)①

There's something rather appealing about being able to spend the evening in a town.

There is nothing sacrosanct about this unit of analysis.

----

①　译者注：原著中第三个例句或涉敏感信息，本译著已进行删修。

There isn't exactly anything romantic about trying to do a love scene under ruthless studio lights.

There is something very American about the National Archives collection of presidential libraries.

该型式的功能是对某件事做出主观判断，这是一种典型的关于好坏的判断。通常情况下，该型式中的形容词是评价性的，尽管也使用表示国籍的形容词。表示国籍的形容词含义是"代表一个国家群体"，而不是突出具体的"某一位国家公民"，因此具有主观性。形容词常常被副词修饰，如 *rather* 或 *particularly*。"评价对象"总是由 *about* 后面的名词词组或-ing 小句来表示，"评价范畴"总是通过事物后面的形容词词组体现。通过类比 Barnbrook 和 Sinclair（1995）对定义的分析，笔者将型式中连接这两者的部分称为"链接"（hinge）。该型式的部分解析见表 5 - 4。

表 5 - 4　第二种型式解析

there	系动词	链接	评价范畴	链接	评价对象
		something/anything/nothing	形容词词组	*about or in*	名词词组或-ing 小句
There	's	something	rather appealing	about	being able to spend the evening in a town.
There	is	nothing	sacrosanct	about	this unit of analysis.
There	isn't	anything	romantic	about	trying to do a love scene...
There	is	something	very American	about	the National Archives collection...

译者注：原表中有一列内容涉及宗教敏感词汇，在不影响原文表达的前提下，译者进行了删减。

使用表 5 - 4 的型式辨识评价性形容词，并分析该型式中句子的搜索程序成效如何呢？首先回答第二个问题，这种分析程序显然卓有成效，因为型式和评价范畴的匹配非常简单，没有例外情况。至于能否成功地辨识评价性形容词，不得不说，虽然该型式中出现的大多数形容词都是评价性的，但其中许多都体现了主观性，即便不完全是好或坏的判断。比如上文提到的有关 *American*（美国化）的示例。另外，有必要将"副词" *American* 认定为主观性形容词，因为其只有起修饰作用时才是主观性的。而 *appealing* 则不是这样——在该情况下，无论是否起修饰作用，这个形容词都是评价性的。

这种型式非常有效。尽管有些形容词很常见（例如：*American*、*appealing*、*attractive*、*beautiful*、*British*、*comforting*、*compelling*、*curious*、*depressing*、*different*、*disconcerting*、*disturbing*、*endearing*、*English*、*equivocal*、*exciting*、*extraordinary* 等），但是在一个庞大的语料库中，有很多词也只出现一两次。或许是因为没有一个语料库能大到让语法学家列出该型式中使用的全部形容词。而型式的变体更是如此，用 *nothing* 替换 *something*，通常与不具有评价或主观意义的形容词一起使用。道格拉斯·亚当斯（Douglas Adams）的《宇宙尽头的餐厅》（*The Restaurant at the End of the Universe*）中有一个著名的例子，其中一个人物说："*There's nothing **penultimate** about this one!*"（没有比世界末日到来更糟糕的事了！）

第三种型式：系动词 + 形容词词组 + to-不定式小句

该型式中，形容词后面跟 to-不定式小句。正如语言学家经常关注到的问题，to-不定式小句的主语和动词之间的关系不同：使用某些形容词时，主句的主语也是 to-不定式小句的主语，比如 *John is eager to please*（约翰渴望讨人喜欢）；而使用其他形容词时，主句的主语则是 to-不定式小句的宾语，比如 *John is easy to please*（约翰很容易讨人喜欢）。但是，从评价型式的角度来看，还有一个变量：形容词可以是将人或事物置于评价范畴的词，例如，*Horses are **pretty** to look at*（马看起来很**漂亮**），*You are **right** to say that*（你这样说是**对的**）；或者是一种个体对某一情况的反应，例如，*Benjamin had been rather **overawed** to meet them*（本杰明在遇到他们时被**吓坏了**）。对第一种可以进一步细分。在大多数情况下，句首的名词词组是评价对象，形容词词组为评价范畴，to-不定式小句表明对评价的限定，比如 *Horses are pretty to look at*（马看起来很漂亮）〔*but they are terribly dim*（但是它们非常迟钝）〕，*People are slow to learn*（人们学习速度慢）〔*but they* *never forget what they have learned*（但是永远不会忘记所学）〕。这种型式的解析见表 5 - 5。

表 5 - 5　第三种型式解析（1）

评价对象	链接	评价范畴	评价的限定
名词词组	系动词	形容词词组	to-不定式小句
Horses	are	pretty	to look at.
The car	was	terrible	to park.
People	are	slow	to learn.
He	is	unworthy	to utter her name.
Certain Women	were	appropriate	to join the trial.
This book	is	interesting	to read.

　　然而，有些形容词表明了在道德上某种特定行为方式是对的或错的、愚蠢或聪明的，而表现这种行为的人只是暂时的好或坏、愚蠢或聪明，不是天生就这样。在此情况下，to-不定式小句表明评价对象。句首名词词组也带有某种评价性质，位于评价对象预设的位置，可以将其称为评价载体。具体解析见表 5 - 6。

表 5 - 6　第三种型式解析（2）

评价载体	链接	评价范畴	评价对象
名词词组	系动词	形容词词组	to-不定式小句
You	are	right	to say that.
I	wasn't	stupid	to go there.
They	would be	sensible	to say 'yes'.

　　第二种情况，形容词表明某种个人反应而不是品性时就比较复杂了，因为评价不是说话人说出来的，而是来自该型式中第一个名词词组的具体人物。评价对象用 to-不定式小句表征，形容词词组显示某种个人反应，也就是说，尽管没有指明评价范畴，但其可以表现出某人正在评价某物。具体解析见表 5 - 7。

表 5 - 7　第三种型式解析（3）

评价者	链接	评价反应	评价对象
名词词组	系动词	形容词词组	to-不定式小句
Benjamin	had been	rather overawed	to meet one of the Billington family.
He	is	most anxious	to avoid appearing weak.

同样，我们可以提出一个问题，使用该型式指明评价性形容词，分析该型式中的句子的搜索程序成效如何呢？这里的分析可能会更困难，因为句子结构取决于特定的形容词。搜索程序要罗列出用以确认 *You are right to say that*（你这样说是对的）或 *Benjamin had been overawed to meet the Billingtons*（本杰明见到比林顿一家时吓了一跳）等句子的形容词，与更常见的 *Horses are pretty to look at*（马看起来很漂亮）之类的语句区分开来。不过，该型式也是相当有效的，因为大量形容词只是偶尔在其中使用。无论语料库有多大，语法学家都不可能列出所有像 *right*、*overawed* 这样的形容词。但列出常见的形容词是可能的（Francis，1998）。该分析器或许会出现一些错误，但不会很多。同样，其识别评价性形容词的功能也可能只是部分有效，毕竟上面提及的两类形容词都以这种型式出现了。

第四种型式：系动词 + 形容词词组 + that-小句

在该型式中，形容词后面跟一个 that-小句（that 这个词既可出现也可省略）。这一型式中的大多数形容词表明了个人对事态的反应，如 *amazed*、*angry*、*disappointed*、*envious*、*horrified*、*pleased*、*worried*；某人对某事的确定性和认识程度，如 *aware*、*certain*、*confident*、*doubtful*、*ignorant*、*sceptical*；对未来的态度，如 *afraid*、*anxious*、*eager*、*hopeful*、*nervous*、*pessimistic*、*worried*；以及谈论事态的一种方式，如 *adamant*、*categorical*、*definite*、*emphatic*、*insistent*、*resolute*。因此，第四种型式最常用于显示评价是某人所做，具体解析见表 5 - 8。

表5-8 第四种型式解析（1）

评价者	链接	评价反应	评价对象
名词词组	**系动词**	**形容词词组**	**that-小句**
He	was	very angry	that she had spoken to people about their private affairs.
I	'm	fairly certain	he is an American.
Doctors	were	optimistic	that he would make a full recovery.
He	is	adamant	that he does not want to enter politics.

还有少量的评价性形容词（比如 *fortunate*、*lucky*、*unlucky*）可以界定事态是否称心如意，或者显示某事的真实性（比如 *correct*、*right*），具体解析见表5-9。

表5-9 第四种型式解析（2）

评价载体	链接	评价范畴	评价对象
名词词组	**系动词**	**形容词词组**	**that-小句**
They	were	lucky	that we scored when we did.
You	are	right	that he didn't go to the apartment when he said he did.

第五种型式：假拟分裂句

假拟分裂句以 *what* +系动词+形容词词组作为开头。后面紧跟动词 *be* 和名词词组，或是某种限定性或非限定性小句。形容词词组后面可能跟一个介词短语，通常为 *about* 短语。示例有：

（5.3）

What's very good about this play is that it broadens people's view...

What's interesting is the tone of the statement.

第一个例句的争议点是被评价为 *good*（好）的是戏剧本身还是"it broadens people's view"（它开阔了人们的眼界）这一事实。笔者认为应该是后者，原因是如果将第二个例句改为以下内容：*What's interesting about this statement is its tone*（这个报告的语气很有趣），评价对象仍是"the tone"（语气）而不是"the statement"（这个报告）。因此，笔者将 *about* 短语划为评价语境（*evaluative context*）。具体分析见表 5 - 10 和 5 - 11。

表 5 - 10　第五种型式解析（1）

链接	评价范畴	评价语境	链接	评价对象
what + 系动词	**形容词词组**	**介词短语**	**系动词**	**小句或名词词组**
What's	very good	about this play	is	that it broadens people's view.

表 5 - 11　第五种型式解析（2）

链接	评价范畴	链接	评价对象
what + 系动词	**形容词词组**	**系动词**	**小句或名词词组**
What's	interesting	is	the tone of the statement.

What 引导的另一种型式也属于评价的局部语法型式。在该型式中，*what* 后面跟一个主谓序列的结构，例如 *What I find so amazing is that my Dad is a very strict Hindu*（我无比惊讶地发现我的父亲是一个非常虔诚的印度教徒）。具体分析见表 5 - 12。

表 5 - 12　第五种型式解析（3）

链接	评价者		评价范畴		评价对象
What	**名词词组**	**动词词组**	**形容词词组**	**系动词**	**小句或名词词组**
What	I	find	so amazing	is	that my Dad is a very strict Hindu.

第六种型式：含有概指名词（general nouns）的型式

该型式的构成是形容词修饰概指名词，如 *point* 或 *thing*；名词词组后面跟系动词和另一个名词词组，或者某种限定性或非限定性小句。第一个名词词组后面可能常常会跟 *about* 短语。示例如下：

（5.4）

The surprising thing about chess is that computers can play it so well.

The important point is to involve them as much as possible in the decision.

在第一个例句中，我们再次在 *about* 介词短语中发现了评价语境。具体分析见表 5 – 13、5 – 14。

表 5 – 13　第六种型式解析（1）

评价范畴	评价语境	链接	评价对象
形容词 + 概指名词	*about* + 名词词组	系动词	小句或名词词组
The surprising thing	about chess	is	that computers can play it so well.

注：必须指出的是，与其他分析示例一样，在该示例中表已被简化。本应有更多栏目表现评价范畴为 "surprising"（令人惊讶的），而不是 "the surprising thing"（令人惊讶的事情）。

表 5 – 14　第六种型式解析（2）

评价范畴	链接	评价对象
形容词 + 概指名词	系动词	小句或名词词组
The important point	is	to involve them... in the decision.

形容词如何表现

基于上述对各类型式的探讨，笔者有理由持谨慎乐观的态度。即便在某些情况下搜索结果不完全可靠，但上述的那些型式总体上可以识别出评价性形容词。尽管由于不同含义的形容词需要不同配置，分析器可能需要大量信息才能做到这一点，然而一旦识别出含有评价性形容词的型式就可以对其进行分析。在继续探讨形容词的各种型式之前，有必要再思考一下形容词表现的其他方面，探寻它们与评价之间的关系。这种关系并不简单。行为特征与特定意义相关联；其中一些意义反过来又与评价相关联，但它们之间的关系并不是一一对应的。例如，"分级"（gradedness）的特点与对比的标准或尺度有关。分级是评价性形容词的一个必要（necessary）但不充分（not sufficient）的特征，即所有评价性形容词都具有分级性，例如 fairly interesting，但并非所有分级形容词都具有评价性，例如 fairly tall。可见，行为特征和评价之间不一定是一一对应的关系。由此，笔者将进一步探究形容词行为特征，讨论它们与评价性的关系。

词缀

有些词缀（affixes）不总是与评价性形容词联系在一起。当构成形容词时，这些前缀 hyper-、ill-、mal-、once-、over-和 well-（如 hyperactive、illadvised、maladjusted、once famous、over-confident、well-adjusted），以及后缀-ant、-off、-proof、-rich、-ridden、-some、-stricken 和-worthy（如 arrogant、badly-off、bullet-proof、mineral-rich、guilt-ridden、loathsome、famine-stricken、creditworthy），似乎都与评价密切联系。然而，实际上这些形容词中大多数与评价的联系并不多。下面这些词缀构成的形容词通常（但也不完全）是与评价联系在一起的：-able（既有评价性的词，比如 admirable，也包括非评价性的词，比如 arable），-ary（既有类似 extraordinary 的词，也有类似 auxiliary 的），be-（比如 befuddled 和 bereaved），-bound（比如 class-bound 和 north-bound），dis-（比如 discourteous 和 dissimilar），-free（比如 crime-free 和 duty-free），-ful（比如 beautiful 和 lawful），-headed（比如 bigheaded 和 bareheaded），-ible（比如 accessible 和 collapsible），il-、im-、in-、ir-（比如 illegible，immature，inadequate、irrelevant 和 informal、inbuilt、ingrowing），-ish（比如 amateurish 和 feverish），-ive（比如 aggressive 和 alternative），-less（比如 flawless 和

childless)、-ly（比如 *costly* 和 *earthly*）、-minded（比如 *bloody-minded* 和 *career-minded*）、near-（比如 *near-impossible* 和 *near-identical*）、non-（比如 *non-aggressive* 和 *non-human*）、off-（比如 *off-balance* 和 *off-peak*）、-ous（比如 *advantageous* 和 *continuous*）、sub-、super-、ultra-（比如 *subhuman*、*superabundant*、*ultra-cautious* 和 *subsonic*、*supersonic*、*ultrasonic*）、un-（比如 *unacceptable* 和 *unpainted*）、under-（比如 *underdeveloped* 和 *undersea*）、-y（比如 *dirty* 和 grassy）（来自《柯林斯 COBUILD 英语语法丛书 2：构词法》）。

分级

大多数情况下，有比较级和最高级形式、有时经常与分级副词（如 *rather*、*fairly*、*more*、*most*、*so*、*too* 或 *very*）连用的形容词，很可能是评价性的。没有用这些方式分级的形容词不太可能是评价性的。如上所述，分级意味着比较，与标准或尺度的比较往往是一个主观性问题。主观性是构成评价意义的要素之一。当一个形容词有两个意义，分别是分级意义和非分级意义时，前者通常具有评价性。例如，*original* 的其中一个意义是非分级的，因而不具有评价性；如 *The original building was destroyed in the Great Fire*（原有建筑在大火中被烧毁了）；另一种意义有分级性和评价性，如 *Newsweek called it 'the most original horror film in years'*（《新闻周刊》称它为"多年来最具原创性的恐怖片"）。

有几类与分级形容词相关的型式，具体示例如下：

(5.5)

He looks much too *young* to be a grandfather/for parenthood.

Their relationship was *strong* enough to accommodate a mistake [or for anything].

It's about as *interesting* as the Chelsea Flower Show.

The memories are more *important* than the music.

The race was one of the *greatest* in modern times.

143

They do not come more *stubborn* than the small landholders of Smithfield.

There's nothing *better* than natural light to bring out the colour of paintings.

In autumn it is unquestionably at its most *beautiful*.

Most of this work was middle-class propaganda of the *crudest* kind.

这些例句几乎都可以用之前提到的术语进行解析（见表 5 - 15、5 - 16 和 5 - 17）。

表 5 - 15　分级形容词型式解析（1）

评价对象	链接	评价范畴	评价的限定
名词词组	系动词	带"too"或"enough"的形容词词组	to-不定式或带有" for"的介词短语
He	looks	too young	to be a grandfather.
Their relationship	was	strong enough	for anything.

表 5 - 16　分级形容词型式解析（2）

评价对象	链接	评价范畴	评价的限定
名词词组	系动词	最高级形容词词组	介词短语
The race	was	one of the greatest	in modern times.

表 5 - 17　分级形容词型式解析（3）

评价对象	链接			评价范畴
名词词组	系动词	*at*	所有格	最高级形容词词组
It	is	at	its	most beautiful.

在某些情况下，可以把不同语法型式组合成理想型式来增强其概括性。表 5 - 18 中，*they do not come*（他们没有来）和 *there's nothing*（没有任何东西）两个短语可被看作含义相近，因为都具有否定性。

表 5 – 18　分级形容词型式解析（4）

链接	评价范畴	链接	评价对象	评价的限定
否定性短语	比较形容词词组	*than*	名词词组	**to-**不定式小句
They do not come	more stubborn	than	the small landholders of Smithfield.	
There's nothing	better	than	natural light	to bring out the colour of paintings.

而在使用某些比较级和最高级时，两个事物可以被有效评价（见表 5 – 19 和 5 – 20）。

表 5 – 19　分级形容词型式解析（5）

评价对象	链接	评价范畴	链接	评价对象
名词词组	系动词	比较形容词词组	*as or than*	名词词组
It	's	about as interesting	as	the Chelsea Flower Show.
The memories	are	more important	than	the music.

表 5 – 20　分级形容词型式解析（6）

评价对象	链接	评价对象	链接	评价范畴	
名词词组	系动词	名词词组	*of the*	最高级形容词词组	概指名词
Most of this work	was	middle-class propaganda	of the	crudest	kind.

位置

形容词通常出现在名词也就是定语位置（the attributive position）之前，或在系动词也就是表语位置（the predicative position）之后。有些形容词通常只出现在其中一个位置上，比如 *an electric fire*（一个**电暖炉**）；*the boy is asleep*（这个**男孩睡着了**）。然而，众所周知，形容词和名词紧密相连表明

145

一种内在特性（例如 Halliday，1994：185）。评价是一种外在特性，一种判断，这就是为什么一个名词前面有多个前置修饰语（pre-modified），例如 ***beautiful** white scented blooms*（**美丽的**白而香的花），绝大多数评价性形容词出现在其他形容词之前。只有显示相对外在特性的形容词时，才会在表语位置出现。一般而言，只有非评价性形容词被限制在定语的位置上。评价性形容词基本可以被放在任何一个位置：*one of the most **original** works*（最具**原创性**的作品之一），*this is all true but not very **original***（这都是真的，但不是很有**原创性**）。

在进行语法分析时，每个形容词词位的配置情况见表 5 - 21 和 5 - 22。

表 5 - 21　定语形容词型式解析

评价范畴	评价对象
形容词	名词
interesting	statistic

表 5 - 22　表语形容词型式解析

评价对象	链接	评价范畴
名词	系动词	形容词
They	're	interesting.

可以通过介词短语（见表 5 - 23）或者系动词（见表 5 - 24）的选择表明谁是评价者。

表 5 - 23　形容词的属性评价（1）

评价对象	链接	评价范畴	评价者
名词词组	系动词	形容词词组	*to* 名词词组
Colonel Lewis	is	interesting	to historians.

表 5 – 24　形容词的属性评价（2）

评价者	链接	评价反应
名词词组	系动词	形容词词组
She	felt	miserable.

补语型式

很多形容词常常与补语型式（complementation patterns）一起使用。也就是说，（当它们处于表语位置时）后面跟一个介词短语，或者跟一个限定性或非限定性小句。例如，形容词 *afraid* 就有以下几种补语型式：

- 带 *of* 的介词短语，例如，*He was not afraid of death*；
- 带 *for* 的介词短语，例如，*I'm afraid for her*；
- that-小句，例如，*Everyone was afraid that he would kill himself*；
- to-不定式小句，例如，*His son isn't afraid to speak up*。

上文已经讨论过 that-小句和 to-不定式小句型式。一般来说，我们可以认为，带补语型式的形容词通常表明主观判断或某人的感受（Francis et al.，1998）。也就是说，其是具有补语型式的评价性形容词。例如，形容词后面跟 *for* 介词短语，包括以下几组：

- 表示某人对某种情况的感觉：*afraid*、*grateful*、*sorry*、*thankful*；
- 表示愿望的：*avid*、*desperate*、*eager*、*hungry*、*impatient*、*raring*、*thirsty*；
- 表示某人或某事被判定为（不）合适或（未）准备好的：*adequate*、*convenient*、*eligible*、*equipped*、*fit*、*ill-equipped*、*inappropriate*、*necessary*、*perfect*、*ready*、*sufficient*、*suitable*；
- 表示名声的：*famed*、*famous*、*infamous*、*known*、*notable*、*noted*、*notorious*；
- 表明某人被判定负责任的：*answerable*、*liable*、*responsible*；
- 表示短缺和需要的：*pressed*、*pushed*、*strapped*。

后接介词 *about* 的形容词包括以下几组：

● 表示某人对某种情况的感觉，例如，*afraid*、*angry*、*ashamed*、*bitter*、*curious*、*guilty*、*enthusiastic*、*furious*、*happy*、*jealous*、*keen*、*nervous*、*optimistic*、*proud*、*pessimistic*、*sad*、*sorry*、*unhappy*、*wary*；

● 表示某人对自己的想法或所言的确定性，例如，*categorical*、*certain*、*confident*、*doubtful*、*positive*、*sceptical*、*sure*、*uncertain*；

● 表示对某人关于某个人或情况的言论的判断，例如，*bitchy*、*catty*、*charitable*、*cynical*、*flippant*、*horrible*、*insulting*、*polite*、*rude*、*right*、*wrong*；

● 表示判断某人对某种情况的反应，例如，*brilliant*、*excellent*、*fine*、*funny*、*good*、*heavy*、*lovely*、*marvellous*、*nasty*、*nice*；

● 表示对某人行为的判断，例如，*careful*、*careless*、*cautious*、*considerate*、*dumb*、*gentle*、*harsh*、*irresponsible*、*reckless*；

● 表示对某人心智的判断，例如，*discerning*、*forgetful*、*intelligent*、*modest*、*sensitive*、*serious*、*tolerant*、*wise*。

显然，解析这些型式需要与上文对 that-小句型式和 to-不定式小句型式进行类似区分，即说话人或作者用于表达评价的形容词和是某人所做的评价的形容词之间的差别，见表 5-25 和 5-26。

表 5-25　补语型式形容词解析（1）

评价对象	链接	评价范畴	评价的限定
名词词组	**系动词**	**形容词词组**	**介词短语**
The pitch	is	perfect	for cricket.
Davies	was	insulting	about the play.

表 5-26　补语型式形容词解析（2）

评价者	链接	评价反应	评价对象
名词词组	**系动词**	**形容词词组**	**介词短语**
The people	are	impatient	for change.
They 11-year-olds	feel	guilty	about the homeless.

优化型式：介词短语

上面描述的几种型式都有不同的变体，评价也多为借言式的，而不是自言的，但也需要指出，*to* 或 *for* 介词短语常常用于归属评价（attribute evaluation）。尤其当"虚拟"主语（例如 *it*、*what*）位于句首，或主语包含一个概指名词时，评价往往指向的是评价者自己。示例如下：

(5.6)

> It was very clear *to me* that they knew what was going to happen.
> What is important *to them* is their own results.

其他介词短语，正如已经提到的 *about* 或 *in* 的例子，表示评价载体，例如 *It was very nice **of you** to meet us*（你能来见我们真是太好了）。

重新审视 Nuisance（"令人讨厌的"）

虽然本章的研究重点是形容词型式和评价性形容词，但是现在需要回到 *A dog is a damned nuisance* 这个例子，解析与评价性名词 *nuisance* 相关的型式。下面是以 *nuisance* 为关键词在 COBUILD 英语语料库随机选取的 30 行词语索引：

1 apologize to Finch for being such a **nuisance**. But it was his grandparents
2 < FOX > Well no. < FOX > He's just been a **nuisance**. < FOX > It's an annoying it's
3 n wearing any device which is not a **nuisance**. ' < H > Shown the door; Tony C
4 on my own. I'm just a trouble and a **nuisance** # < t > Her mother

149

reached for

5 inherently non-serious but can be a **nuisance** and disfiguring. It is alway

6 ungry and frightened and they are a **nuisance** and can be dangerous. More t

7 eople. In fact school was a beastly **nuisance** and had no influence on me i

8 taff, who regarded him as an unholy **nuisance** and felt that 'Mamba'
was un

9 her ornamentals, it can be a darned **nuisance** because so many of the best

10 aviation sanctions would thus be a **nuisance**, but they would not amount t

11 T aims to cut down the millions of **nuisance** calls made every year and t

12 ally work, they turned out to be a **nuisance** for match anglers and we ar

13 franchise – holder would merely be a **nuisance**. In the short term, other fr

14 s all very well, but I know what a **nuisance** it is. And my experience is

15 ove all others and supersede local **nuisance** – law – based ordinances. Farme

16 e word. Mucho macho harassment and **nuisance** litigation later, the book

17 he discomfort score because of the **nuisance** of the whole thing, and bec

18 sleeping on the beach and making a **nuisance** of themselves by spoiling ou

19 ed an Oxford education without the **nuisance** of having to travel to Oxfo

20 on us. But the flies were the only **nuisance** on this perfect day # so c

21 requiring the council to abate the **nuisance** or allowing it a reasonable

22 ou are a bit of a social misfit, a **nuisance**. People trying to pay for s

23 ticism of the toilets to noise and **nuisance**, plus complaints from local

24 e been libelled and on the abiding **nuisance** represented by the uncorrect

25 added # The pirates were more of a **nuisance** than anything else. But on r

26 fog, snags, and pirates remained a **nuisance**, the Ohio became an
open tho

27 be neighbourly, but it was a damn **nuisance** to have to put on clothes a

28 g Gondolas are creating a terrible **nuisance** we'd better stop them recor

29 ilities. Her headaches, although a **nuisance**, were at a tolerable level

30 incomprehensible lyrics is a minor **nuisance** which should be brought to t

其中许多都可以用上文提到的三个基本术语分析：*评价对象、分类器*（*categorizer*）、*评价范畴*。30 行词语索引中的第 2、4～7、9、10、13、20、22、25、26 和 30 行等 13 行运用了类似于 *A dog is a damned nuisance* 的语法型式，即"名词词组 + 系动词 + 名词词组"。具体解析见表 5 – 27。

表 5 – 27　名词型式解析（1）

评价对象	链接	评价范畴
名词词组	系动词	名词词组
He	's just been	a nuisance.
School	was	a beastly nuisance.
The pirates	were	more of a nuisance than anything else.
. . . pirates	remained	a nuisance.

第 17 行到第 19 行，名词 *nuisance* 后面跟一个 *of* 介词短语。该介词的后面跟名词词组或 -ing 小句。名词词组或 -ing 小句是评价对象。具体解析见表 5 – 28。最后，第 14 行展现的型式，*what a nuisance it is*（太令人讨厌了），其分析术语映射该型式的方式又与之前不同了（见表 5 – 29）。第 1、3、24、28 和 29 行需要进行更复杂的解析，但适合用相同的范畴解析。

表 5 – 28　名词型式解析（2）

评价范畴	链接	评价对象
名词词组	*of*	名词词组/-ing 小句
. . . the nuisance	of	having to travel to Oxford.
the nuisance	of	the whole thing.

表 5 – 29　名词型式解析（3）

评价范畴	评价对象	链接
名词词组	名词词组	系动词
. . . what a nuisance	it	is.

再来关注需要更多分析术语的型式。第一个（第 27 行）包含一个评价载体，即类似评价对象的"虚拟"主语，但实际上它只是用于预示实际出现在句子后面的评价对象（见表 5 - 30）。

表 5 - 30　名词型式解析（4）

评价载体	链接	评价范畴	评价对象
it	系动词	名词词组	to-不定式小句
It	was	a damn nuisance	to have to put on new clothes and go out.

表 5 - 31 的型式引入了新术语，表明尽管是作者或说话人进行评价，但受评价对象影响的不是他们而是第三方。此处将用"影响对象"（person affected）进行分析。在名词 *nuisance* 的示例中，"影响对象"用 *for* 介词短语显示（第 12 行）。

表 5 - 31　名词型式解析（5）

评价对象	链接	评价范畴	影响对象
名词词组	系动词	名词词组	*for* 名词词组
They	turned out to be	a nuisance	for match anglers.

最后，需要考虑评价的归属问题，比如第 8 行和第 14 行，其中，对第 14 行已经进行了部分分析（见表 5 - 32 和 5 - 33）。

表 5 - 32　名词归属评价分析（1）

评价者		评价对象	链接	评价范畴
名词词组	动词	名词词组	*as*	名词词组
who	regarded	him	as	an unholy nuisance

表 5 - 33　名词归属评价分析（2）

评价者		评价范畴	评价对象	链接
名词词组	动词	名词词组	名词词组	系动词
I	know	what a nuisance	it	is.

还有第 11、15、16、21 和 23 行未能运用上述方式进行分析。这些索引是在技术、法律等意义上使用 nuisance，而不是评价层面，因此评价分析器未将其纳入其中。

结论

本章尝试论证了局部语法对评价这个概念的适用性。虽然笔者没有尝试将语法作为一个计算机模型来构建，但或许已经积淀了充分证据对其进行判断。例如，笔者已经证明，有可能识别出一些型式，它们的主要目的是去评价或将评价归属于另一个说话人，因此倾向于选择评价性形容词。这些型式可以用于"诊断"评价性形容词。有时出现在特定型式中的形容词很可能是评价性的，即使其会用于其他型式。但这是不能完全确定的，一部分原因是有些形容词有多个评价性意义和非评价性意义，还可能因为创造性地应用一些评价型式，使一个非评价性形容词暂时具有评价性。

笔者还论证了解析一系列形容词型式是可行的，这便于自动识别其具体功能，如评价对象和评价范畴等。就像本章开篇对语法的定义一样，这种语法分析适用于任何备选句子，无论它是否真正被作为目标对象。不过，在许多情况下，句法分析器的应用取决于所使用的特定形容词，因此有必要区分表明说话人判断的形容词和表明他人感觉或反应的形容词。而区别的标准取决于可用的相关形容词列表。

"必要"和"充分"的概念有助于理解、评价这种识别评价的方法。有些指标，如分级，对评价性意义而言是必要的，但不是充分条件。与之相反，能在评价型式中出现（加上分级性），对评价性意义来说是充分的，但对其本身而言是不必要的。这意味着，笔者上面讨论过的识别评价的方法或许无法涵盖每一个评价性形容词。另外，笔者认为有理由保持乐观，构建一个评价的局部语法相当具有可行性。

本章关于评价的研究为以下论断提供了一些支撑：许多语篇都可以使用局部语法分析，并且其将比使用通用语法分析更简单、更精确和更有用。道理很简单，因为每个局部语法都使用有限数量的术语，尽管对局部语法的数量可能需求相当大。准确地说，每一种局部语法都可以用自己的术语表述，不需要与更通用的表述相适应。因为其所使用的术语相当明确，并且能直接将语篇每一部分的语法和词汇与其话语功能联系起来，这是非常有用的。

第六章　评议关于叙事的评价

马丁·科塔兹（Martin Cortazzi）、金立贤（Lixian Jin）

编者按

本书导言中提到，在相对具体的意义上使用"评价"一词来表示叙事的语义或结构要素由来已久；Cortazzi 和 Jin 的这章也是这一传统研究的一部分。他们从 Labov 的口述叙事模式开始，认为评价向观众传达故事"要点"不仅对帮助理解故事内容至关重要，而且是区分叙事与其他话语形式（如转述、总述）的标准。Cortazzi 和 Jin 讨论了如何辨识评价，注意到评价往往基于特定语境和文化，并且可能取决于语言表现和其本身具有的任何特征。

Cortazzi 和 Jin 还指出，叙事学的许多语篇评价研究范围过窄，需要对叙事的接受方式以及如何理解叙事的要点〔评价即叙事（evaluation *of* narrative）〕进行补充。他们提出，这一层面的评价通常是由叙述者和受众共同构建的；因此，社会文化因素在其中起着极其重要的作用。例如，不同文化背景的受众对同一个故事的评价可能有很大不同，既有简单意义上的他们是否达到了叙述目的，也有相关意义上的，即是否以同样的方式理解故事要点（或者，是否真的认识到了故事的意义）。

作为在叙事研究中强化语境意义的最后一步，本章的作者考察了叙事作为叙述者评价依据的方式——通过叙事评价（evaluation *through* narrative）。人们讲故事部分是为了塑造一个特定的人物形象。讲故事本身就是为了吸引

155

人们对叙述者进行评价；当然，受众也可能会根据叙述者未知的标准来评价他。同时，可以从另一个角度来看通过叙事的评价，即通过故事评价让叙述者和受众找自己的情景。故事的意义只有在它与叙述背景相关联的情况下才能被理解。要充分理解评价在这一领域的作用，就必须考虑作为叙事要素（in）、作为叙事本身（of）和通过叙事（through）三个层次的评价。

Cortazzi 和 Jin 的研究思路强调了一个事实：本书关于评价的研究是有意选择而成的，涵盖内容广泛。如果把研究思路放在某个极端，以 Channell 为代表的学者，只关注了单个词项的表现（将评价视为词义层面的语境动机）。Cortazzi 和 Jin 则代表了另一个极端：关注语言使用者的表现，特别是叙述者和受众（将评价视为评议的行为）。

引言

评价是叙事的一个重要标准。对话故事是语言高度结构化的产物，叙述者对故事意义的评价似乎是这个结构的一部分，特别是使用 Labov（1972）叙事结构模式的叙述者。这意味着，关于一段讲述个人经历的谈话是否是叙事性的判断，取决于说话人是否使用了评价；意思就是，对某一特定叙事如何有效的看法取决于说话人如何使用评价。评价被认为是叙事的关键部分，通过评价，说话人展示了他们打算如何让人理解叙事及其重点是什么。这种分析视角在研究对话故事时可能特别有用，因为它避免了内容分析中与"真实"意义有关的问题。更确切地说，人们可以使用叙事分析，通过关注说话人自己的评价探索其意欲传达的意思。这种作为叙事要素的评价的经典立场强调，说话人使用评价强调故事的要点，其中的评价要素可以是说话人的态度、感情（emotions）或性格，也可以是关于场景的基本看法（Linde，1993）。不过，Labov 的叙事分析忽略了叙述者和听众之间的关系，没有充分考虑到叙事表演或文化特征，总体上对语境的关注是不够充分的。这类批判会影响关注、接受和分析叙事的评价要素的方式，因此从更广泛的社会文化维度思考作为叙事要素的评价（evaluation *in* narrative）这一概念很重要。

　　本章通过关注自然对话或研究性访谈中出现的作为叙事要素的评价的语言结构，讨论了这类评价的本质，了解评价是如何进行的。同时，笔者认为评价不只关涉叙事本身，还需通过扩展分析视角，去认识说话人和听众之间是如何沟通评价的。评价并不总是来自叙述者，还可以是一个故事的听众。因此，就会涉及谁评价叙事，以及叙事反应如何影响叙述者。由于这些问题超出了叙事本身所能承载的范围，笔者还需要关注前后谈话中作为叙事的评价。这可以通过在更宽泛的语境中观测叙事评价的结果来进一步探讨。因而通过叙事进行评价是另一个重要的层面。在此，叙述者以及他们所处的情景就是通过叙事来评价的。

　　因此，笔者提出评价的三个层面：作为叙事要素（in narrative），作为叙事本身（of narrative），通过叙事（through narrative）。笔者认为，为了评估作为叙事要素的评价模型，需要用多层次的叙事方式来评价叙事的多层次性和多功能性，以及如何在社会文化背景下使用语言工具。评估作为叙事要素的评价是非常复杂的。虽然作为叙事要素的评价本质上是观点性的，但我们如何评价它实际上取决于我们自己的看法，比如作为参与者、观察者、评论员或研究者等。那么，评估者的价值观是什么？这在很大程度上由其学科视角决定，也许对评价最合适的评估策略是采用多学科视角。通过这些研究，笔者希望能进一步回答有关应用语言学本质的问题：作为叙事要素的评价发挥了什么作用？为什么评估上述三个层次的评价是有价值的？

　　笔者首先通过观察被广泛应用的 Labov 叙事分析模型概述叙事评价的语言结构。通过研究表演对引发叙事的作用来探讨与研究方法相关的一些问题。笔者会展示如何将 Labov 模型中的评价用于应用研究，以探究叙述者关于叙事主题或内容的文化观。笔者论证了，除非能更为全面地顾及各种对话式叙事模型，否则这种分析叙事评价的应用会受到限制。通过在不同背景和文化中探讨叙事评价，人们可以看到谁在叙事中和通过叙事评价了什么及为什么。由于许多评价结果都是经过协商得出的，如果不加以扩展，评价在叙事中如何发挥作用的原本表述就会存在问题。人们与叙事建立了非常广泛的联系，比如开展质性研究的学者和其他学术出版物的作者在学术报告中经常使用的叙事模式。最后，根据评价类型的不同，笔者重新思考了关于叙事的评价概念。

作为叙事要素的评价

Labov 及其团队开发了一种叙事的社会语言模型，概括了与叙事社会功能相关的个人经历口述故事的形式结构特征。他们认为完整的叙述结构包括六个部分（Labov & Waletsky, 1967：32 - 9；Labov, 1972：363 - 9；Labov & Fanshel, 1977：104 - 10；Labov, 1982：225 - 8）：**点题（abstract）** 是指叙述者在讲述故事之前对其内容的简要概括，比如 *something terrible happened to me…*（*我遇到了可怕的事情……*）。**指向（orientation）** 则是在点题后，叙述者对时间、地点等详细信息的描述，比如 *…at the weekend. I locked my baby in the car…*（*……周末，我将婴儿锁在车里了……*）。**进展（complication）** 体现了故事的发生、发展。它通常包括问题、困境或变化，增加了故事趣味。比如 *The baby was locked in the car. I didn't know what to do*（*婴儿被锁在车里。我不知道该怎么办*）。**结局（resolution）** 即故事的结果、结尾或解决方案，比如 *they opened the car in the end*（*最终，他们打开了车*）。**回应（coda）** 将听众拉回叙述的当下情景，并为叙事画上一个"休止符"，比如 *I'll never do that again*（*我再也不会这样做了*）。指向、进展和结局按故事发展时序逐步展现，以更精密的型式铺陈组合在一起，但它们不是叙事的必备要素。第六个要素是**评价（evaluation）**，其强调了叙事的意图，揭示了叙述者对叙事内容的态度，以及其认为应该如何诠释它。

评价是 Labov 叙事分析模型中的一个显著特点。该模型认为，叙事有两种社会功能：一种是指称功能（referential function），通过叙述者的经验的重述向听众传递信息；另一种是评价功能，通过建立一些个人可参与点来传达叙事意义（Labov & Waletsky, 1967：33）。评价使叙述的事件具有可转述性、可重复性和相关性，帮助其免受一些尖刻的反驳，比如"So what?"（*那又怎样？*），"Every good narrator is constantly warding off this question"（*每*

一个好的叙述者总是回避这个问题）（Labov et al.，1968：301 - 4）。

当然，也有一个难以回避的重要问题，即如何认识什么是评价。在笔者考察文献中引用的一系列评价手段之前，要在下面两个例子中找到评价的部分。主要原则是，评价是叙事的一部分，以任何能表明偏离语篇局部规范的方式凸显它。这种相对性很重要，Labov 和沃雷什克（Waletsky）（1967：37）对评价的最初定义是"叙述的一部分通过强调某些叙事单位与其他单位的相对重要性，揭示叙述者的叙事态度"。

以下两个例子选自转录的口述叙事。第一个故事中，说话人闲聊时谈到了作为单亲父母的艰难。

(6.1)

Narrative：*The Baby in the Car*（叙事：车里的婴儿）

Something terrible happened to me at the weekend. I locked my baby in the car. The baby was in the car and so were the keys but I got out just for a moment and the baby was locked in. It was awful. I didn't know what to do. I went round the estate asking if anyone knew how to open a car door. It's a pretty rough area and they all looked round (gestures of wary looking round to see if anyone else is listening) and went 'Well...er... you could try this...' and 'I always... I mean, I've heard that you can do that.' Anyhow, a whole crowd gathered round all with keys and bits of wire in their hands. I was panicking but they kept telling me about all the different ways to open a car. They did it in the end, with a coat hanger. I'll never do that again.①

---

① 译：周末我遇到了可怕的事情。我将婴儿锁在车里了。婴儿和钥匙都在车里，我离开了一会儿，婴儿就被锁在里面了。太糟糕了。我不知道该怎么办。我在周围寻觅了一圈，问是否有人知道如何打开车门。这是一个治安不太好的社区，他们都环顾四周（以警惕的神态环顾四周，看看是否有人在听），然后说："嗯……呃……你可以尝试一下……"和"我总是……我的意思是，你可以这样做。"总之，一大群人围了过来，手里拿着钥匙和金属线。我很着急，但他们一直在告诉我各种打开汽车门的方式。最后他们用衣架打开了车，我再也不会这样做了。

这个故事的主要叙述范畴很清晰。从最后一句话来看，评价也许可以被看作强调从潜在错误中吸取教训。但这句话也是一种典型的回应。如果我们看到重读单词，然后就能表明进展或问题的程度（*It was awful...*）和邻居的反应（*You could try this...*）。事实上，如果我们看到这种压力的聚集与街坊们的犹豫（*Well... er...*）、自我纠正（*I always...1 mean*，*I've heard that...*），再加上谨慎的姿态，评价结果就将可能以多种方式被标记出来。在朗埃克（Longacre）（1976：217－31）的叙事模式中，用类似的评价手段标示了故事的"高潮"。"即使在一个治安不好的社区，当你遇到麻烦时，他们也会帮忙。"或者更确切地说，"我们的街坊邻居们都知道如何进到车里。他们不想承认这一点（其中许多人可能就是偷车贼），但当你遇到麻烦时，他们还是会帮忙的"。这种含义用叙事的方式呈现得尤为明显，但在这段转录的文字中并不明显。因此，尽管评价看起来体现得很清楚，但要确切说出具体是什么，还需要进一步解释。也许，在对评价的所有解释中，评论员们发现自己通过使用"额外"的社会和文化信息丰富语篇并补充他们的理解。Labov 和 Fanshel 在他们称为"扩展"（expansion）的步骤中，列举了很多相关的示例；"扩展"就是用于"汇集我们掌握的所有有助于理解有问题的话语的产生、解释和进展的信息"（1977：49）。不过，这种特定的叙事是自成体系的，进一步的语境信息，比如关于叙述者、汽车或社区情况的信息对于理解主旨来说是不必要的。

例（6.2）为叙述者（奥尔加·梅特兰夫人）在英国议会关于旅游业的辩论期间，（1996 年 11 月）于上议院发表的讲话，广播电台播放了其中一段。

(6.2)

Narrative：*The Hotel Room Door*（叙事：酒店房间的门）

At the last party conference I stayed in a hotel in Bournemouth. The manager showed us our room. When he opened the door to the bathroom... [laughs] the door came off and fell onto the bed... [laughter from other members〕. You can laugh-and I laughed at the time-but the point is there shouldn't be hotels like this. We need standards and some system of recognizing *all* hotels so that visitors and tourists know where they are. ①

例（6.2）的主旨通过叙述者清楚地表达出来（*there shouldn't be hotels like this*）。这句话似乎是一种评价，所以此趣闻可以是一个糟糕酒店的例子；它支持了关于辨识酒店的制度这一主要争论点。然而，从笑声能明显体会到其还有另一层意义。当叙述者因回忆而笑，观众因叙述内容而发笑时，叙述者对两种笑声的元评论打断了原本的叙述。很明显，叙述者明确地标示出了笑声，将其突出呈现出来；所有参与者都感受到了该情景的幽默性，这是评价的一个重要部分。这种幽默还有更深的层次：许多听众本来会参加相同或类似的会议，甚至住在同一家酒店；叙述者的社会地位很高（经理亲自带她参观房间）；以及"知道你在哪里"的不明确性。林德（Linde）（1993：21，81）着重强调了有多少叙事对叙述者声称的那种人进行了道德评价。在此情况下，评价彰显了叙述者是一个有幽默感的人，无论是在酒店逸事的描述中还是在议会辩论中。与第一个例子一样，叙事评价可以在语境信息有限的情况下被理解。

评价手段

如上述例子所表明的，在许多情况下，找出评价的准确位置并理解它可能不是一个问题，但通常会存在不止一个层面的评价。关于"评价"这一术语有一个模糊的衡量方法。一方面，评价指的是进展后和结局前的结构元素。它强调二者之间的间歇，延缓叙事的推进，使受众陷入悬念中（Labov

---

① 译：上次聚会，我住在伯恩茅斯的一家旅馆里。经理带我们去房间。当他打开浴室的门……【笑声】那个门掉到床上了……【其他成员大笑】。你可以觉得好笑，我当时也笑了，但关键是不应该有这样的酒店。我们需要标准和能辨识所有酒店的制度，以便访客和游客知道他们住的是什么档次的酒店。

& Fanshel，1977：108），或者用"外部"评价打断叙事，告诉受众重点是什么（Labov，1972：371）。这可以称为主要结构。另一方面，它是一个功能性的元素，贯穿于叙事的各个阶段，并与其他部分重叠。这种"内部"评价（Labov，1972：370 − 5）是一种修辞的强调，在语法、语义或韵律上标示出被评价的部分。叙述者几乎可以突出任何一个部分，以使这一元素脱颖而出。因此，评价形成了一个"次级结构"，"聚焦于评价部分"，但也可能出现在叙事的其他部分（Labov，1972：369）。次级评价结构和初级评价结构都是重要组成部分，"没有评价的叙事缺乏结构定义"（Labov & Waletsky，1967：39）。

将评价称为"次级结构"的问题在于，与叙事的其他部分相比，评价在整体结构中没有一套易于固定使用的形式或位置（Polanyi，1989：22 − 3；Linde，1997：154）。评价可以出现在叙事的任何地方，也可以通过任何层次的语言结构（音系、词汇、句法、语篇）来表现，听众或分析者必须运用语境或文化知识对其进行解释。此外，还会使用一些叙事组合和上述要素聚合的方式认识评价。

的确，Labov（1972：370 − 5）、彼得森（Peterson）和麦凯布（McCabe）(1983：222) 列出了较为完整的各类评价手段。其中包括外部手段，比如来自叙述者、故事参与者或故事人物的直接说明。还有其他的外部手段，比如叙述评价性的动作〔*he was shaking like a leaf*（他浑身发抖）〕。内部手段包括使用一系列强化语（形容词、副词、词汇或短语重复）或情态动词和否定词语，去表示没有出现但可能已经发生的事件。在音系上，叙述者可能会运用增加重音，元音加长，音量、语速和音调的显著变化，或耳语、歌曲、押韵和非语言噪音等方式。在词汇上，叙述者可以从不同的语域中选择词汇、改变正式程度，或者使用粗俗语言和内涵丰富的词。在句法上，复杂性或时态的任何显著变化都可能是评价的标识。尤其是叙事中的"会话中的历史现在时"[①] 的转换，比如"He goes. . . this lady says. . . "（他去……这位

---

① 译者注：虽然是过去发生的事情，但在叙述一个故事时，可以用现在时陈述。

女士说……），已经作为评价的特征之一被广泛研究（Wolfson，1978，1982；Schiffrin，1981；Johnstone，1987），在某种程度上，其被称为"评价性现在时"（Fludernik，1991：387）。在话语层面上，评价手段包括重复、间接引语、倒叙和提前叙述，或明确的元评论。甚至还有研究提到了"文化定义"评价，如使用象征性行为〔*I crossed myself*（我超越了自己）〕（Labov & Waletsky，1967：38），相关内容笔者将在后面加以说明。从分析的角度来看，这类列表罗列的种类太多，但在文献中的例证又太少了（许多例句见于 Cortazzi，1991）。但是，其帮助人们认识到了评价涉及的巨大可能性范围。不过，说到底，叙事评价是语篇特有的，因为评价可以使用任何语言手段（或准语言和非语言交流）突出故事中有意义的部分。笔者还认为有些评价只存在于某种语境和文化中。

各学科的叙事分析模型多种多样（Cortazzi，1993），但 Labov 的模型是少数几个能让人们把评价作为关键特征去认识的模型之一。"词汇标志"（lexical signalling）的概念会对运用该模型分析叙事有所启发（Hoey，1983；Jordan，1984），其中的小句关系（例如 situation、problem、solution、evaluation）通常用语篇中的关键词标示。因此，根据上下文，诸如 success、worse、excellent、disappointed、great、terrible、passed the exam、they did it in the end、it works wonders 等词语和短语，明确地标示了作为叙事要素的评价。

从某个角度来看，Labov 的叙事分析模型得到了积极的认可和评价：它被应用到许多领域，可以说是最著名的分析模型了。其所涉领域包括：文学分析（Pratt，1977；Carter & Simpson，1982；Maclean，1988）；教育学，用于分析儿童写作（Taylor，1986；Wilkinson，1986）和口语（Hicks，1990）；发展心理语言学（Kernan，1977；Peterson & McCabe，1983；McCabe & Peterson，1991；Bamberg & Damrad-Frye，1991）；大众传播学（van Dijk，1988）；人类学（Watson，1972）。除了对话故事（Polanyi，1989）和生平事迹（Linde，1993）外，它还被用于研究新闻故事（Bell，1991），关于偏见的故事（van Dijk，1987，1993），女性、老师和国际学生讲述的故事（Coates，1996；Cortazzi，1991；Jin，1992）。不过，笔者认为，无论它在作

为叙事要素的评价分析中发挥了多么重要的作用，其仍需要其他视角的补充，这样才能更为全面地了解叙事和评价。

叙事即评价

把叙事作为评价时也许会用到多种方法，需要谨慎。并非每一个叙事都有初级评价结构，但可以说，所有的对话叙事都有次级评价结构。海姆斯（Hymes）（1996：168 – 70）分享了 Labov（1972：367）分析过的一个故事。在 Labov 还没有发现评价时，Hymes 将故事细分为行（lines）、句（verses）、节（stanzas）和场景（scenes），以追求整体谋篇（另见 Gee，1989）。这种民族志诗学的叙事分析法借鉴了其他社会语言艺术的相关研究，尤其是人类学家经常关注的社会研究。可以看出，用这种方法分析同一个故事时，评价实际上存在于反复出现在故事中的相似高潮段落。Hymes 强调，通过叙事分析发现评价，并不仅仅是将一个故事分成不同的叙事类型。他认为，评价应该更具归纳性，可以在故事段落的整体型式中探寻韵律和重复。

如果"叙事"没有包含任何评价，则只能被称为转述或概述。Linde（1993）提出，评价是叙事的主要标准。次级评价的一个主要表现是表演（performance）。正如我们所看到的，这可能涉及压力、犹豫、手势或笑声，它还可以包括人声效果、不同声调和情感色彩。与叙事的其他特征一样，表演极易受到社会互动语境的影响。鲍曼（Bauman）（1993：182）坚持认为，表演（语言运用）是一种元交际框架，作为双重契约的一部分，故事叙述者负有向观众展示交际能力的责任：叙述者许诺表演；观众愿意倾听，即使演出是短暂的或被否定的。沃尔夫森（Wolfson）（1976）发现，研究性访谈中的叙事缺乏表演特征；就这一层面而言，其没有进行评价，基本上只是对访谈者问题的概括性回答。她假设（1982：77）叙事的表演取决于参与者是否认可同一个评价标准。如果他们认可，观众可以更好地理解和欣赏表演的表达（因此也是故事主旨的主要部分）。当然，对于在访谈中涉及叙事的研究者来说，这一点很重要；这会影响他们的叙事评价，以及叙事是否包含评价。Cortazzi（1991）和 Jin（1992）在研究性访谈中发现了许多表演性叙事的例子，大概是因为访谈者努力建立了与访谈话题相关的共同标准。

叙事即评价的关键问题是谁是叙述者、谁来评价。会话性叙事的归属或作者身份不像最初看起来那么明显。笔者可以通过比较访谈中的叙事和随意交谈中的叙事来进行论证。后者可能看起来更"真实"或"具有自发性"，但后来人们发现，访谈在特定的话语情景中也是真实的。虽然访谈通常是不对等的，比如提问和回答或是轮流交谈，但许多会话也会如此，因为它们在形式上以及参与者的权利和角色上会各有不同。在这两种情况下，意义都是共同建构的。因此，米什勒（Mishler）（1986，1997）讨论了在医患协商的谈话中，双方（*both*）通过提供反馈、相互构建和重新形成意义的互动表达双方（*both*）的问题和答案。受访者从访谈者那里学到了如何回应，提供多少细节内容，是否以及如何讲述一个故事。如果受访者的回答包含叙事，那么其不仅回答了访谈者的问题，还回应了访谈者对之前的回答和叙述的评价。而"研究人员似乎认为故事一直就在那里，在人的内心，等待被表达出来，以回应问题的引导……"，每个受访者都以与访谈者合作的方式讲述了故事（Mishler，1997：224－5）。认识这种叙事语境的本质可以反驳对Labov 叙事模型的批评，即它忽略了说话人和听众之间的关系，严重低估了谈话者和谈话语境的影响（Mishler，1986：82；Riessman，1993：20）。

会话研究者们也探讨了如何构建叙事共同体的问题（Sacks，1972，1974；Jefferson，1978；Schegloff，1978）。一个故事通常以一个"提议"开始，叙述者发出言语信号，表示一个故事即将开始，并引导其他人成为观众，比如"That reminds me of something that happened at the conference..."（这让我想起了会议上发生的一些事情……）、"This is a story my grandfather told me"（这是我祖父告诉我的一个故事）。这些话语通常会引出肯定性回应，如"uh-huh..."（啊哈……）、"oh yes..."（哦，是的……），但也可能被拒绝，如"not that story again"（不要再说那个故事了）。许多提议都与主旨内容相关联，实际上，点题可以事先对故事进行评价，例如"Something terrible happened to me..."（我遇到了可怕的事情……），也可以引出肯定性回应。

故事的开始和对它的预评价，是一起表达出来的。更重要的是，故事的结局也是如此。当故事显然要结束时，观众会用"回应"（receipt），比如"Incredible!"（难以置信！）、"Really?"（真的吗?），表达对故事或叙事表演认可与否。叙述者尽最大努力引导受众表现出某种反应，否则故事就会平淡无奇，或者看起来没有讲完。如果没有得到回应，叙述者可能会认为这个故事没有被理解。于此，回应自然是一种评价。与之前引用的批评相反，Labov 和 Fanshel（1977：109）意识到了受众评价的重要性；受众必须向叙述者表明他们已经理解了这一点以及是如何理解的。当参与者讨论他们对故事意义的理解时，有时回应会重复甚至重新评价叙述者的评价。因此，作为故事要素的评价可能会变成故事即评价，而且*两者*（both）或许都是联合形成的产物。这在访谈中也会发生。其是叙事研究者的一个重要思考。实际上，相互构建的意义和评价可能仅仅来自受访者；访谈者的贡献也许不会被承认。

共建评价可能对权利和权力产生影响。人们通常认为故事原本的叙述者有讲这个故事的权利，因此也有评价权。但也有一些叙事是群体性叙事，在叙事过程中，几位叙述者都可以对叙事问题重新定位。当然，这种情况发生的前提是，一个群体共享了一种经历，但听众"没有直接经历过叙事事件，可以通过扩展、查询、纠正或挑战现有叙事问题的陈述获得权利"（Ochs et al.，1996：109）。此处的评价是共有的，是共享权力的证明。

当有一系列故事时，叙事即评价就变得更加复杂。每一个故事都与前一个故事存在联系，而不是简单的相邻关系（即一个人提问后，另一个人回答）（Ryave，1978）。第二个故事本身就是对第一个故事的评价。它显示了对第一个故事的认可，并通过关联更多同类事物予以坚定支持。第三个故事将评价前两个故事。这些评价可以是积极的，也可以是消极的，就像反面故事一样。在这两种情况下，叙述者都会倾向于让后面的故事比之前的故事更夸张，从而限制之前的评价。因此，后面故事比前面故事更能使之前的叙述者感到压力。作为后面故事要素的评价变成了对前面故事的评价，因此也就成了对它的叙述者的评价。

一系列的故事可能会在一个更庞大的语篇中生成意义，形成一个总体叙事。这种庞大的共建可以再次成为一个利益共同体。这一系列评价不一定与作为之前故事要素的评价相同。更大的可能性是，这一系列评价属于所有叙述者和对其认可的听众。任何被认为特别成功的故事都可能对该系列故事总体评价的本意产生过度影响。因此，对这些杰出故事的评价可能会在整个系列中具有追溯性评价权，无论这些特定故事在该系列中处于何种位置。总体评价还需要考虑到反面故事。在跨文化背景下，这些作为叙事的评价交织在一起，进一步加剧了它们的复杂性。

不同文化中的叙事即评价

叙事反映了文化，同时又是文化的构成部分，因此可以预想，作为叙事的评价可能会因文化而异。当泰南（Tannen）（1980）比较了希腊和美国女性看过无声电影后讲述的故事后，发现其中存在明显差异。希腊女性注重个人参与；她们关注人物的动机，并提出许多判断。相比之下，美国女性关注的是背景，并进行了详细客观的叙述。其实不难想象这两个群体如何评价彼此的故事。

另一个例子：在收集了 100 多个讲中文的人的生平事迹后，Zhang 和 Sang（1986：368）得出了一个结论，叙述者通常在两种讲故事的方法中择一使用，"一种不是中国式的，而是希腊悲剧式的叙述方式：从故事的中间开始。另一种是叙述者只简单地提到了关键要点，然后继续讲下去，同时大量重复讲述同一时间、地点共同经历的细节"。美国听众也许具有 Labov 的叙事模型思维，很可能无法用这两种方法发现评价。因此，听众可能会对这些故事进行负面评价，认为这些故事叙述混乱。比如说，如果美国人是中国人的老师（反之亦然），那么这就很重要了。其将有助于理解讲中文的人为何高度重视人际关系和集体和谐。认识了这一点，听众可能将发现"大量重复讲述共同经历的细节"就是评价，因为这或许正是讲述故事的重点，并通过它确立了叙事的共通性。

此外，关键点"只需非常简短地"的提及可能反映出面向听众的文化取向，使他们在被特意引导后，有能力发现要点。这反映了一种中国传统的话语叙述原则，即"点到为止"。也就是说，叙述者在一定程度上指明了方向，然后停下来，相信听众可以自行理解剩下的内容。在一些叙事中，其意味着不必提出初级评价，因为听众可以在次级评价的基础上发现它。这取决于听众是否察觉到叙述者的评价意图，以及如何在故事中表现（Shaul et al.，1987 霍皮文化中关于郊狼的故事可能存在相似概念）。因此，一个讲故事的中国人或许只负责讲述，听众将承担评价的职责。当所有参与者都持有相同的话语价值观时，这种方法是有效的。

在许多文化中，叙事评价在某种程度上发挥着桥梁作用，以一个在中国流传甚广的故事为例。

（6.3）

Narrative：*Wu Da Lang*（叙事：武大郎）

In ancient times, a man called Wu Da Lang ran a guest house. He was short and ugly. He needed some new staff to help in the guest house. Experienced, smart and capable people turned up for to ask for the posts. In the end, he only employed those who were shorter than he was and were less capable than himself.

Wu Da Lang kai dian—yi ge bi yi ge ai（Wu Da Lang runs a guest house-his employees are shorter than he is）.[1]

从表面上看，这个故事本身即评价，其表现为主人公只聘用了比他矮、能力比他弱的人。然而，此处的关键点是如何使用评价。重点在最后一句，其也可以作为标题，或被看作一种预评价。

事实上，最后一句就是评价，常在对话中使用。其是一句歇后语，可用于任何场合以表示那些嫉妒比自己能力强的人，他们只选择那些自己能控制

---

① 译：古代有一个叫武大郎的人经营一家客栈。他又矮又丑，需要招聘新员工。许多有经验、聪明、能干的人纷纷前来应聘。但最后，武大郎只聘用了比他矮、能力比他弱的人。"武大郎开店——一个比一个矮"（武大郎经营一家客栈，他的店员都比他矮）。

的人。这是中国的一个歇后语故事。汉语中，意义简洁的固定短语通常由四个字组成（如"点到为止"），代表对一个故事的初级评价，常用于日常生活中，具有评价功能，可以在不讲故事的情况下对道德、社会或职业做出判断。鉴于此类故事蕴含常识性文化知识，人们不需要通过讲述故事表达嫉妒或社会控制的观点；用最后一句足以表达所言之意。那么，如果叙述者想评价某种情景，他只需要说"武大郎开店"（武大郎开客栈），听众就会用"一个比一个矮"（他的员工比他矮）来回答。因此，故事评价的两部分由不同的参与者共同完成，他们在没有讲故事的情况下引出了故事。因此，他们实际上建立了三座桥梁：第一座桥梁通向不为人知但仍被铭记的故事；第二座桥梁连接刚刚通过故事轻描淡写地评价了的情况；第三座桥梁是人际关系，作为共同理解的纽带。这类文体在中国很有代表性，出版了许多作品（如 Yang，1991）。当然，只有当双方都知道上述所有情况时，这种沟通才能实现。其他文化中与中国人来往的人们在听到这类交流时可能很难做出评价。

另一个关于跨文化的例子，来自一个对中国研究生的研究性访谈。这个学生正在谈论他与英国权威人士的关系。

（6.4）

Narrative：Changing Research Supervisor（叙事：更换研究生导师）

I spoke out what I thought. But it was awkward when I came here in the beginning. I wanted to change the research direction, so I had to change supervisor. When I talked to the Dean he vaguely suggested that I shouldn't change, but he also said he could allow me to change if I insisted on it. Eventually I decided to transfer here. Now this Dean is obviously not happy and is offended. He doesn't greet me when he sees me, ignoring me completely.[1]

---

[1]　译：我说出了我的想法。但一开始我来这里的时候很尴尬。我想改研究方向，所以我不得不更换导师。当我和院长交谈时，他委婉地建议我不要换，但他也说，如果我坚持的话，他也会允许。最后我决定转来这里。现在这位院长显然是不高兴的，很生气。他看到我时都不打招呼，完全不理我。

　　这里的评价涉及问候语缺失的问题，似乎让叙述者有所顾虑。正如叙述者明显感觉到的那样，可能是换研究方向和导师导致了与学院管理者的紧张关系。也许这个学生误判或者曲解了院长的社交方式，就像许多英国学生读到这段语篇时会想到的情景。英国学生并不认为这有什么特殊意义。然而，在中国，当一个领导表现出认识并认可下属时，这可以说是一个会让他备感踏实和荣幸的重要信号。相比之下，拒绝给予认可或许会影响到对方的自尊，特别是对于一个在自己国家已经是高年级的研究生来说。有一些中国学生认为，这个故事表明，违背权威意愿的行为会导致上下级关系恶化。他们推断作为领导的院长会认为这个学生影响了研究团队的和谐。还有一些人认为，这个故事表明了虽然英国文化鼓励直接或率真的为人处世方法，但这也是危险的，因为它可能无意中冒犯别人。而英国学生认为中国学生的这些评价绝不可能存在；院长很忙，或者根本没有看到这名学生。对他们来说，任何和谐关系都不太可能被影响。显然，不同文化背景的群体对社会问题的评价是不同的。重要的是，参与这种小事件的双方都必须了解其他可能的评价和其他评价者的价值体系。

　　不同文化背景下，作为叙事的不同评价的社会实践是一个值得研究的问题，也可以被看作一个社会问题。布朗布尔（Brumble）（1990）举例说明白人研究人员和编辑是如何将自己的价值观强加给讲述自己故事的美国土著人的。后者的自传是为了符合西方关于自传应该是什么以及如何叙述的思想。引用一名编辑（Brumble，1990：80）的话作为结论："印第安人的叙事风格包括重复和对不重要细节的关注，其使白人读者感到困惑，很难理解他们的故事。永远无法解释其动机，情绪状态可以用'I like it'（我喜欢它）这样毫无感情色彩的短语来概括。对于一个没有沉浸在文化中的人来说，这个故事已经失去了真正的意义。"一些受访者对这一叙述过程和研究者的动机有自己的评价（Brumble，1990：90）："许多人类学家来到这里，他们说想成为我的朋友，之后他们离开了，把我说的话写到书里，然后赚了很多钱。"笔者还发现其他拉丁美洲的土著居民对这些研究人员有一套自己的应对策略，极大地影响了叙事评价的结果。在一位研究人员带着一大堆故事离开后，有人向我们吐露："这都不是真的，其实我们只跟人类学家这么说，他们听完故事就会离开这里，让我们重回平静。"

通过叙事的评价

通过叙事的评价意味着叙述者、听众或他们所处的情景都是通过叙事评价的。

例如，在教育中，经常根据讲故事的能力评价孩子口语的流利程度、自信心或对知识内容的学习情况。最近，作为一种职业的教师及其教学已经被通过叙事分析进行了评价。教师的教学故事变得备受研究者关注。人们普遍认为这很重要，因为教师的叙事能显示他们的教学经验。叙事评价可以宣扬教学参与者的人文素质。它可以给职业传记和自我赋值，能赋予少数族裔代表权，还可能是我们理解教师在专业决策、课堂活动以及教学过程解释中的认知的关键部分。可以通过评价教师的自传故事，确定他们对专业持续发展的需求。然而，在该领域已发表的有价值的著作中（例如 Holly & MacLure，1990；Thomas，1995；Cunningham & Gardner，1997；Gudmundsdottir，1997），很少使用叙事语言模型。Cortazzi（1991）展示了如何在 Labov 的叙事分析框架中结合会话、心理和人类学模型中的认识分析教师故事集。可以对相同主题进行大量的初级评价。例如，Cortazzi（1991：80 - 100）指出，对教学灾难故事和幽默课堂事件的评价都表明，幽默是教学的关键素质。笑是社交性的、可分享的和专业性的；正如一句评价性话语表达的那样："我觉得如果没有什么值得高兴的事情，我的日子会很糟糕，我的意思是，与孩子们一起笑而不是笑他们。"通常，教育领域中通过叙事的评价有很多，但很少探讨作为叙事要素的评价的作用原理。

在治疗的情景中，也有很多通过叙事的评价。来访者向治疗师或咨询师叙述他们的故事。作为听众，他们也许会在一定程度上把自己的故事讲给自己听：通过讲述和反思，用现在的观点和评价重建过去的自我。咨询师可以讲神学、传统或生活经历中的故事，以便来访者能依据故事的评价来评估自己的生活。在互助团体中，如匿名戒酒互助社，讲述个人的故事可以促成更真实地评价叙述者的处境。在这样一个群体中，故事本身并不是新闻。事实上，这或许是大多数参与者的共同经历。然而，叙事的主要效果可能是对听众的影响。与其说听众开始理解叙述者并评价这个故事，不如说是听众能够更好地理解和评价他们自己的故事（Moore & Carling，1988：161）。

范·迪克（van Dijk）（1987：71）发现，在关于荷兰少数族裔的两组采访中，66% 和 59% 的故事有评价（据推测，这些评价被视为独立的结构类别）。而这些话语通常把少数群体描绘成特殊且消极和低等的，所以 van Dijk 构建了偏见对话图式（schema of prejudiced talk），基于此，人们相信种族主义是在人际传播的（van Dijk，1987，1993）。从笔者的分析模式来看，通过明确作为叙事要素的评价，研究者可以分析叙述者对社会重要问题和情景或者显著的文化信念的看法或评价，这些信念是通过叙事传播或产生的。

法庭上通过叙事的评价也许会有很大的不同。在特定条件下，证人讲述的故事很多。他们讲故事的方式极其重要——事关审判结果，会受证人叙事风格的影响。使用某种叙事风格的证人比碎片化叙事的证人更可信（Barry，1991）。不过，有许多不同的叙事风格（O'Barr & Conley，1996）。"规则导向"（rule-oriented）的叙事往往受到限制。它们只处理那些与近期接触到的法律问题直接相关的问题。以规则为导向的叙述者可能在法庭上更有经验。相比之下，"关系"（relational）型叙事则遵循更多的日常叙事模式。这些叙事往往带有丰富的评价和个性化的细节。"它们反映了宽泛的相关性概念，因此囊括了各种口头和书面来源的信息，其中有许多可能是为了戏剧效果而表达的。"（O'Barr & Conley，1996：119）"然而，法官对这些信息的反应是不恰当的和注意力分散的，并且经常对提供信息的叙述者表现出极大的愤怒情绪。"（O'Barr & Conley，1996：117）当有一系列来自不同证人的叙述时，对每个叙事和整套叙事的评价都是重要的、需要反复考虑的问题。法庭对作为证人叙事要素的评价进行判断之后，才能给出判决。

在所有这些领域叙事是司空见惯的，但对专业性要求很高。一些关于叙事的运作原理，以及作为叙事要素、叙事本身和通过叙事的评价知识，对于从业者和培训他们的人，或者对其理论、过程和专业实践进行解释性研究的学者来说，可能非常有用。

作为叙事要素、叙事本身和通过叙事的评价

笔者提到的三种不同层次的评价和叙事可以在卡里瑟斯（Carrithers）（1992：92 – 116）的《公牛和圣人》（"The Bull and the Saint"）的故事中看到。故事和它的背景可以通过作为叙事要素、叙事本身和通过叙事的评价来解释。有意思的是，这三个层面的评价同时影响着听众，这一点将在后面进一步说明。笔者应该指出，在这里使用的评价模式是笔者自己建构的；Carrithers 没有从评价的角度来解读这个故事。Carrithers 在印度马哈拉施特拉邦（Maharashtra）的卡尔哈布尔县（Kolhapur）对耆那教教徒（Jains）进行人类学田野研究时，向一些城市商人询问了耆那教的教义。在一次调研时，与农产品经销商"P 先生"在办公室里详细地讨论了耆那教的核心理念，当时他正需要处理一件生意上的事情。一直默默坐在角落的一位衣衫褴褛的老人"S 先生"，开始讲述下面这个故事（Carrithers，1992：96）。

(6.5)

Narrative：*The Bull and the Saint*（叙事：《公牛和圣人》）

This is a story my grandfather told me. This is very important. Write this down [pointing to author's notebook]. There was a great man, a hero, a *mahapurus*, who lived right near here, and one time that man went out to the bulls. While [cleaning the dung out of the stalls] one of them stood on his hand. What did he do? He did nothing! He waited and waited, and finally the bull's owner came and saw what was happening! The owner struck the bull to make it move, and the great man told him to stop, that the bull did not understand! That is *dharma* 〔true religion〕. That is genuine *jainadhartna* 〔Jainism〕! [①]

随后，Carrithers 在大约 100 年前悉达萨迦（Siddhasaga）的传记中读到了这个故事。有将近 30000 名耆那教教徒知道这个圣人的故事。从最后两句话很容易发现作为叙事要素的评价，其中 *that* 是重读的。这就是 Labov（1972：371）所言的外部评价或波兰尼（Polanyi）（1989：24）提出的指示评价（deictic evaluation）。*That is **dharma**...*（这就是**佛法**……）位于故事主体内容之外，但回指了故事的意义。理解这句话的确切含义或许更成问题，笔者稍后会说明。这意味着到底是我们应该了解动物还是它们无法了解我们？还是说我们应该善待动物？为什么这是"一个伟大人物"的"重要故事"？Carrithers（1992：99）说，欧洲人和印度人都对耆那教教义很冷漠，他们听了这个故事后认为，悉达萨迦要么疯了，要么愚蠢，让一头近两米高的印度公牛乖乖地站在他的手上。也就是说，他们对叙事的评价是负面的。

Carrithers（1992：97，103）指出，这种作为叙事本身的评价是错误的。或者至少，这不是当时办公室里在场的人的评价。首先，叙事遵循了 P 先生对非暴力（ahimsa）的哲学解释，即耆那教无害或非暴力的教义。其核心的宗教价值观包括素食主义，真诚、友善的言语，不追求物质，以及帮助众生。因此，对于叙述者 S 先生来说，这个故事描绘了典型的自我控制和非暴力。从某种意义上说，叙事是由前面的谈话预先评价的，没有这些（或没有可比较的文化背景知识），作为叙事要素的评价就不能被理解为预期性的。其次，Carrithers 作为调查者或探索者与 P 先生之间的语境关系是一种

---

① 译：这是我祖父告诉我的一个故事。这很重要。写下来【指着作者的笔记本】。有一个可以称为伟人、英雄、大士或菩萨的圣人就住在附近，有一次他去公牛那里。当其中一只站在他的手上【清理铺位的粪便】。他做了什么？他什么也没做！他等了又等，最后公牛的主人来看看发生了什么事！公牛主人抽打公牛让它移动，圣人叫他停下来，公牛听不懂！这就是佛法【真正的宗教】。那才是真正的耆那哈尔纳（耆那教）！

道德和精神教育性的关系。叙述者 S 先生注意到了与 P 先生谈判的严肃语气和师生关系。叙事的设定是学习宗教教义的"适当"设定，可以被认为是叙事的评价语境。这种经过沟通协调的叙述者－听众关系避免了对故事内在意义进行负面评价的可能性。事实上，对于叙述者和听众来说，这种关系和叙事环境都是故事意义的一部分；没有叙事背景的评价是不可能存在的。

通过叙事的评价似乎在几个方面都有所应用。第一，该故事阐述了一个冗长的哲学论证。Carrithers（1992：107）一直坚信，评价和叙事通常暗示了这个例子以哲学论述所没有的方式告诉我们 *That is genuine Jainism*（这是真正的耆那教教徒），就好像叙述者加了一句，*and not what Mr P. has been telling you*（而不是 P 先生告诉你的）。如 Carrithers（1992：92）所言："它的含义……一个这样的英雄主义故事是否值得用如此大篇幅的抽象教义去叙述。"因此，叙述者和 Carrithers 将两种思维模式并置，Bruner（1985：11－43）则将其称为"叙事"和"范式"思维。《公牛和圣人》的故事意味着对范式思维（传统逻辑科学的认识模式）的批判，以支持有助于我们理解人类行为的叙事方式。这被视为一场关于如何呈现耆那教教义争论的举动。第二，这个故事显然是叙述者和他祖父的亲身经历。通过这个故事，Carrithers 对当地村民的人际关系和互动有了不同的定位。通过评价，他意识到"当地耆那教世界如何经常与伟大的故事或小故事产生共鸣"（Carrithers，1992：108）。第三，Carrithers 开始明白，正是通过评价这些故事，耆那教教徒才开始了解他们的文化和宗教遗产。社会化是通过叙事评价表现的。我们可以说，叙事不仅向听众描述了故事中的人物，而且反映了叙述者希望成为什么样的人，甚至可能希望听众成为什么样的人。因此，讲故事是个人和集体身份自我表现过程中的一个关键部分。Carrithers（1992：110）得出结论："耆那教不仅仅有故事，但我认为，通过故事和生活在一连串行动中的人物，耆那教教徒自己首先理解了耆那教。"第四，Carrithers 对这一民族志研究的转述是以叙事形式进行的；通过叙事，他理解、呈现和评价了他的研究。Carrithers（1992：92）对《公牛和圣人》的叙述进行了一些元评价："这是一个民族志的瑰宝，是一种对生活方式的说明，民族志研究者愉快地出现在他们自己的书中，并以极大的满足感对其加以利用。"

　　笔者把这个故事意味着什么作为这个故事的后记和对故事的最终评价，对此笔者访谈了莱斯特（Leicester）耆那教中心的拉梅什·梅塔（Ramesh Mehta）博士（1998 年的个人交流）。他说，2000 多年来，耆那教教徒一直在传颂类似的故事。其被作为道德和宗教教育的一部分教给孩子们，以使他们按耆那教教义行事。许多类似的故事都体现在耆那教寺庙的雕像和信条中。Mehta 认为 Carrithers 的评价基本正确，同时他给出了进一步的评价，即这个故事体现了几个层面的非暴力理念：行动中（悉达萨迦没有把公牛推开）、思想上（他甚至不认为公牛是坏的）、与其他人的关系（他不想鼓励主人把公牛推开或让他认为它不好）、关于他的因果报应（karma）（他默默忍受痛苦，为他在前世轮回中可能犯下的错误行为付出代价，因此希望打破过去行为的循环）。当然，对其中一些层面的理解取决于如何理解 S 先生评价中的关键词〔"dharma"（佛法）或"religion"（宗教）和"jainadharma"（耆那教）或"Jainism"（耆那教教义）〕。这意味着评价的语言方面（哪些词或语篇的哪些方面体现故事要点）和语境的社会文化方面，以及听众的图式知识之间的相互作用。如果听众或转述者不理解关键词或整体评价，不难想象，《公牛和圣人》的故事在随后的传承中很可能被严重扭曲，就像《鬼魂的战争》（"War of the Ghosts"）① 这一故事在 Bartlett（1932）经典的叙事记忆实验中被扭曲了。

评价：叙事研究与生活

　　通过叙事对数据资料的评价说明了叙事作为一个研究过程具有更广泛的意义，即引出、讲述、翻译、转录、选择、分析、转述，以及进行这类定性

---

① 译者注：弗雷德里克·巴特利特（Frederick Bartlett）是英国剑桥大学的心理学家，他采用了北美印第安民间故事《鬼魂的战争》展示人类记忆的根本情况。其研究表明，记忆是一个构建的过程，而不是视频录像机那样，其就像一张联想之网（a web of associations），人们根据需要从中重构准确或错误的记忆。

研究并将其出版的整个范畴。如阿特金森（Atkinson）（1990：104 – 28）论证的那样，民族志研究中"写出来"（writing down）和"提炼揭示"（writing up）的过程通常涉及对研究者探索的故事的叙事建构、从局外人到局内人的过程、对成功理解他人认识的描述。事实上，波金霍恩（Polkinghorne）（1995：12）将其称为"叙事分析"，即"研究者收集事件和对事件的描述，并通过情节将其组合成一个或多个故事"的过程。通过叙事评价数据资料，尤其在定性研究中。这种评价要求进行田野研究的学者认可他们的行为和故事创作中的反思性，并进一步将这种反思性贯穿于叙事语篇的整个创作中（Okely & Callaway，1992）。也就是说，在建构他人叙事时，研究者需要评价自己对叙事的看法、叙事建构的过程，以及他们的自传会如何影响别人讲故事。

最后一种故事的创作及其评价超出了研究范围，但它已经渗透到我们的日常生活中了。认识到评价在该类叙事中的作用的重要性，怎么强调都不过分。实际上，生活故事就是这样组合在一起的，我们对它们的评价是我们的道德自我意识和生活的连贯性的创造（Linde，1993；Ludwig，1997）。许多领域的领导者都会讲一个故事（或相反的故事）。在最近一项心理学研究中，加德纳（Gardner）（1997：41 – 65）已经论证并有说服力地说明了一个核心观点——也许领导力的内核是关于自我和群体身份以及价值观和意义故事的有效传播。Gardner 指出了评价在这类故事中的关键作用。除非那些被领导的人准备对这些故事采取复杂巧妙或更具批判性的立场，否则简单或有偏见的故事可能更易盛行。

> 每个人一生中都会听到故事，并有意无意地评价自己的优点。一个更复杂巧妙的故事总是有可能更容易盛行，特别是当叙述者讲得很熟练，受众又见多识广的时候。然而，我的研究通过大量证据表明相对简单的故事常常会在未受教育的人的思想中根深蒂固。（Gardner，1997：49）

在这里，人们可以提高对这类叙事的认识，并对其进行批判性评价，以免人们因而成为受害者或出现它们决定命运的情况。

结 论

作为叙事要素的评价、作为叙事本身的评价和通过叙事的评价显然是复杂的，即使是一个只有几行句子的故事，如《公牛和圣人》，也会有许多层次的含义，而这三个层面的评价可能会同时存在。其中一些层次的含义在语篇中体现；另一些则是在叙事或叙事的语境中，甚至在叙事参与者之间建立的关系中体现；还有一些则是通过叙述过程和转述展现出来。语言和社会文化因素可能在这些层面交织在一起，对它们的评价最终也许是取决于我们自己带入叙事语境中的知识和经验（包括叙事经验和叙事分析）。

这在很大程度上取决于谁在什么样的语境下评价什么类型的叙事。某些情况下，"作为叙事要素的评价"或"通过叙事的评价"是一种自我评价。叙述者和听众通过讲述和聆听故事，评价个体和集体的自我认识。当我们叙述有关个人经历的故事时，知道我们是什么样的人，相信我们是什么样的人，或者希望成为什么样的人。作为叙事要素的评价映射了自我的多重意义或时态：不仅揭示了过去、现在和未来的自我，也反映了完美或不完美、假设或理想的自我。

"评价"和"叙事"都是多层次性的概念。正如笔者已经概述过的，评估与叙事相关的评价要从多个视角出发。用多学科视野对评价的效用进行评估。至少，这是笔者的判断。

第七章
语篇评价与组织：
评注性状语①的结构性作用

杰夫·汤普森（Geoff Thompson）、周江林（Jianglin Zhou）

编者按

人们通常说的连贯（coherence）是指在语篇（书面或口头）各个部分之间建立的逻辑连接（conjunction）。具体的连接可以通过连接成分（如 and、so、but）来表示，这是衔接理论的其中一类（见 Halliday & Hasan，1976；Halliday，1994）。本章 Thompson 和 Zhou 的观点是：连贯和衔接（cohesion）都以评价——作者对他或她所写内容的看法——和逻辑联系为依据。他们认为其所称的"评价性连贯"与更传统的"命题性连贯"是并存的。Thompson 和 Zhou 论证了一些表达评价的副词（如 unfortunately、plainly、happily）具有类似传统联加状语的功能。如 unfortunately 这样的副词不仅可以用于评论其所在的小句内容，还可以暗示两个小句之间的某种特定联系，从而建立一种衔接。

---

① 译者注：状语包括四种宽泛的语法功能范畴：附加状语（adjunct）、下加状语（subjunct）、外加状语（disjunct）和联加状语（conjunct）。（转引自王亚南、陈国华《英语状语、附语和补语的界定》，《外国文学》2018年第4期，第59页。）本章关注的是外加状语，它也被称为评注性状语，是句子结构外围的状语，不用于修饰谓语动词，而是说明和解释整个句子，表明说话人的看法和态度。

和 Hoey 撰写的第二章一样，Thompson 和 Zhou 的章节借鉴了 Winter 和 Hoey（Huddleston et al. , 1968；Winter，1982，1994；Hoey，1983）提出的小句关系概念。特别是，他们通过深入探讨让步（concessive）和假设 - 真实（hypothetical-real）两种小句关系，论证了他们的观点。小句关系概念背后的思想之一是，它们代表了作者和读者之间的一种对话或互动（可以通过提问来证明：参见 Hoey 在第二章中的介绍）。例如，Winter（载 Huddleston et al. , 1968）认为，一个类似 *but* 的联加状语可能是在告诉读者，接下来的东西不是他或她期望的。在此情况下，逻辑连词 *but* 发挥了一种人际功能。Thompson 和 Zhou 的著作在论证人际关系词汇的逻辑连接功能时对此进行了补充说明。

强调对话是关注独白中人际关系和互动作用的一部分（另见 Thompson & Thetela，1995）。与本书其他章节一样，Thompson 和 Zhou 的观点颠覆了传统假设，即评价或人际关系不如语篇及其组织的主要"信息"研究重要，并且与之完全分离。某个副词，如 *plainly* 或 *unfortunately*，可以同时告诉我们作者的想法，并在作者和读者之间构建对话，将论点的阐述从一个阶段推移到另一个阶段。因此，把人际关系从逻辑中分离出来是不现实的。

在系统功能语言学中，概念功能、人际功能和语篇功能被视为各自独立的元功能。虽然一个小句总能同时表现这三个功能，但小句的不同方面会匹配与之相应的功能（Halliday，1994）。具体来说，*and* 和 *but* 这样的联加状语在语篇元功能中发挥着重要作用，而评注性状语或情态附加状语，如 *plainly* 或 *unfortunately* 则是人际元功能的一部分。本章对这一区分提出了疑问。在非常基本的层面上，它表明一个小句中的某个单词可能同时在两种元功能中发挥作用。此外，它还表明，所有词类——联加状语和评注性状语——或许根本无法只表现单一的元功能。最值得注意的是，Thompson 和 Zhou 认为，衔接本身既是一种语篇现象，也是一种人际现象。

引言

很多关于语篇衔接的文献（如 Halliday & Hasan，1976；Hasan，1984；

Hoey，1991a）认为连贯性很大程度上源于读者所阅读的命题"内容"单位之间的逻辑联系。① 衔接被作者当作明确的语篇标识，暗示这种逻辑连贯性的潜势，其主要通过重复和连接来表现：从广义上讲，命题在语篇中的重复出现表明这些命题之间存在某种联系，而命题之间的连接则表明所建立的联系类型（Thompson，1996b）。重复可能通过指称（reference）和替代（substitution）等"语法"特征（Halliday & Hasan，1976；Halliday，1994）表现，或者更普遍的是通过词汇重复表现（Hoey，1991b）。连接在很大程度上依赖于小句复合体中的并列连词（co-ordinators）和从属连词（subordinators），它可以在句子之外通过联加状语（比如 however）和不确定名词（unspecific nouns）（Winter，1982 – cf. "labels"；Francis，1994）表现。例如 question 和 reason 所在的句子：

（7.1）

　　In reply to that question a golfing colleague of mine offered two reasons.
（Example taken from Francis 1994）

衔接的这两个方面之间没有绝对的区分，因为一方面不确定名词与其特定词汇化之间的关系在广义上是一种重复关系，另一方面重复本身也可以表明连接类型（参见 1994 年 Winter 关于匹配关系的论述）。

研究思路上（包括其他的，比如 de Beaugrande & Dressler，1981 中概述的内容）有一个共同点：他们几乎只关注连贯，因此在命题方面，衔接在语言人际功能中所起的作用很小或几乎没有，例如，Martin（1992：第四章）关于连接和连续性（continuity）的讨论。Halliday（1994：338）提到，某些类型的衔接资源涉及人际意义而不是概念意义，但他没有探究其中的含义。一般来说，"评价性连贯"这一重要概念——例如，作者如何表达对所

---

① 因为本章主要关注书面语篇，所以这里的"they"通篇都是指作者和读者；但笔者假定，原则上虽然不是在每一个实践实例中，但我们的话语都同样适用于说话人和听众。

处理的话题保持一致的个人评价——很少受到关注，关于评价性词汇在构建语篇衔接中的作用的研究不多（见 Hunston，1989，1994）。本章意欲探索一种在语篇中显示评价用于创建组织和结构的方式。

笔者特别感兴趣的评价性词项是评注性状语，想进一步考察其在语篇连接中的作用。评注性状语是副词，如 *unfortunately* 和 *obviously*，以往一直被视为表达作者对应用这些词的句子内容或方式的评论。"评注性状语"的叫法似乎表明了其与连词词项存在的某种联系，但它们实际发挥的作用却表明这种连接是缺失的。[①] 这当然是夸克（Quirk）等（1985：612 – 47）对评注性状语的有关论述给人形成的印象。他们已经区分了联加状语（*however*、*in addition* 等）和评注性状语，这个区分是一个更广义的区分，基于上述衔接命题的观点可知，语篇的结构和作者的评论很大程度上是不相关的。Quirk 等人在下面的内容中明确区分了这两种状语：

> 然而，就评注性状语而言，我们将其与说话人对附属小句的"威信"（或说话人的评述）联系起来，在一个非常具体的层面将联加状语与说话人的评述进行联系：他对自己如何看待两种语言单位之间的联系的评估。（1985：631 – 2）

他们的研究思路强调了评注性状语仅仅在其出现的句子中起作用（"为一个整句附加信息的另一面"），而联加状语在小句或其他元素之间发挥作用（"连接独立的句子单位"）。Halliday（1985/1994）更倾向于使用连接性附加状语和情态附加状语（包括 Quirk 等人认定的不是评注性状语的 *already* 一词）；但它们的区分标准本质上是一样的。差异的普遍性的体现，例如，作为外语的英语的教学材料中，联加状语经常作为写作和阅读能力的一部分，在

---

① 在采用"disjunct"（评注性状语/外加状语）这个术语时，Quirk 等（1985）可能更多地考虑了与"adjunct"（附加状语）形成对比，并希望强调 disjuncts 与它们出现的小句在句法上的独特性。另外一个要对比的是，这里提到的本章会关注的"conjunct"（连接副词/联加状语）。

"引导词"（Signpost words）等类似标题下，设定单独主题进行教授（见 Williams，1982 等），而评注性状语——如果要探讨的话——则作为口语表达能力的一部分与其他副词一起出现（参见 J. Soars & L. Soars，1989）。

事实上，这两种类型的状语描述方式在某种程度上弱化了它们之间的差异性。如前所述，Quirk 等人认为二者都是在表达"说话人的评论"，而 Halliday 则强调它们都在"为小句建构语境"（1994：84）。他还提到，"评论性附加状语"（情态附加状语的一个子类）与连接性附加状语类似，因为它们"出现于对语篇组织有意义的小句中"（1994：83）。但这些共同的特征只是作为提出差异的基础被刻意地引入：例如，Halliday 进一步阐述的，与连接性附加状语不同，情态附加状语不具有语篇功能。

联加状语和评注性状语之间的差异不是本章探讨的重点，当然，笔者并不否认差异性的存在或其重要性。本章的重点是关注它们的相似之处。从本质上讲，笔者想论证的是，只有把评注性状语看作展示语篇元素是如何联系在一起的，并且它们的人际功能与语篇的衔接功能紧密结合，才能充分理解评注性状语的功能。因此，笔者的基本观点是，多数情况下——尽管不是所有情况下——评注性状语充当了一种带有态度的联加状语（Zhou，1991）。

为了论证这个观点，笔者需要运用一种比传统方法更广泛、更能基于话语的连接分析法；可以借鉴 Winter（例如 1982，1994）和 Hoey（例如 1983）的小句关系分析法。他们一直强调语篇结构的互动性，认为读者和作者在每一个论点上都有沟通的需要。如此着重强调可以明确地支持这样一种观点，即作者不仅可以通过参考命题之间的"外部"逻辑关系来引导读者，还可以通过参考他或她自己的观点来引导读者，比如，一个命题与另一个命题的相关性。① 事实上，笔者将要提出的主张之一是作者和读者期望的

---

① Halliday（1994：338）还将"外部"连接与概念元功能联系起来，将"内部"连接与人际功能联系起来。然而，他似乎将内部连接限定为"论点中各步骤之间的关系"，这些关系由连接性附加状语（如 *firstly*）表示。这与此处采取的更广义的人际连接的观点一致，但他对以语篇为主但具有人际功能的现象感兴趣，而笔者所强调的部分与其相反。Halliday 也没有探讨人际功能连接的明显差异性。

在连贯认识中的核心作用，这与 Winter 在 1968 年就提出的论点紧密相关（Huddleston et al.，1968：第 14 章）。因此，下面笔者将借鉴他们的方法来分析例句中的连接问题。①

作为衔接信号词的评注性状语

笔者首先分析了特征相对鲜明的示例。在这些例句中，评注性状语能非常明显和直接地发挥衔接功能。然后又分析了一些不是很有特点的示例。对于每一类示例，笔者都会讨论哪些评注性状语的意义特征，使它们连贯地发挥作用。总体上，这些讨论将启发笔者思考人际功能和语篇功能之间的关系。

让步关系

评注性状语〔在 Halliday 划分的类别中为"语气附加状语"（Mood Adjuncts）〕可以让小句之间建立一种让步关系。这里有几个例子，第一个例句的评注性状语在句中，其他的在句间。

(7.2)

And who in the world could possibly make a mistake about a thing like that? *Admittedly* it was painted white, but that made not the slightest difference.

(7.3)

You're exaggerating, dear. *True*, I did at one point do an epitaph and a format for a memorial service. But that's not unusual, it's like making up a will.

---

① 这些例子都来自一个有 2000 万词汇量的语料库，是伯明翰 COBUILD 英语语料库的一部分；因此它们来自不同类型的语篇。

（7.4）

Before the war, it was always the working class which bore the brunt [of economic sacrifices]. Since the war the outcome has been quite different... *Certainly* the middle classes have come off distinctly better under the Tories. Yet a repetition of 1921 or 1931 is unthinkable even now, the national shift to the Left, with all its implications for the balance of power, may be accepted as permanent.

（7.5）

... an orang, particularly when it is young, can stick its legs out at angles that seem, to human eyes, painfully impossible. *Plainly*, they are excellently adapted for the arboreal life. At the same time, their size does seem to be something of a handicap to them.

以上例句表达的让步关系有三个主要特点。第一个是，表面型式都有一个命题，其中有一个评注性状语表达作者对该命题真值性的评价，接着是另一个被陈述为"真"但没有明确评价其为"真"的命题。第二个是，第二个命题并不是第一个命题的预期结果。例如，例（7.4）中，句子以 *Certainly*（当然）开头，是指在保守党统治下中产阶级所获得的利益可以被视为预示着回到 1921 年和 1931 年面临的状况，当时工人阶级首当其冲，承受着经济危机带来的痛苦。然后，下一句论断这一结果不会发生。从这个角度来看，正如 Winter（1994）所说，让步关系可以看作逻辑顺序和匹配关系的结合：第二个命题与一个未陈述的命题处于一种不相容的匹配关系中，而这个未陈述的命题如果被表达出来，就会在第一个命题中提供一个可能的（预期的）、符合逻辑的结果。例（7.2）中，说话人陈述了他如何鉴别一件价值不菲的家具，尽管它被漆成了白色。因此，可以将未陈述的命题明确表达为：

(7. 2a)

　　It was painted white. *Therefore someone could make a mistake about a thing like that...* But that made not the slightest difference：*I did not make a mistake about it.* （它被漆成白色。因此，有人可能会在这样的事情上犯错误……但这并没有什么区别：我没有犯任何错误。）

　　第三个是，两个命题都是有效的，但第二个命题在某种程度上比第一个命题更有效。这一定程度上是由于在论证中，如果出现不相容的情况，第二个命题通常会表达出作者自己的观点。此外，第一个命题没有预期结果这一事实限制了它的有效范围，从而降低了它相对于真实结果的信息"权重"。要让人获得印象的一种方法是，承认第一个命题，但要对第二个命题进行断言。

　　在一个主从复合句中，尽管让步命题在信息上的从属作用通过其语法从属关系反映出来，但我们仍然可以用 *although* 来表示这种关系。另外，在上述例句中，同样的功能在独立的小句之间通过结合预设评注性状语（preparatory disjunct）（*certainly*、*admittedly* 等）和联加状语（*but*、*yet* 等）来表现。当然，联加状语本身也可以标示让步，例如：

(7. 6)

　　Any reforms that make such cruel charades unnecessary have to be very good laws. *But* will the Lord Chancellor's proposals take the bad taste out of divorce? （任何让这种残酷的把戏变得不必要的改革都必须是非常好的法律。但是，大法官的提议是否会使离婚变味呢？）

　　因此，这就提出了一个问题：是否必须用评注性状语充分标示这种关系，如果需要，为什么？为了得到答案，需要指出的是，语调可以表示一个命题只是以让步的方式提出，向听众预示接下来会有一个说话人认为更有效的论断；但在写作中，如果不用评注性状语标示，第一个命题很可能什么意义也没有。

在例（7.6）中，事实上，大法官的提议总体上将受到负面评价，这一点已经从报纸文章的副标题中体现出来了，如 "Is the divorce white paper no more than a glossy exercise in cost-cutting?"（这份离婚白皮书仅仅是削减成本的光鲜之举吗?），而评价的连贯性会让读者期待任何积极的评价，比如例（7.6）的第一句话，将只能以让步的方式引入。因此，作者使用像 certainly（尽管如此肯定可以）这样的发语性评注性状语（introductory disjunct）加强第一句话的让步性，从而减小其沟通的压力。此外，她没有提前在第一句话中用让步关系标示这个命题，就能充分体现对它的重视程度〔她自己也经历了旧体制下的 "cruel charades"（残酷的把戏），并且表现出自己也意识到改革的必要性〕。另外，例（7.5）中，作者的主要观点倾向并没有事先明显地表达出来。① 整个内容讨论了猩猩在从树上生活进化到在地面生活的整个过程中的变化。对猩猩的描述始于前两句，强调它是 "the heaviest tree-dweller in existence"（现存体重最大的树居者）。作者接着谈到了它强大的抓地力和身体的灵活性，句首用 Plainly（很明显）总结了可以使它生活在树上的这一特点。事实证明，其回避了主要论点，因为语篇的下一部分详细讨论了由其重量引起的树栖生活问题。评注性状语的存在开启了一种新的可能性，即它们被认为是一种让步，而不是作者想要将它发展成论点的基础；当读者看到 At the same time（同时）时，这一点得到了证实，其表示接下来的语篇将继续阐述主要论点。

在例（7.4）中，加入评注性状语的原因略有不同。作者是一名左翼政治家，他长期关注中产阶级而不是工人阶级承担经济损失的主要趋势，对他来说这是不可阻挡的。在保守党政府领导下的明显变化只是暂时的。此处的评注性状语表示：在一个取向已经确立的论点中，它只能作为一个次要修饰语。例（7.2）和（7.3）也是如此，第一个句子表明了作者的主要论点，

---

① 该例句实际上是从一部关于猩猩的电视纪录片的评论中摘抄出来的；但既然语篇是脚本化的，所以笔者还是讨论语篇的"作者"。

"impossible to make a mistake"（不可能犯错）、"exaggerating"（夸张），让步命题体现了对主要论点的迂回式表达，表示断言类命题回到了先前建立的主线上。

需要注意的是，在例（7.4）和（7.5）中，如果省略评注性状语，语篇的连贯性就会受到影响。例（7.5）中的评注性状语显然不是必要的，但它考虑到要让读者"放松警惕"，以便在下一句中切回主要论点。相比于 *but* 或 *yet*，联加状语 *at the same time* 在某种程度上是一个较弱的让步信号词组，因此，评注性状语 *plainly* 和联加状语 *at the same time* 结合起来使用或许更有必要。① 在例（7.4）中，很难看到任何其他方式可以引入 *Certainly* 的句子——如果没有评注性状语，它很可能被解释为非特定的不同结果（*different outcome*）的特定词汇化，从而给出与意图完全相反的解读。

在选择是否给出一个预设信号时，通常涉及信息平衡的问题。当读者遇到让步语句时，作者可能希望表示这只是一个让步性表达而不是一个主张，从而降低让步性命题的信息分量；或者，他或她可能希望简单地把它作为一个未标记的命题来介绍，只是追溯性地将其划归到与下列主张相关的让步性语句中，从而保持信息权重的平衡。事实上，这两个命题之间的权重存在偏差（参见 Halliday，1994：241），如果重新解析例（7.4），就可以看出这一点：

（7.4a）

Despite the distinct advantages enjoyed by the middle classes under the Tories, a repetition of 1921 or 1931 is unthinkable.（尽管保守党领导下的中产阶级享有明显的优势，但 1921 年或 1931 年的情况重演是不可想象的。）

---

① 当然，*plainly* 和 *at the same time* 都不是明确表示让步关系的信号词，然而，语料库的实例表明，当它们出现在句子的初始位置时，基本可以用于表达让步关系：在 11 行含有 *plainly* 的实例中，有 5 行提出让步命题；在 *at the same time* 的 135 行实例中，有 94 行提出让步命题，同时伴有断言。两者在接续的句子中出现的这一事实似乎很可能使它们中让步的语义潜势成分"产生共鸣"（Thompson，1998），从而强化了这一解释。

（7.4 b）

Although the middle classes have come off distinctly better under the Tories, a repetition of 1921 or 1931 is unthinkable.（尽管在保守党领导下，中产阶级的表现明显更好，但1921年或1931年的情况重演是不可想象的。）

（7.4 c）

Certainly the middle classes have come off distinctly better under the Tories. Yet a repetition of 1921 or 1931 is unthinkable.（当然，在保守党的领导下，中产阶级的表现明显更好。然而，1921年或1931年的情况重演是不可想象的。）

（7.4 d）

The middle classes have come off distinctly better under the Tories. Yet a repetition of 1921 or 1931 is unthinkable.（在保守党的领导下，中产阶级的表现明显更好。然而，1921年或1931年的情况重演是不可想象的。）

可供作者选择的两个相互关联的选项涉及让步性命题的语法状态〔从例（7.4a）中的短语到例（7.4b）中的小句，再到例（7.4c）和（7.4d）中的独立句〕，以及小句关系是预先被标记〔如例（7.4a）、（7.4b）和（7.4c）〕还是只在事后表达〔如例(7.4 d)〕。① 很明显，这种评注性状语是在渐变句群（cline）中标记一个独立的要点；值得注意的是，作为让步的独立小句或句子的预先标记功能只能通过评注性状语表

① 在例（7.4a）和（7.4b）中，让步句当然有可能出现在主张之后。在此情况下，末尾焦点（end-focus）通过调节让步句的信息平衡（见 Quirk et al.，1985：1357），使情况复杂化。Halliday（1994：235）提到"though"通常是一个主从连词（hypotactic conjunction），有时会出现在"似乎更接近并联（paratactic）（即非从属）功能"，并且他给出的示例在断言之后做出让步：排序似乎是使让步性命题变得更加独立的缘由。

现。渐变句群代表一组与连接有关的语篇选择；因此，评注性状语发挥着连词功能。①

联加状语和评注性状语之间的一个区别是，大多数联加状语似乎只表达了它们所标示的逻辑关系。例如，将 *in addition* 简单地标记为"＋"〔笔者说"似乎"是因为笔者遵循 Sinclair（1981）的观点，将联加状语视为通常存在于解释互动意义和语篇意义的过程中〕。另外，不管它们的连接性功能是什么，例（7.2）到（7.6）中的评注性状语显然有一种评价意义，它超越了表示让步的逻辑关系。因此，笔者有必要探讨它们的人际意义是如何表现其语篇功能的。

在很多方面，*admittedly* 是最直接的例子，见例（7.2）。当然，这个评注性状语与动词 *admit* 有关，它本身就是非技术意义上的让步，表示不情愿地接受某事是真实的。笔者可能会做出让步，而不是给出明确的反断言：

（7.7）

If I became a witness against him, he might also become a witness against me. Admittedly he might already have done so. I felt like a man trying to walk over ice in shoes made of glass.（我若作证反对他，他也可以作证反对我。诚然，他可能已经这么做了。我觉得自己如履薄冰。）

然而，鉴于人的天性，在这种情况下找到相反的断言至少不会令人惊讶：在某一点上让步之后，自然想要重新为自己辩驳（事实上，在语料库

---

① 将这里讨论的评注性状语连词和句内语码转换连词（intrasentential conjunction）（如 *if-then*）进行对比是有用的〔见 Quirk 等（1985：644-5）对"关联词"的讨论〕。在后一种情况下，连词被视为加强连词已经发挥标记作用的逻辑关系；而在评注性状语和联加状语配对中，联加状语是这对关系（评注性状语预先加持关系的例句中？）的关键信号词。无论如何，在这两种情况下，相关性的影响都很强，Qurik 等的评论"形式相关性有助于文体优雅……以及语篇表达清晰"也适用于评注性状语－联加状语相关。

89 个类似的实例中，只有 18 个没有紧跟反断言）。① 关于 *admittedly*，很明显，让步 – 断言关系本质上是交互的，因为一个人"承认"（admits）的东西通常是已经被别人断言或至少被默认的东西，因此评注性状语是作者和读者之间协商的一部分，或者，如例（7.2）所示，是被报道的人物和想象中的对话者之间的协商。既然让步性命题实际上并不是作者想要表达的观点，那么提及它的必要性就必须来自作者的假设，即其他人可能会提出它作为反对意见，而他或她需要预先阻止这一点。因此，使用 *although* 或 *nevertheless*（"A 和 B 都是真的；A 与 B 不完全兼容；A 并没有使 B 无效"）可能被视为一种"客观"的逻辑联系，但通过使用评注性状语（"你可能考虑 A；我同意 A 是正确的；对我来说，A 不排除 B"）可以公然地用人际功能术语表达。总体来看，两种连接关系的标记方式不同，但它们的结果都具有衔接性。

笔者已经提到 *admittedly* 意味着作者和读者之间正在进行协商。在人际选择之处使用让步连词的情况，实际上与将对话中的话轮解释为连贯的方式有明显相似之处。下面重编了例（7.2），笔者认为，这反映了发生在说话人脑海中的潜在对话：

（7.2b）

'Who in the world could possibly make a mistake about a thing like that?'（"世界上有谁会在这样的事情上犯错误呢？"）

'But it was painted white!'（"可是它被漆成了白色！"）

'Yes, but that made not the slightest difference.'（"是的，但这并没有什么区别。"）

---

① 这些数字不包括 37 个在括号中出现的 *admittedly* 的实例，比如 "the Duke of Portland (admittedly eccentric if not mad) sacked any housemaid who had the misfortune to meet him in the corridor"〔波特兰公爵（公认地古怪，如果不是疯了）解雇了任何不幸在走廊遇到他的女佣〕，或者出现在名词词组前的位置的实例，比如，"entirely novel and admittedly incalculable risks"（完全新奇且不可估量的风险）。在这种情况下，"让步"是插入的，而不是论点的一部分，通常不会存在反断言的情况。

评注性状语 *admittedly* 被公认为一个表达"对话的泛音"（dialogic overtones）的词语（Bakhtin，1986：93），它表示说话人正在进行一场与想象的反对派意见的辩论。除此之外，用 *although* 代替 *admittedly* 还有消减或去除泛音的效果。①

(7.2 c)

　　Although it was painted white, that made not the slightest difference.
（虽然它被漆成了白色，但这并没有什么区别。）

然而，那些不能以同样明显的方式引起互动的评注性状语，是如何发挥作用的呢？例如，*Certainly* 可能看起来只是对命题真值性的评论。然而，就像人们总会指出的那样，通常没有必要明确地宣称一个命题的真假，除非其在某种程度上被质疑了。正如 Halliday（1994：89）所言，"你只有在不确定的时候才会说你确定"——或者，用更宽泛、更准确的措辞来说，当明确地说你相信某件事时就承认了它不被所有人相信的可能性。当然，在让步的情况下，是作者接受命题的真实性，并在某种程度上对它提出疑问，使它能支持下面的主导性断言。命题本身并没有被驳回，但其真实性程度受到了质疑，因为它否认了自己设定的可预期的后果。因此，使用情态评注性状语为随后表达反断言营造了一个自然语境。

预期关系

用这种方法形成的评注性状语功能，指明了评注性状语和联加状语的一个关键区别，至少在让步的情况下是有的：联加状语标示关系已经建立，而

---

① 尽管这不是本章讨论的重点，但值得注意的是，对话语气可以通过其他方式引入。例如，在例（7.2）中，言语中突出"was"意味着说话人否认了一个暗含的相反意见，即使没有使用 *admittedly*："It was painted white, but that made not the slightest difference"（它被漆成了白色，但这并没有什么区别）。

评注性状语为关系提供了一个语境潜势，但它本身没有特别意义（虽然，特别是在 *True* 的情况下，这种可能性很大，以至于在笔者考察的 119 个例句中，只有 5 个例句不是反断言的，其余都是）。在例（7.2）到（7.5）中，即使保留了评注性状语，也会因省略了联加状语而使让步关系消失，或者至少会变得模糊。不过，除了让步关系之外，一些评注性状语还可以标示其他关系，它们的功能更加独立：通常可以被一个联加状语取代，在某些情况下还可以被一个联加状语强化，但是它们可以在没有联加状语支撑的情况下表明某种关系，省略这些词语一般会影响话语的连贯性。而这种功能表现得最明显的是与预期有关的评注性状语。

（7.8）

All of these sports and many others are dominated by the human urge to aim at something. *Surprisingly*, this aspect of sport is often overlooked when underlying motivations are being discussed. （所有这些运动以及其他许多运动都是由人类追求目标的冲动主导的。令人惊讶的是，这一点在讨论潜在动机时常常被忽视。）

（7.9）

After 10 years of standardization on IBM PC-compatible micros, there should be a healthy UK market for used models. *Curiously*, there seems to be only one big second-hand PC dealer, Morgan Computer, in London. （IBM 电脑兼容微型计算机经过 10 年标准化之后，英国的二手电脑应该会有一个健康的销售市场。奇怪的是，在他看来伦敦只有一家大型二手电脑经销商——摩根电脑。）

在这一类预期关系中，我们可以加入 *unfortunately* 等评注性状语，其否定了前文建立的积极期望。

（7.10）

Our intelligence was almost always better than that of the British. *Unfortunately*, Washington's judgement sometimes disallowed facts. （我们的情报部门几乎总是比英国高明。不幸的是，华盛顿的判断有时是不符合这个事实的。）

（7.11）

We take barrels for granted，and assume there will always be enough of them about for our purposes. *Sadly* there will not be，because there are practically no coopers left in the Western World. （我们不重视制桶，并且认为一直都有足够多的桶来满足我们的需求。遗憾的是，这种情况不会存在了，因为在西方世界，实际上已经没有制桶工人了。）

评论好消息而不是坏消息的评注性状语，如 *fortunately*，也可以以同样的方式使用。在这种情况下，它否定了前文建立的消极预期。①

（7.12）

I had no illusions about our disparate rock-climbing abilities-what he

---

① 当然，坏消息和好消息的评注性状语都可以用来表示消极和积极的预期是否被满足（Winter 的 *and* 关系）。这在积极态度的例句中更常见："Provision of concrete aircraft shelters，command bunkers，and hardened fuel and weapon storage were seen as essentials. *Happily*，a NATO-wide programme of such improvements had been brought to an advanced stage by the spring of 1985"〔提供混凝土飞机掩体、指挥掩体、硬化燃料和武器储存被视为必要条件。庆幸的是，到 1985 年春天，NATO（北约）范围内的此类改进方案已进入后期阶段〕。
在否定情况下，常规使用评注性状语表示否定预期具有更强影响力，并且否定预期实现的关系（语气常常带有讽刺意味）通常用 *and* 来强调："Other people have the itch to dominate children ***and unfortunately*** they can succeed"（有些人想控制孩子，并且不幸的是他们可以做到）。
正如 Winter（载 Huddleston et al.，1968：570）所指出的那样，实现和否定预期都包含在指定预期的小句关系中。因此，在任何一种情况下，评注性状语都可以用于标示某种小句关系。

found easy, I might find bloody desperate! *Happily*, in this case I did not.
（我很清楚咱们的攀岩能力是不同的——他觉得很容易的东西，我可能
会觉得非常绝望！幸运的是，在这种情况下，我没有绝望。）

与这些反预期的信号词相对应，有满足预期的信号词：

（7.13）

Einstein's theory had predicted it would, and that went a great way
toward establishing the validity of general relativity. *Naturally* astronomers
were anxious to make further checks on the theory.（爱因斯坦的理论已经
预言了它的存在，这对建立广义相对论的有效性大有帮助。天文学家们
自然急于对这个理论做进一步的检验。）

（7.14）

In volume terms business virtually stagnated. *Predictably*, the management
blames the recession.（从数量上看，业务几乎停滞不前。不出所料，管
理层将其归咎于经济衰退。）

如上文所言，在信号连接中作者对读者预期的看法至关重要，这一点已
经被 Winter 发现了（Huddleston et al., 1968）。他认为，有三种基本方式可
以将几组小句联系起来，即存在三组小句关系，每一组小句关系都可以单独
出现或与另一组小句关系相联系，它们分别是：逻辑顺序、匹配和预期。对
他来说，but 的核心功能不是标示对比，而是更具体地标示"[两个小句的]
并置与预期的冲突"，而 and 在本质上标示"预期已实现"（Huddleston et
al., 1968：570）。but 和 and 经常用于指定预期和标示某种其他类型的小句
关系（如比较），这往往掩盖了一个事实：与预期相关的功能更为重要。在
语篇的每一个关键节点，作者可以选择表明一个命题是否根据它之前的内容
被预期。在某些情况下，Winter 所说的"中立预期"（neutral expectancy）

没有被采纳，但原则上是可行的。这一见解的重要性在于，由于预期在本质上依赖于作者和读者之间的互动，它将人际关系、评价性判断与更被接受的"外部"逻辑信号词置于同等地位，作为建立语篇衔接的补充方式。一种表明命题的预期性或其他性质的有效方式是通过评注性状语对其进行明确的评论。

表示反预期的例子中〔前文例（7.8）到（7.12）〕，都可以用 *but* 或 *however* 替换评注性状语，例如：

（7.8a）

All of these sports and many others are dominated by the human urge to aim at something. But this aspect of sport is often overlooked when underlying motivations are being discussed.

评注性状语也可以和联加状语一起出现，例如：

（7.10a）

Our intelligence was almost always better than that of the British. Unfortunately, however, Washington's judgement sometimes disallowed facts.

如果 *but* 和 *however* 同时出现，由于 *but* 最初是小句复合体中的一个常规连词，必须先出现；但在书面语篇中，*however* 一般出现在评注性状语之后：

（7.15）

Many children receive some kind of sex education in school. *Sadly*, *however*, it continues to reflect a double standard of morality for men and women.

用这些方法代替或补充评注性状语，在一定程度上明显改变了意义。与例（7.8）相比，例（7.8a）中作者的存在感不是很强——在像例（7.8）这样的情况下，"带有态度的联加状语"的描述似乎最适合用作评注性状语。与例（7.10）相比，例（7.10a）中的评论和连接这两个功能可以说是分开的，而评注性状语发挥了第一个功能，联加状语发挥了第二个功能。然而，这与我们直觉上感知的两个状语的相对权重并不相符：联加状语的出现只是为了加强评注性状语已经建立起来的连接关系。

笔者讨论过用一个联加状语替代或加强评注性状语以保持连贯效果。值得注意的是，在上述任何情况下，即便对表达效果没有产生很大影响，也不能省略评注性状语：

（7.9a）

After 10 years of standardization on IBM PC-compatible micros, there should be a healthy UK market for used models. There seems to be only one big second-hand PC dealer, Morgan Computer, in London. （经过十年IBM 电脑兼容微指令的标准化后，二手电脑在英国应该有一个健康的市场。伦敦似乎只有一家大型二手电脑经销商——摩根电脑。）

（7.10b）

Our intelligence was almost always better than that of the British. Washington's judgement sometimes disallowed facts. （我们的情报部门几乎总是比英国高明。华盛顿的判断有时是不符合这个事实的。）

在例（7.9a）中，预期匹配对比关系（这是第一句中的假设命题与第二句中的真实命题之间的对比，见 Winter，1994）极难辨别，尤其是因为第二句话中的 *seems* 很可能被认为是与第一句中的假设相一致的持续假设的信号词。在例（7.10b）中，省略评注性状语后，并列的两个小句不连贯了，特别是因为否定预期所依赖的重复性在词汇意义上不是很明确〔"our intelligence was better"（我们的情报部门更好）= "we knew more *facts*"（我们知道更多的事实）；"Washington disallowed *facts*"（华盛顿不允许存在事实）〕。评注性状语追溯性地表明，第一句带有预期，而第二句则表达了否定意蕴；没有评注性状语，就没有足够的衔接信号词让读者看到预设的关系。因此，评注性状语本身显然是具有衔接功能的，并且与它们的人际意义有着内在联系。

在表示预期已实现的例句中〔上文提到的例（7.13）、（7.14）〕，上述问题就不是很明显了。即使省略了评注性状语，句子仍然保持连贯性：

（7.14a）

　　In volume terms business virtually stagnated. The management blames the recession. （从数量上看，业务几乎停滞不前。管理层将其归咎于经济衰退。）

然而，在某种意义上，这是可以预测的。*and* 关系比 *but* 关系常见得多（有一个非常粗略和现成的指标，即对一系列语篇词频统计后发现，二者出现的比例大概为 5∶1）；在没有标示出小句之间的关系的情况下，最有可能被假定的是非问题性（即非意外的）增加部分。当然，这就是 *and* 关系〔它最有可能解释例（7.14）中两个句子之间的关系〕。因此，在许多情况下使用某个联加状语，比如 *in addition*，来表示这个关系可以被看作为了强化明晰句子的关系（尤其是通过明确排除这种关系会有所不同的可能性）。使用像 *predictably* 这样的评注性状语也具有同样的强化功能，不过是从人际关系的角度来表现的。事实上，表明一个命题是根据它之前发生的事情进行预期的，可以被视为一种明确的选择——也就是说，传达的不仅仅是简单的积极预期。"不仅仅是"通常〔如例（7.14）〕具有讽刺意味，表明第二个命题是按预期提出的，但不一定是受欢迎或可以被接受的。

假设 – 真实模式

笔者已经在例（7.9）中提到，评注性状语被置于假设和真实之间；例

（7.11）、例（7.12）（第一个命题的假设状态分别以 *assume* 和 *might* 标示）亦是如此。在这些情况下，假设－真实模式（Hypothetical-Real pattern）是通过匹配矛盾关系来呈现的，① 严格地说，评注性状语直接标示了这种关系，而不是假设－真实模式。然而，假设需要存在一个对可能性进行假设评估的人，因此，假设性命题通常需要引用观众〔如例（7.11）〕和/或作者〔如例（7.12）〕的信念来表示。因此，评注性状语也可以用来预先表明一个命题是假设性的：

（7.16）

Ostensibly, he is a walking exemplar of change. When we look more closely, however, we find that he has stayed on the same job. （*表面上，他是创新的典型代表。然而，当我们更仔细地观察时，发现他一直在做同样的工作。*）

真命题同样可以通过评注性状语来标示：

（7.17）

I allowed Jefferson to think that I favoured his so-called principle. *Actually*, I have always preferred a judiciary independent of the other two branches of government. （我让杰斐逊认为我赞成他所谓的原则。实际上，我一直倾向于有一个独立于其他两个政府部门的司法系统。）

（7.18）

Boycott's detractors talk as if trouble only began in the dressingroom

---

① 关于小句关系和话语模式的区别，见 Hoey（1983）。假设－真实关系是一种话语结构而不是一种小句关系，即它提供了一个更宽泛的语境，在这个语境中，诸如矛盾或对比之类的小句关系在发挥作用。然而，它仍然是建立在语篇两个部分之间关系的基础上，其中存在的任何信号词都有助于语篇的衔接。

when the balding bespectacled youth from Fitzwilliam played his first game. *In fact*, Willie Watson left the county for Leicester and his best years back in 1957. （抵制运动的批评者说，当这位来自菲茨威廉的秃顶、戴眼镜的年轻人第一次上场比赛时，在更衣室里麻烦才刚刚开始。事实上，1957 年，威利·沃森离开了莱斯特郡，迎来了他最辉煌的岁月。）

有时，笔者发现成对的评注性状语会同时作用于标示假设和真实：

(7.19)

　　Ostensibly, I was teaching acting to a group of English professionals; in fact, they were teaching me.（表面上，我在教一群英语专业人士表演；事实上，他们在教我。）

人际评价与语篇衔接之间的这种联系是小句关系法所固有的。Winter 和 Hoey 对连接的看法比传统观念中的"连接词"内涵更宽泛，他们证明了连贯性并不局限于客观的逻辑联系，并且衔接的使用范围更为广泛。对他们来说，所有的连接都是作者和读者之间沟通协商的问题〔见 Hoey 的《论话语表征》（*On the Surface of Discourse*, 1983）中对问答的使用〕。在他们讨论的关系中，有一些关系特别依赖于人际意义，假设 – 真实型关系是其中之一：Winter 将其描述为"一种基本的语篇结构，我们用它来转述对他人或自己的陈述所感知到的真相的反应"（1994：63）。

替代关系

另一个人际评注性状语似乎还可以发挥衔接作用的语场是，两个或两个以上的小句被解释为对同一事件的另一种可能的解释，尽管可能不那么明显。与广义上属于 *but* 或 *and* 语义范畴的预期关系不同，这种关系本质上是一种 *or* 关系。

（7.20）

There are always police sirens going and army jeeps roaring past. *Maybe* they are coming to break up the lecture. *Maybe* they are shooting our friends. We don't know. （警笛不绝于耳，军用吉普车呼啸而过。也许他们是来打断讲座的。也许他们在枪杀我们的朋友。我们不知道。）

（7.21）

Saturday night's rioting in London may have been quite different from earlier riots. *Perhaps* this time it was planned. *Perhaps* it was organized. *Perhaps* the crowd started it. *Perhaps* the police were the innocent victims of the cowardly, vicious and criminal attacks of people who 'went to the demonstration to make a riot' as Neil Kinnock put it yesterday. *Perhaps* this time the violence was mindless and the looting indiscriminate. （周六晚上的伦敦暴乱可能与之前的暴乱大不相同。也许这一次是有计划的。也许这是有组织的。也许是人群引起的。也许警察是那些懦弱、恶毒、犯罪分子袭击的人的行为的无辜受害者，这些人"去示威游行制造骚乱"，就像尼尔·基诺克昨天所说的那样。也许这次的暴乱是盲目的，掠夺是不分青红皂白的。）

在例（7.20）和（7.21）中，两种选择可能相互排斥，也可能不会：例（7.21）中的暴乱既可以是"planned"（有计划的），也可以是"organized"（有组织的），但是如果同时描述为"planned"（有计划的）和"indiscriminate"（不分青红皂白的），就有点奇怪了。因此，*or* 关系可能倾向于对比（排他）或兼容（不排他）。在某些情况下，更倾向于对比：

（7.22）

But just as the Renaissance science of expression had tumbled into mannerism, so too did the new abstract expression. *Arguably*, it was even

201

more prone to do so because... （但是，正如文艺复兴时期的表达科学陷入了矫饰主义一样，新的抽象表达也陷入了同样的困境。可以说，它更倾向于这样做是因为……）

在这里，作者首先强调了两种表达方式的相似性，但随后提出了另一种可能替代它的观点，强调了两者的差异；这两种观点中只有一种是正确的。这种兼容和互斥之间的转换通常是典型的 *or* 关系（见 Quirk et al.，1985：932 - 3），因此，这组句子中的评注性状语与联加状语（例如 *alternatively* 或 *instead*）的使用范围十分相近。

为了理解评注性状语如何以这种方式发挥作用，笔者必须像让步性评注性状语一样，把它们和其情态意义联系起来。如果某事可能发生，另一种说法——它也可能不会发生——是其内在含义（*may* 通常用于非正式地表达50%的确定性）。因此，通过评论一个命题的情态，作者同时暗示了一个备选项的存在。在某些情况下，这种含义可能没有被使用，但在其他情况下，如上面的例子，替代关系的存在是明确的，并且评注性状语表明了其就是小句的解释方式。

其他情况

到目前为止，从笔者所探讨的例句来看，评注性状语具有某种连接功能基本上没有争议。然而，笔者必须强调一点，（还）无法断定对评注性状语的所有用法都是正确的。在很多例子中，仍很难辨别其连接功能，并且可以认为评注性状语基本能发挥传统意义上的作用，从而将作者的评论作为一个单独的、可分离的元素传达，因此在某种意义上，"评注性状语"并不是其所在小句真正必要的组成部分。

(7.23)

Timothy Blauvelt, the college Unitarian chaplain, presided. *Naturally*, Ray Stratton was there, and I also invited Jeremy Nahum.

（7.24）

A male impersonator is almost unheard of today, though in the late Victorian era, when women were still forbidden by custom to wear male dress, they were common on the stage. *Interestingly* enough, women who wear men's clothes usually dress like gentlemen, or even like aristocrats, whereas men who dress in women's clothes seldom look like ladies.

（7.25）

By and large the function of educating public opinion, in all but a handful of western countries, is going by default. *Significantly*, the three countries with the best aid performance also spent most on education about development.

当然，在这些情况下仍然需要解释的是，为什么作者觉得有必要在语篇的某处加上个人评论。笔者的基本立场是，这种脱节明显缺乏连贯性信号词作用，很可能主要缘于人们尚未完全建立起关于人际连贯性的图景。对连接的研究（除了 Winter 和 Hoey 的学术著作，以及它在修辞结构理论中的延伸，如 Mann & Thompson，1988）很大程度上受到了限制，主要集中在可以通过连词或联加状语标示的小句之间的关系。事实上，在迄今为止的讨论中，笔者在很大程度上依赖于各种连接手段，基于此，笔者可以将评注性状语与标示相同或相似关系的联加状语进行比较。然而，从例（7.23）到（7.25）来看，笔者认为很难确定评注性状语的连接性功能，因为它们标示的是一种连接，对此无法通过联加状语替代编码（这就难以用简单明确的方式标示或解释关系了）。

比如，例（7.25）的两个句子明显是相互联系的，而评注性状语也十分有助于帮助人们感知连贯性（如果将其删除，则会增加辨别两者相关性的困难）；但是，笔者尽最大努力去描述这种相关性的形式，结果却还是多走弯路了。第二句明确地提到了第一句中的"handful of western countries"

（少数西方国家）以及关于援助的 "educating public opinion" （舆论教育）的想法，但这里提到 "best aid performance" （最佳援助表现）的原因并不清楚。然而，第二句话引发了一个更大的争议，当呈现更多原文时，争议也就出现了：

（7.25 +）

Attitudes like these stems from chauvinistic ignorance of the extent of need in the Third World. Instead of blindly following public opinion, political leaders ought to attempt to change it. Ethnocentric education systems could help by teaching children about the problems of three quarters of the human race. By and large the function of educating public opinion, in all but a handful of western countries, is going by default. Significantly, the three countries with the best aid performance also spent most on education about development. ①

最大的矛盾点是，令人满意的援助表现与舆论教育是相辅相成的：如果人们更好地了解援助，他们就会更愿意提供帮助。在这个论证中，位于句首的 *Significantly* 是评价的依据，还要结合例（7.25 +）的前三句中 "具体" 相对于 "整体" 的作用（见 Winter，1994 关于多重小句关系的论述）。就其本身而言，*Significantly* 并不标示这些关系（很难想到哪个词项具有这样的功能）；它所表达的意思是这样的："以下命题与我上面所说的内容有重要联系，而你作为读者，可以根据语篇中的其他信号（重复等）来判断。"

---

① 译：这种态度源于沙文主义，其对第三世界的需要程度一无所知。政治领导人不应该盲目地听从公众意见，而是应该尝试改变它。种族中心主义教育系统可以帮助孩子们了解人类四分之三的问题。总的来说，舆论教育的功能，除了少数几个西方国家之外，在大多数国家都是默认的。值得注意的是，援助表现最好的三个国家在关于发展的教育方面投入的也最多。

正在建立的联系的一个方面是，没有联加状语能够发挥标示这种关系的功能。其重要性在于，笔者实际上主张，有些类型的连接关系只能通过评注性状语来标示。这与传统的连接分析方法相违背，但它符合 Winter 和 Hoey 的小句关系法。该方法从假设任何小句（在可能连贯的语篇中）都与前面的一个小句或多个小句存在某种关系开始。这也符合他们的观点，即作者和读者在每一个论点上的协商都具有连贯性，在例（7.25）关于 *Significantly* 的讨论中表现得尤为明显。

此处仍然不能说明所有的评注性状语都有连接性功能。笔者已经确定了至少两种似乎没有该功能的用法。第一种较多出现在叙事中。

（7.26）

The next actor to come on stage in our little amorality play was the good Doktor Rudolph Koenig. One of the managing directors of the Swiss Bank Corporation. *Surprisingly*, he came directly to me. （下一个上台的演员是善良的多克托尔·鲁道夫·凯尼格。瑞士银行公司的董事之一。令人惊讶的是，他直接向我走来。）

在这类情景下，评注性状语可以被描述为"个体的"而不是"人际的"。也就是说，它表达的是作者在事件发生时的反应，如 *surprise*（惊讶），而不是作者在写作时对该命题的评论。然而，举例来说，例（7.10）中的 *unfortunately* 可以被解释为"it is unfortunate that"（在此即使事件发生在过去，也可以使用动词现在时），对例（7.26）最合适的解释似乎是"I was surprised that"（动词形式为过去式——译者注）。因此，这种评注性状语的用法更接近于具有概念功能，描述真实场景的事件（碰巧包含感受），而不是解释与读者的互动。就笔者的论点而言，很明显，它没有任何连接性信号词功能，可以将其省略，不影响语篇的衔接。

第二种评注性状语用法，Quirk 等人（1985：615）将其划归为"语体"

（style）评注性状语。在很多情况下，它们基本能真正地发挥评注性功能，因为它们的部分功能似乎可以用于表明缺乏明确的逻辑联系。

（7. 27）

The SDP began life as a breakaway party of Parliamentarians：all chief and no Indians. When 60000 activists rushed to join, two-thirds of them with no previous party allegiance, the leadership was wholly unprepared. *Broadly*, the social democrats were the baby boom generation of the postwar years who were students in the sixties. ①

（7. 28）

The children are divided into three age groups：the youngest range from five to seven, the intermediates from eight to ten, and the oldest from eleven to fifteen. *Generally* we have a fairly large sprinkling of children from foreign countries. ②

在这些例子中，对读者的暗示似乎是，由评注性状语引出的句子将被解释为继续前一句的主题，而不是与之有特定的连接关系。有趣的是，省略评注性状语似乎会凸显缺乏联系，使语篇表达显得生硬或不连贯：这或许应该被看作作者公开承认存在与自己意见相左的观点，从而预先阻止读者反对。将这种评注性状语与主位环境附加状语（thematic circumstantial adjuncts）进行比较可能是有用的，后者的主要功能是在同一主题中标示框架结构的变化（Davies，1997）：

---

① 译：社会民主党最初是由国会议员组成的一个分离出来的政党：全是酋长，没有印第安人。当 6 万名积极分子匆忙加入时，其中三分之二的人以前没有效忠过任何党派，领导层对此完全没有准备。*总的来说*，社会民主党人是出生于战后婴儿潮的一代人，是 60 年代的学生。

② 译：孩子们被分成三个年龄组：小的 5～7 岁，中间的 8～10 岁，大的 11～15 岁。*总体来说*，我们有很多外国孩子。

（7.29）

The foul led to an ugly 21-man scuffle—an incident which Warrington referee Joe Worrall will NOT be officially reporting. *Afterwards* Fergie blazed：'Pointon made a stupid challenge. He tried to do the boy harm.'[①]

例（7.30）中，这种可能存在的相似性表现得更为明显，因为第一句是由一个环境附加状语引出，该附加状语的含义与第二句的评注性状语的含义大致相同：

（7.30）

In most cases a legal agreement must be signed before occupation. *Generally* a deposit of one month's rent is required.[②]

一种认识这种评注性状语功能的方法是，就像一些评注性状语"人际化"了连接，其他评注性状语则"人际化"了框架。这一领域显然需要更详尽的研究——尤其是连接和框架之间的关系——才能得出明确结论，但人际交往框架的假设确实契合了正在兴起的拥有更广阔前景的连贯－信号词策略领域。

结论

基于本章研究，笔者认为只有在命题连贯的概念与评价连贯的概念相辅相成的情况下，才能充分理解语篇中的连贯性，并且，除此之外，还包括对评注性状语的连接性功能的认识。要强调的是，目前的相关研究仍在探索阶

---

① 译：这次犯规导致一场 21 人的扭打混战，而沃林顿的裁判乔·沃拉尔将不会对这次事件进行官方报道。赛后菲姬怒斥道："波因顿提出了一个愚蠢的挑战。他想伤害这孩子。"

② 译：在大多数情况下，占用房屋前必须签署一份法律协议。一般需要预付一个月的租金作为押金。

段，还不是结论性的。例如，笔者有意把自己限制在对位于句首的评注性状语的考察上。当其不在这一位置上时，其他影响这个功能的因素似乎会取而代之；笔者更倾向于在将分析扩展到更复杂的情况之前，建立一个关于与其他类型的连接相比更直接的情况的更清晰的图景。此外，出于明显的例证原因，笔者上文讨论的连接类型，大多是评注性状语标示作用基本没有争议的类型；但在笔者的数据中仍有大量不太明确的例子。正如"其他情况"一节所述，笔者认为这主要是因为目前对连接的理解还需要进一步深化和完善。

顺便提一下，笔者提出的观点似乎与系统功能语法的假设，即四种元功能——人际功能、经验功能、逻辑功能和语篇功能——在很大程度上是由不同系统实现的（见 Halliday & Hasan，1985：第二章；Martin，1992a：第一章），并不完全一致。从 Halliday（1994）对小句中的三种元功能的介绍，笔者可以清楚地看到，选择一个元素，如主体（人际关系）、行动者（经验）或主题（语篇），会连带出三种选择，至少在分析中可以将这三种选择分开探讨，即主体的选择本身并不决定主题或行动者的选择。比如在例（7.31）中，主体和行动者 I（我）是同一个元素，但主题 Ten quid（10 英镑）是由另一个元素体现的：

（7.31）

    Ten quid I spent on that rubbish. （我在那破东西上花了 10 英镑。）

同样，对逻辑关系的语篇信号词通常是根据诸如 so 和 nevertheless 之类的元素来讨论的，然而这些元素在经验和人际功能的分析中并不常见（见 Halliday，1994：378）。不过，在本章所阐述的观点中，评注性状语并不仅仅发挥两种功能——人际功能和语篇功能。语篇功能直接派生自人际功能。比如说，要表达一个相比于前面令人惊讶的命题，就标示作者明确地介入了语篇；而人际评论本身表达了两个命题之间的逻辑关系，从而起到了标示衔接的作用。因此，尽管例（7.31）中的 I（我）不是主语，因为其是行动者，评注性状语却似乎是衔接性信号词，因为其表达了人际意义。这就质疑了将元功能视为由不同系统本身表现的理论基础，尽管其含义超出了本章讨论的范围。

本章有一些一直在讨论的重要主题。一个是强调把组织和结构看成由作者和读者互动协商创造出来的，而不仅仅是命题之间客观逻辑关系的反映。从这个角度来看，人际评注性状语在标示连接手段中的作用是可以理解的——甚至是可以预测的。正如上文"让步关系"一节中提到的，评注性状语有助于形成 Bakhtin 所说的"对话的泛音"：它们唤起了作者的存在感和作者对读者的关注。因此，作者可以利用它们，使实际上是独白的东西读起来像一个对话，从而形成更适合读者的语气。

与此密切相关的是评注性状语标示作用中可被称为相对"扩散性"（diffuseness）的主题。"其他情况"一节中有对其进行重点讨论，笔者在"让步关系"一节中分析评注性状语时也有涉及。人们常常在由联加状语或连词所标示的关系如何进行分类的问题上存在分歧（见 Martin 1992 年关于不同语言学家提出的不同分析方法的论述），但无论在各种特定语境下确定这些关系究竟如何运作有多难，广义关系的定义还是合理的。另外，如前所述，评注性状语似乎以一种不太容易定义的方式起着衔接的作用。在交际术语中，这种扩散性不一定是负面的表征。事实上，对于作者来说，评注性状语的优点之一可能是，它们可以常常用于标示存在一个联加状语都无法充分表达出来的复杂关系。或许，通过公开地吸引读者，评注性状语在构建连贯性时激发了作者和读者协商合作，而联加状语则反映了作者的一个更重要的作用，因为它们引导读者走向其已经设定的连接类型。如果是这样，它表明在一般约束条件下，专业的作者可能会在试图告诉读者接下来要往哪发展（通过联加状语和其他经验指向的信号词）与要求读者合作制定发展路线（通过评注性状语和其他人际指向的信号词）之间取得平衡，以生成一个有目的性但又不过度引导的语篇。无论评注性状语的"扩散性"和"激发合作的作用"是否值得在未来研究中继续探索，笔者都认为，在充分考虑可用于构建对读者而言具有连贯性的语篇的语言资源时，不可忽视它们的衔接功能。

第八章 超越交流：英语的评价系统

J. R. 马丁（J. R. Martin）

编者按

Martin 在本章考察了评价性词汇，其用于表达说话人或作者对好/坏参数的看法。他的研究基于传统的系统功能语言学；因此，其叙述也是以系统的方式展开的：说话人或作者能够使用的一系列选择，包括可以并且通常在特定语境中表达的意义，以及表达这些意义的语言方式。

用来表述意义潜势部分的整个选择系统被称为评价（*APPRAISAL*，系统主要构成要素用大写字母标注）。其中，选择各种各样的词汇被视为解释（即表达并同时"创造"）小范围的反应类别。情感（*AFFECT*）是其主要类别或子系统，用于感情，比如 happiness（快乐）、fear（恐惧）等的表达。与此相关的是两个更具体的子系统：判断（*JUDGEMENT*）子系统，用于对行为的道德评估，比如 honesty（诚实）、kindness（善良）等，以及鉴赏（*APPRECIATION*）子系统，用于美学评估，比如 subtlety（微妙）、beauty（美丽）等。Martin 以多种方式将它们与其他意义联系起来。其中之一就是通过介入（*ENGAGEMENT*）的方式。这是一个选择系统，用于表明说话人对所表达的评价的表态程度，并通过情态和相关系统表达，从而再次强调评价的这些不同方面之间的密切联系。

评价系统的另一种连接方式是通过冗余的专业概念：每个系统都与词汇语法中的其他系统"相辅相成"（简单地说，就是它们使用不同的语言资源覆盖相同的语义部分）。例如，鉴赏的意义，如 *the film was very **sad*** （这部电影非常**悲伤**）在语义上与情感的心理过程密切相关，如 *the film **moved** me to tears* （电影让我**感动得落泪**）——参见 Halliday （1994） 关于及物性（transitivity） 的研究。这使得 Martin 提出了铭记性评价和引发性评价①之间存在重要区别的假设。铭记性评价是明确地在语篇中表达态度，如 *a **bright** kid* （一个**聪明的**孩子）、*a **vicious** kid* （一个**邪恶**的孩子），而引发性评价则是通过引用事件或状态来预测评价反应，这些事件或状态通常是受到赞赏的，如 *a kid who **reads a lot*** （**读过很多书**的孩子），或不被赞同的，如 *a kid who **tears the wings off butterflies*** （**扯下蝴蝶翅膀**的孩子）。

接着，将对评价资源 （appraisal resources） 的系统描述，作为探究对话者 "如何以及为什么" 在口头和书面语篇摘录大量内容进行评价的依据。Martin 探讨了资源配置问题，将其作为意义协商的一个组成部分。例如，他展示了不同语境可能利用不同选择组合的方式，并研究了说话人如何利用不同评价范畴为自己构建特定的人物角色。他还强调，态度的表达并不像人们常说的那样仅仅是说话人 "评论" 世界的 "个人问题"，而是真正的人际问题，因为提出意见的根本原因是要引起受众 （addressee） 一致性的回应。

如 Hunston （在本书） 提到的，Martin 关注的是表明 "评价在操作上是复杂的"，但它可以被简化成几种基本选择 （从积极的意义上说，就像一个人减少一种酱汁来浓缩味道一样）：起初看起来是一组难以协调的词项，结果却是可以系统组织起来的。关键是，他证明了这些选项集在语言意义潜势上始终与其他选项集相关。因此，从词汇的角度来看评价，并不意味着要将其边缘化，就像在传统的态度词汇中一样；正相反，它被给予了充分的重视，既作为评价的中心内容，又作为意义协商的一个重要部分，而意义协商是所有交流的核心。

---

① 译者注：关于铭记性评价 （inscribed appraisal） 和引发性评价 （evoked appraisal） 的翻译采用魏榕的说法。见魏榕《基于语料库的有益性话语评价语义系统建构研究》，《西安外国语大学学报》2019 年第 2 期，第 43 ~ 48 页。

超越协商

在系统功能语言学（Systemic Functional Linguistics，简称"SFL"）中，通常基于语法探讨人际语篇语义。也就是说，诸如语气（MOOD）和情态（MODALITY）之类的小句层次的人际系统已经成为（言语功能、交换结构等的）话语模式发展的起点（Halliday，1984；Ventola，1987）。Martin（1992a：31–91，461–88）记载了20世纪80年代前后在悉尼大学语言学系进行的一次探索。本章将探讨一个互补视角的发展，其建立在"评价性"词汇的基础上，20世纪90年代该类词汇在悉尼地区逐渐形成并演进。①

一般而言，以语法为基础的传统强调把对话视为一种商品、服务〔见例（8.1）②〕或信息〔见例（8.2）〕的交换，在发起或回应中给予或要求。③ 会话被作为一系列的动作进行分析，在某些语域中，这些动作可以有效地构成一个交换（Ventola，1987：Eggins & Slade，1997）——通常以语法证据为基础，如小句语气（陈述式、祈使语气等）、人称、省略性、音调（语气与声调的关系；Halliday，1994）、人际附加状语、称呼语和语法隐喻现象（直接和间接言语行为；Martin，1995a）。正如Martin（1992a）所述，涉及的语篇变量是从语气语法中提炼出来的，情态被视为协商正负极性之间语义的一种资源（见Halliday，1994：88–92，354–63）。

（8.1）交换商品和服务

FRANK. Would you-erm-would you like to sit down?

RITA. No! Can I smoke?

---

① 在众多的参与人员中，笔者特别感谢琼·若塞瑞（Joan Rothery）和皮特·怀特（Peter White）为搭建本章引言框架所做的工作。

② 例（8.1）～（8.5），例（8.9）～（8.11），例（8.14）～（8.20）都选自威利·罗素的话剧《凡夫俗女》，由于篇幅原因，大部分的舞台说明都被省略了，在几个地方缩短了语篇，虽然对全文的完整分析在细节上有差异，但在本质上没有区别。

③ 关于这一观点的有价值的解构，见蒂博（Thibault）（1992，1995）。

FRANK. Tobacco?

RITA. Yeh. Was that a joke? Here-d' y' want one?

FRANK. Ah-I'd love one.

RITA. Well, have one.

FRANK. I-don't smoke-I made a promise not to smoke.

RITA. Well, I won't tell anyone.

FRANK. Promise?

（8.2）交换信息

RITA. What does assonance mean?

FRANK. What?

RITA. Don't laugh at me.

FRANK. No. Erm-assonance. Well, it's a form of rhyme. What's a-what's an example-erm-? Do you know Yeats?

RITA. The wine lodge?

FRANK. Yeats, the poet.

RITA. No.

FRANK. Oh. Well-there's a Yeats poem, called 'the Wild Swans at Coole'. In it he rhymes the word 'swan' with the word 'stone'. There, you see, an example of assonance.

RITA. Oh. It means gettin' the rhyme wrong.

FRANK. I've never really looked at it like that. But yes, yes you could say it means getting the rhyme wrong.

SFL 处理这类语篇数据的方法，往往忽略了评价的语义会话者的感受、做出的判断，以及对自己经历的各种现象的重视。例如，例（8.3）中，Rita 试图分享她对 Frank 老师房间的感情反应以及从他窗户看到的景色。

(8.3) 情感（AFFECT）——感情；对行为、语篇/过程、现象做出反应

RITA. I *love* this room. I *love* that window. Do you *like* it?

FRANK. What?

RITA. The window.

FRANK. I don't often consider it actually.

例（8.4）中，Frank 表明了他对 Rita 接受他骇人听闻的教导是否合适的判断。

(8.4) 判断（JUDGEMENT）——道德；评价行为

FRANK. And the thing is, between you, me and the walls, I'm actually an *appalling* teacher. Most of the time, you see，*it doesn't actually matter-appalling* teaching is *quite in order* for most of my *appalling students*. And the others manage to get by despite me. But you're different.

在例（8.5）中，Rita 评价了她一直在读的非规范语篇，再次尝试与 Frank 分享她的评价。

(8.5) 鉴赏（APPRECIATION）——美学；评价语篇/过程、现象

RITA. Y' know，Rita Mae Brown who wrote *Rubyfruit Jungle*? Haven't y' read it? It's a *fantastic* book.

显然，这种对话不仅仅是简单地交换商品、服务或信息。通过更细致地解读会发现，感情、判断和价值是可能发生协商的地方。事实上，正如下文将要看到的，Rita 在剧中这个阶段的谈话方式的一个基本层面是，她倾向于通过明确邀请 Frank 分享她的评价与 Frank 建立相互支持的关系。Frank 则一贯拒绝就这些条件进行一致性协商。除了以语法为基础的交换模式之外，我们还需要详细阐述以词汇取向的系统，以适应这些额外的应答维度。

系统模型化评价

评价（*appraisal*）一词在这里指的是用于沟通情绪、判断和评价的语义资源，以及级差（amplification）和介入这些评价的资源。可替代的理论框架中可比的研究领域包括 Labov（1972，1984）关于叙事的评价和强度方面的研究、Biber 和 Finegan（1988，1989）对一系列语域中的立场的研究，以及Chafe（1986）[①] 对言据性的研究等，相关资源均涉及分级，即所涉及的意义可以按程度调整，以反映评价的强度（参见 Martin，1992b）。本章将着重探讨三个系统：情感、判断和鉴赏。情感系统是用于解释感情反应的资源〔happiness（快乐）、sadness（悲伤）、fear（恐惧）、loathing（厌恶）等〕；判断系统用于解释行为的道德评价〔ethical（道德的）、deceptive（欺骗性的）、brave（勇敢的）等〕；鉴赏系统解释了符号性语篇/过程和自然现象的"美学"品质〔remarkable（卓越）、desirable（可取）、harmonious（和谐）、elegant（优雅）、innovative（创新）等〕[②]。

有些语篇会强调三个评价系统中的某一个系统。例（8.6）强调的是情感系统，该语篇选自澳大利亚一家育儿杂志的"敏感的新时代男人"（邋遢爸爸）栏目。情感意义适合情感语法框架，例如 *I delighted in her*（我喜欢她），*She delighted me*（她让我高兴），*I was delighted by her*（我为她高兴）（Halliday，1994；Matthiessen，1995）。

[①] 相近学科领域中最相关的可能是哈雷（Harré）（1987）和鲁茨（Lutz）（1988）的研究。

[②] 根据本章假设的人际语篇语义系统模型，评价（APPRAISAL）的资源是三大系统之一，另外两个是协商（NEGOTIATION）和参与（INVOLVEMENT）（如 Martin，1997a 所述）。协商涉及言语功能和交换结构（Ventola，1987）；参与涉及涵盖和排除对话者的不可分级的资源，通过技术和专业词汇、禁忌词和脏话、俚语（包括反语言；参见 Halliday，1976）和命名（Poynton，1984）体现。评价、协商和参与系统解释了语域变量基调，它涉及对话者之间持续的权力关系（平等/不平等地位）和一致性（近距离接触/远距离接触）的持续重构（见 Poynton，1985；Martin，1992a）。

（8.6）情感（AFFECT）——感情；对行为、语篇/过程、现象做出反应

At last, you are in dreamland. My Goddess of Laughter, the Princess-of-all-that-is-Good. Your skin so smooth and soft. The squeals of sheer and utter joy that you unleashed only a few hours ago echo in my mind. I had to come and look at you. It is all I can do not to reach out and kiss you. But my feelings can't afford for you to wake again.

You cried so hard after we put you down. My heart hurt. It was all I could do not to rush to your side. And then you screamed your cry. I had to come to your door. You had no idea, but I was only feet away. Wanting. Wanting to hold you in my arms. You would have settled within seconds-but it would have been for my benefit, not yours. (*Mother and Baby*, June/July 1994 Sydney. The Dad Department.)

例（8.7）（在笔者所分析过的最长的名词词组中）凸显的是判断系统；该专栏作者评论说，澳大利亚政客不愿意在臭名昭著的亚瑟港大屠杀之前出台严格的枪支法。判断意义适用于评论行为的语法框架，例如：*It was cowardly of them to do that*（他们这样做是懦弱的），*For them to do that was cowardly*（对他们来说这样做是懦弱的），*I consider that cowardly*（我认为那是懦弱的）。

（8.7）判断（JUDGEMENT）——道德；评价行为

For too long-far too long-capricious, cautious, chicken-livered, cowardly, craven, duck-brained, dim-witted, faint-hearted, gutless, gormless, ignorant, indecisive, irresolute, jelly-backed, limp-wristed, namby-pamby, negligent, obdurate, opportunist, perfunctory, poltroonish, pusillanimous, shallow, shameless, spineless, squeamish, timid, weak-kneed, vacuous, backsliding, bending, bickering, cheating, compromising, cringing, deal-doing, dillydallying, dithering, equivocating, failing, faking, faltering, fiddling, fidgeting, grovelling, hesitating, kowtowing, lying, obfuscating, obstructing, oscillating, paltering, pandering, posturing, quitting, quivering, resiling, see-sawing, shilly-shallying, slithering, squabbling, swivelling, tergiversating, teetering, tottering, twisting, vacillating, wavering, weaseling, wobbling, yellowing politicians have buckled to the gun lobby. (Mike Carleton, *Sydney Morning Herald*, Saturday 4 May 1996, News Review, p. 361)

例（8.8）突出显示了鉴赏系统。这是一位美食作者对悉尼公认的最佳餐厅的评论。鉴赏通常由态度形容词修饰一个或另一个制度性语场的价值对象来实现。

(8.8) 鉴赏（APPRECIATION）——*评价语篇/过程、现象*

Summary：Wow. Incredible. Amazing. Fantastic. Marvellous. Tetsuya's is a modest, comfortable restaurant with some of the best cooking in Sydney. This is food for a mature and intelligent civilisation, and it deserves any superlative you can throw at it. A new and highly immodest wine list now completes the experience. TETSUYA'S... (Eat Out, Terry Durack, *Sydney Morning Herald*, Tuesday 7 May 1996, Good Living, p. 3)

一般来说，情感、判断和鉴赏都是感受的编码。情感也许能被视为一个基本系统，然后在两个主要的非常识性话语范围中制度化。就判断而言，情感被重新定义为行为的评价矩阵（evaluation matrix），以控制人们的行为。而在鉴赏系统中，情感被重新定义为行为产物（和自然奇观）的评价矩阵，以评价人们所取得的成就。用 Halliday 的话说，判断把感受制度化为建议（关于行为的），而鉴赏则把感受制度化为命题（关于事物的）。图 8-1 为这些内容再语境化的大致图式。

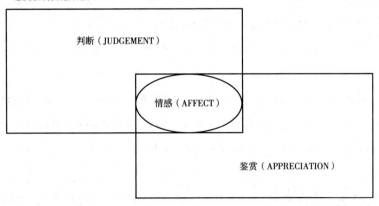

图 8 − 1　作为制度化情感的判断和鉴赏

除了这三种评价资源外，我们还需要思考调整说话人对言论表态（介入）的系统。下面例子中，Frank 明确使用主观情态隐喻（Halliday，1994：358）规避他的回答（在这个过程中他激怒了 Rita）。

（8.9）介入（ENGAGEMENT）——用于分析情态责任的资源

RITA. That's a nice picture, isn't it?

FRANK. Erm-yes, *I suppose* it is-nice...

RITA. It's very erotic.

FRANK. Actually *I don't think* I've looked at it for about 10 years, but yes, *I suppose* it is.

RITA. There's *no suppose* about it.

评价资源还包括用于分级评价（级差）的系统，如第一个示例中增大音量，或第二个示例中降低音量。

（8.10）*级差*（AMPLIFICATION）——升级或降级的资源

RITA. Y'know when I'm in the hairdresser's-that's where I work-I'll say somethin' like, 'Oh, I'm *really* fucked', y'know, dead loud. It *doesn't half* cause a fuss.

FRANK. I've *never really* looked at it like that. But yes, yes *you could say* it means getting the rhyme wrong.

笔者对评价资源的关注起因于在中学和职场扫盲方面的研究，最初是关于评价在叙述中的作用研究（Martin，1996，1997b）。后来，笔者将注意力转向文学批评中的评价、媒体、科学，历史语篇中的客观性问题，创造性艺术中的价值观念，以及行政管理话语中的责任来源（关于这项研究的概述，见 Christie & Martin，1997）。在 SFL 范式下，笔者需要一个全面综合的评价资源图式，以便在语篇分析中系统地配置这些资源，在语篇叙述展开时理解评价性词汇的修辞效果，并且能更好地理解语言模型和正在发展的社会中，特别是在团结一致的语域中（即同理心和归属感的资源），人际意义和社会关系的相互作用。

情感系统

情感系统是解释感情的语义资源。为了进行语篇分析，按照 SFL 描述原则，笔者一直在建立关于该资源的整体框架。笔者的思路是整体和特定文化兼具，这一点与韦日比茨卡（Wierzbicka）（1986）不同，他倾向于每次专注于一种跨语言和文化的感情，以期开发一套通用的语义原语。与拉科夫（Lakoff）（Lakoff & Kòvecses，1987）也不同，笔者没有对词项进行详细研究，包括词汇隐喻，其围绕所有情感变量阐述一系列意义。

在建立该框架时，笔者涵盖了一系列的表现，大体上与 Biber 和 Finegan（1989）的研究内容有一定可比性。用 Halliday（1994）的术语来说，具体包括：

• 作为"品性"的情感

描述参与者	a *happy* boy	修饰语（Epithet）
为参与者所有	the boy was *happy*	属性（Attribute）
过程方式	the boy played *happily*	环境（Circumstance）

• 作为"过程"的情感①

| 心理上的情感 | the present *pleased* the boy | 过程（有效态）（Process, effective） |
| 行为上的情感 | the boy *smiled* | 过程（中动态）（Process, middle） |

• 作为"评论"的情感

| 能愿动词 | *happily*, he had a long nap | 情态附加状语（Modal Adjunct） |

通过对情感进行分类，笔者关注了以下要素：

（1）文化层面普遍认为这些感受是积极的（愉快的体验）还是消极的（最好避免的坏情绪）？在此，笔者不关心某种特殊意义的心理框架对某种感情的价值〔例如，"It's probably productive that you're feeling sad because it's a sign that..."（你感到悲伤可能是有益的，因为这是一种信号……）〕。

| 积极情感 | the boy was *happy*（男孩是快乐的） |
| 消极情感 | the boy was *sad*（男孩是悲伤的） |

---

① 包括一些关系型例子，例如 *I'm pleased that...*（我很高兴……），*it's pleasing that*（令人高兴的是……）。

（2）这些感受是作为一种情绪的涌动而实现的，涉及某种具体的副语言或语言外表现，还是更具韵律性地体验为一种倾向或持续的心理状态？从语法上讲，这种区别被看作行为过程〔如 *she smiled at him*（她对他微笑）〕与心理过程〔如 *She liked him*（她喜欢他）〕或关系过程〔如 *She felt happy with him*（她和他在一起感到高兴）〕之间的对立。

行为高涨　　　the boy *laughed*（男孩大笑）

心理倾向　　　the boy *liked* the present/the boy felt *happy*（男孩喜欢礼物/男孩感到开心）

（3）这些感受是针对某种特定的外部力量（通常是有意识的）或对该外在因素做出反应，还是一种普遍持续的情绪？人们可能会提出这样一个问题："你为什么有这种感觉？"然后得到的答案是："我不确定。"

对其他人的反应　　the boy *liked* the teacher/the teacher *pleased* the boy

（男孩喜欢那位老师/老师让男孩感到高兴）

无意识情绪　　　the boy was *happy*（男孩是快乐的）

（4）感受如何分级——是倾向于低值还是高值，或者介于两者之间？在这一阶段，笔者不希望暗示低、中和高是离散值（如情态，见 Halliday 1994：358 - 9），但希望大多数感情按均匀的阶梯分级词化。

低　　　　the boy *liked* the present（男孩喜欢这个礼物）

中　　　　the boy *loved* the present（男孩爱这个礼物）

高　　　　the boy *adored* the present（男孩喜爱这个礼物）

（5）对于非已然态而不是已然态刺激，这些感受是否涉及意图（不是反应）（即感受是否与未来的、尚未表现的状态有关，而不是当前存在

221

的状态）？

> 已然语气（realis）　　the boy *liked* the present（男孩喜欢礼物）
>
> 非已然语气（irrealis）　the boy *wanted* the present（男孩想要这个礼物）

非已然态的情感似乎总是针对某些外部因素，见表8-1（不包括上面提到的第三个要素）。

表8-1　非已然态的情感

非倾向/倾向	行为高涨	意向
fear	tremble shudder cower	wary fearful terrorized
desire	suggest request demand	miss long for yearn for

（6）情感类型学的最后一个变量将感情分为三大类：快乐与否、安全与否和满意与否。这个框架是基于笔者对幼子的常规观察建构的，当时他们正处于社会化的第一阶段（大约2岁），特别是在几个月时间里，笔者大儿子的脾气都是由一系列需求引起的。脾气暴躁的时候，他会坚持要 *baggy*（他的毯子），当满足他之后，就会拒绝要他的 *bopple*（瓶子），接着当拿到瓶子时，又拒绝，而是要妈妈或爸爸（以不在场者为准），然后再次循环对毯子、瓶子等的需求，最长达一个小时。如果把这些原始的哭闹作为原语，那么一个安全与否（毯子）、满意与否（瓶子）和快乐与否（妈妈/爸爸）的框架就能被接纳了。安全与否涵盖了与生态社会良好关系有关的感情，如焦虑、恐惧、自信和信任；满意与否涵盖了与终极目标有关的感情，如厌倦、不快、好奇、尊重；快乐与否涵盖了与"心事"有关的感情，如悲伤、愤怒、快乐，还有爱。不幸的是，近几年来，笔者还没能为感情分类建立一个更有原则性的依据，也没有从其他文献中找到足够的支撑（包括 Martin

1992a，1996，1997a 中不断演进和调整的内容）。①

　　安全与否　　the boy was *anxious/confident*

　　　　　　　　（男孩感到紧张/自信）

　　满意与否　　the boy was *fed up/absorbed*（男孩受够了/被吸引）

　　快乐与否　　the boy was *sad/happy*（男孩感到难过/开心）

表 8 - 2　已然态的情感

	行为高涨	意向	
UN/HAPPINESS			
unhappiness			
misery （情绪："in me"）	whimper cry wail	down sad miserable	（low） （median） （high）
antipathy （直观感受："at you"）	rubbish abuse revile	dislike hate abhor	
happiness			
cheer	chuckle laugh rejoice	cheerful buoyant jubilant	
affection	shake hands hug embrace	fond loving adoring	
IN/SECURITY			
insecurity			
disquiet	restless twitching shaking	uneasy anxious freaked out	

①　Martin（1992a，1996）的成果反映了笔者研究中的一个阶段，当时判断和鉴赏系统还没与情感系统区别开来；Martin（1997a）没有涉及已然态与非已然态的区别，排除了 surprise（惊喜）和 desire（愿望）。

续表

	行为高涨	意向	
surprise	start cry out faint	taken aback surprised astonished	
security			
confidence	declare assert proclaim	together confident assured	
trust	delegate commit entrust	comfortable with confident in/about trusting	
DIS/SATISFACTION			
dissatisfaction			
ennui	fidget yawn tune out	bored fed up exasperated	
displeasure	caution scold castigate	cross angry furious	
satisfaction			
interest	attentive busy flat out	curious absorbed engrossed	
admiration	pat on the back compliment reward	satisfied impressed proud	

就如美剧《星际迷航》的粉丝们所言，该框架将兴趣（例如 curiosity）作为一种感情，尽管 Spock（一种有情绪但抑制情绪的火神/人）和 Data（一种没有情绪的安卓机器人）经常对各种自然现象和人类的失败做出"感

兴趣"的反应。从常识上讲，人们可能会认为兴趣更像理性行为而不是情感；然而，从理论上讲，笔者在这个阶段的研究，不打算引发身心完全对立的问题（讨论见 Lutz，1986，1988；Lutz & Abu-Lughod，1990）。

例（8.11）说明了该框架在语篇分析中的应用。该语篇摘自澳大利亚新南威尔士州一次全州高一年级英语考试的答案，其由新南威尔士州研究委员会出版，是为什么考卷中的短篇故事以这种方式结束的其中一个示例答案。有趣的是，考官们认为这篇文章毫无价值，正是因为它是作为对故事的情绪反应而展开的。该学生将老师对个人回应的要求误解为对个人反应的要求，而不是对利维斯（Leavisite）的解释（进一步讨论见 Rothery & Macken，1991；Rothery，1994）。

（8.11）高一年级标准测试——英语

[Examiner's evaluation] This response has attempted to give a personal reaction to the question asked. The student has concentrated on the literary style of the story but has failed to answer the question or show any understanding of the story.

[Exam Answer] The author has intentionally written the ending this way to create the effect that she wanted. I felt eerie and isolated after reading the ending- 'like a padlock snapping open' sounded so lonely and made me feel so afraid.

I also felt very empty after reading the passage. It has such a depressing ending that made me feel afraid and scared. The way 'Click' is written by itself in a sentence and in capital letters added to the emptiness I can really imagine the exact sound it makes, the way it 'sounded through the room.' 'Sounded through the room' is another example of how the author creates the feeling of isolation so carefully displayed. It sounds hollow and dead and creates fear in your mind.

This is what makes the passage so effective-the way the mood of the characters is portrayed so clearly. I enjoyed this passage immensely the ending was very clear and well written. ①

对例（8.11）中情感系统的解读见例（8.11a）。全文中，有关情感系统的部分用大写、小字号的形式标示，然后用方括号标明来自表 8 - 1、表 8 - 2中相关变量的特征。

(8.11a)

The author has intentionally written the ending this way to create the effect that she wanted. I FELT EERIE ［insecurity：disquiet］ and ISOLATED ［insecurity：disquiet］ after reading the ending − 'like a padlock snapping open' sounded so LONELY ［insecurity：disquiet］ and made me FEEL SO AFRAID ［disinclination：fear］

I also FELT VERY EMPTY ［unhappiness：misery］ after reading the passage. It has such a DEPRESSING ［unhappiness：misery］ ending that made me FEEL AFRAID ［disinclination：fear］ and SCARED ［disinclination：fear］. The way 'Click' is written by itself in a sentence and in capital letters added to the EMPTINESS ［unhappiness：misery］ I can really imagine the exact sound it makes, the way it 'sounded through the room. ' 'Sounded through the room' is another example of how the author creates the FEELING OF ISOLATION ［insecurity：disquiet］ so carefully displayed. It sounds HOLLOW AND DEAD ［t-insecurity：disquiet］ and creates FEAR ［disinclination：fear］ in your mind.

---

① 译：【考官评价】这一回答试图对所问问题做出个人反应。这个学生把注意力集中在故事的语体风格上，但没有回答问题，也没有表达出对故事的任何理解。【考试答案】作者有意用这种方式结尾，以达到她想要的效果。读完结尾后，我觉得很奇怪，孤零零的，像挂锁啪的一声打开，听起来很孤独，让我感到很害怕。读完这篇文章，我也感到很空虚。它有如此令人沮丧的结局，让我感到害怕和恐惧。"Click" 本身以大写的形式出现在句子里，增加空虚感，我真的可以想象到它真实发出的声音，"穿过房间的声音" 是作者如何精心营造孤立感的另一个例子。它听起来空洞且死气沉沉，在你的脑海中制造恐惧。这就是为什么这篇文章如此有效地刻画了人物的情绪。我非常喜欢这篇文章，结尾很清楚，写得很好。

This is what makes the passage so effective – the way the mood of the characters is portrayed so clearly. I ENJOYED [happiness：affection] this passage immensely the ending was very clear and well written. ①

一般来说，在例（8.11）中，情感实现以韵律的方式表现消极反应，包括不安全和不快乐（见表 8 - 3）——提出一个问题，即为什么作者最后的评论会将她的反应重构成对故事的极大享受（关于讨论产生这种异质语言反应的英语课程，见 Cranny-Francis，1996）。

表 8 - 3 例（8.11）中的情感系统概况

读者反应	情感系统
EERIE	[insecurity：disquiet]
ISOLATED	[insecurity：disquiet]
LONELY	[insecurity：disquiet]
AFRAID	[disinclination：fear]
EMPTY	[unhappiness：misery]
DEPRESSING	[unhappiness：misery]
AFRAID	[disinclination：fear]
SCARED	[disinclination：fear]
EMPTINESS	[unhappiness：misery]
ISOLATION	[insecurity：disquiet]
HOLLOW AND DEAD	[t-insecurity：disquiet]
FEAR	[disinclination：fear]
ENJOYED	[happiness：affection]

表 8 - 3 中，*hollow and dead*（空洞且死气沉沉）被标记为 [t-insecurity：disquiet]，其中"t"代表象征。这类编码的意义在于，表示

---

① 译：作者有意用这种方式结尾，以达到她想要的效果。读完结尾后，我觉得很奇怪【不安全：不安】，孤零零的【不安全：不安】，像挂锁啪的一声打开，听起来很孤独【不安全：不安】，让我感到很害怕【非倾向：恐惧】。读完这篇文章，我也感到很空虚。它有如此令人沮丧的结局，让我感到害怕【非倾向：不安】和恐惧【非倾向：不安】。"Click"本身以大写的形式写在句子里，增加空虚感【不快乐：痛苦】，我真的可以想象到它真实发出的声音，"穿过房间的声音"是作者如何精心营造孤立感【不安全：不安】的另一个例子。它听起来空洞且死气沉沉【t-不安全：不安】，在你的脑海中制造恐惧【非倾向：恐惧】。这就是为什么这篇文章如此有效地刻画了人物的情绪。我非常喜欢【快乐：喜爱】这篇文章，结尾很清楚，写得很好。

hollow and dead 这个短语并不直接用于分析情感，而是暗含着作者的感情反应；该短语在感情反应上发挥了重要作用。通过例（8.12）探讨显性情感和隐性情感的问题。该语篇摘自初中地理课堂内容，尽管地理老师认为这是对学科英语话语的不当介入（因为学生是对某个季节的天气做出反应，而不是解释气候）。首先，只思考了情感的直接表现。

TASK：Explain the climate of Sydney（year 8 Geography）［Teacher's comment：'You need to write a geography paragraph on temperature and rainfall... not an English essay'］〔任务：解释悉尼的气候（八年级地理）【老师评论："你需要写一篇关于温度和降雨量的地理短评……不是一篇英语论文"】〕

(8.12) 只有显性评价

Sydney is a beautiful place to visit it has one thing that I DON'T REALLY LIKE［unhappiness：antipathy］that is the weather. It's climate is always different one day it could be raining and the next day it would be so hot that you would have to have a cold shower. I LIKE［happiness：affection］Sydney's weather when it is NICE［happiness：affection］and Sunny. I LIKE［happiness：affection］Summer that is my FAVORITE［happiness：affection］season of the year，because it is mostly Sunny. Although this year in Sydney I't wasn't as sunny as I thought it would be. Because half of Summer it was either raining or was very windy and very cold. ①

---

① 译：悉尼是一个美丽的旅游胜地，这里有一件事我真的不喜欢【不快乐：反感】，那就是天气。这里的气候总是不同，前一天可能会下雨，第二天又会很热，以至于你不得不洗冷水澡。当悉尼天气很好【快乐：喜爱】和晴朗时，我就会喜欢【快乐：喜爱】。夏天是我最爱的【快乐：喜爱】季节，因为它大部分时间都是晴天。尽管今年悉尼并不像我想象的那样晴朗。因为夏天有一半的时间，不是下雨就是刮风，很冷。

这种解读是保守的，因为它忽略了概念意义的感情影响，而这种影响可能被解读为隐性情感。例如，晴朗的天气和美丽的地方可以与快乐联系在一起，就像风、雨和寒冷的天气可以与不快乐联系在一起一样。当然，分析概念意义作为情感表征时，我们需要谨慎解读立场。这样很容易想象下雨会带来巨大快乐的场景（例如，对于干旱末期的农民）。但在例（8.12）自然化解读立场的语境中，例（8.12a）标记的表征是合理的。

（8.12a）强调情感系统的概念性"表征"

Sydney is a BEAUTIFUL [t-happiness：care] place to visit it has one thing that I DON'T REALLY LIKE that is the weather. IT'S CLIMATE IS ALWAYS DIFFERENT ONE DAY IT COULD BE RAINING AND THE NEXT DAY IT WOULD BE SO HOT THAT YOU WOULD HAVE TO HAVE A COLD SHOWER [t-unhappiness：antipathy] . I LIKE Sydney's weather when it is NICE and SUNNY [t-happiness：care] . I LIKE Summer that is my FAVORITE season of the year, because it is mostly SUNNY [t-happiness：care] . Although this year in Sydney I'T WASN'T AS SUNNY AS I THOUGHT IT WOULD BE [t-unhappiness：antipathy] . Because half of Summer it was EITHER RAINING OR WAS VERY WINDY AND VERY COLD [t-unhappiness：antipathy] . ①

需要注意的是，例（8.12a）中对显性情感的分析将不同长度的词汇单位视为隐性情感，而例（8.12）中的铭记性情感（incribed affect）与具体词项及其级差有关。就情感实现而言，这就提出了一个关于适当

---

① 译：悉尼是一个美丽的【t - 快乐：在意】旅游胜地，这里有一件事我真的不喜欢，那就是天气。这里的气候总是不同，前一天可能会下雨，第二天又会很热，以至于你不得不洗冷水澡【t - 不快乐：反感】。当悉尼天气很好和晴朗【t - 快乐：在意】时，我就会喜欢。夏天是我最爱的季节，因为它大部分时间都是晴天【t - 快乐：在意】。尽管今年悉尼并不像我想象的那样晴朗【t - 不快乐：反感】。因为夏天有一半的时间，不是下雨就是刮风，很冷【t - 不快乐：反感】。

的分析词汇单位的问题。考虑到人际表现的韵律性，这一问题不太可能在句法成分方面得到解决；为了实际的编码目的，笔者尝试使用可以与特定情感值相关联的最小范畴。例（8.12b）相对完整地解读了例（8.12）的情感，包括笔者将在理论层面提及的铭记性和引发性情感（evoked affect）。

（8.12b）完整解读——铭记性（显性）和引发性（隐性）情感系统

Sydney is a BEAUTIFUL [t-happiness：affection] place to visit it has one thing that I DON'T REALLY LIKE [unhappiness：antipathy] that is the weather. IT'S CLIMATE IS ALWAYS DIFFERENT ONE DAY IT COULD BE RAINING AND THE NEXT DAY IT WOULD BE SO HOT THAT YOU WOULD HAVE TO HAVE A COLD SHOWER [t-unhappiness：antipathy]. I LIKE [happiness：affection] Sydney's weather when it is NICE [happiness：affection] and SUNNY [t-happiness：affection]. I LIKE [happiness：affection] Summer that is my FAVORITE [happiness：affection] season of the year, because it is mostly SUNNY [t-happiness：affection]. Although this year in Sydney IT WASN'T AS SUNNY AS I THOUGHT IT WOULD BE [t-unhappiness：antipathy]. Because half of Summer it was EITHER RAINING OR WAS VERY WINDY AND VERY COLD [t-unhappiness：antipathy]. [1]

分析表明，情感（和传统的评价系统）既可以直接在语篇中分析，也可以通过选择带有情感意义的概念意义来暗示。除此之外，在引发情感意义

---

[1] 译：悉尼是一个美丽的【t-快乐：喜爱】旅游胜地，这里有一件事我真的不喜欢【不快乐：反感】，那就是天气。这里的气候总是不同，前一天可能会下雨，第二天又会很热，以至于你不得不洗冷水澡【t-不快乐：反感】。当悉尼天气很好【快乐：喜爱】和晴朗【t-快乐：喜爱】时，我就会喜欢【快乐：喜爱】。夏天是我最爱的【快乐：喜爱】季节，因为它大部分时间都是晴天【t-快乐：喜爱】。尽管今年悉尼并不像我想象的那样晴朗【t-不快乐：反感】。因为夏天有一半的时间，不是下雨就是刮风，很冷【t-不快乐：反感】。

的地方，可以对在某种意义上引起情感反应的隐喻语言①〔例如，斯普林斯汀（Springsteen）的歌曲 *At night I wake up with the sheets soaking wet and a freight train running through the middle of my head*（夜里醒来，床单都湿透了，我兴奋得头痛欲裂）〕和非隐喻语言进行区分。就解读情感而言，铭记性情感对解读立场的限制性更强，更难抗拒或忽视；而引发性情感则更开放，能适应更广泛的解读立场，包括可能与语篇自然化反应相反的解读（进一步讨论见 Martin，1996）。

判断系统

很遗憾，篇幅有限，没能对其他评价系统的情感系统进行详细阐述。接下来，笔者要简要探讨判断系统了，见表 8 - 4（示例见 Iedema et al.，1994；Martin，1995b）。如上所述，在建议语境中（关于人们应该和不应该如何行为的规范），判断系统可以被认为是情感的制度化过程。和情感系统一样，判断系统也有积极和消极两个维度，即对行为的积极和消极判断。伊德玛（Iedema）等（1994）的媒体研究建议将判断分为两大类：社会评判和社会约束。对社会评判的判断与规范（normality）（是否符合常规）、才干（capacity）（他们多有能力）和韧性（tenacity）（他们有多坚决）有关；对约束的判断与诚实（veracity）（一个人有多诚实）和妥当（propriety）（一个人的行为是否妥当）有关。②

---

① 延伸的隐喻或许可以被解读为更加丰满了有关情感；例如，斯普林斯汀 1984 年的歌曲"I'm on Fire"的最后一节——Sometimes it's like someone took a knife baby, edgy and dull and cut a six-inch valley through the middle of my soul. At night I wake up with the sheets soaking wet and a freight train running through the middle of my head. Only you can cool my fire. I'm on fire（有时就像有个人拿着一把小剪刀，刀口锋利又有些钝，在我的灵魂中间剪了一个六英尺的口子。夜里醒来，床单都湿透了，我兴奋得头痛欲裂。只有你能让我的欲望消失。我欲火焚身）。

② 在这个微妙的层次上，判断的类型与情态有关（Halliday，1994），可以相提并论的有：规范与常规性，才干与能力，韧性与倾向，诚实与可能性，妥当与义务。

表 8 – 4　英语中判断系统的分析框架

社会评判(Self Esteem) "可恕的"('venial')	积极的(赞赏)	消极的(批评)
规范(normality) 〔命运(fate)〕 'is he or she special?'	lucky,fortunate,charmed... normal,average,everyday... in,fashionable,avant-garde...	unfortunate,pitiful,tragic... odd,peculiar,eccentric... dated,daggy,retrograde...
才干(capacity) 'is he or she capable'	powerful,vigorous,robust... insightful,clever,gifted... balanced,together,sane...	mild,weak,wimpy... slow,stupid,thick... flaky,neurotic,insane...
韧性(tenacity) 〔决心(resolve)〕 'is he or she reliable,dependable?'	plucky,brave,heroic... dependable... tireless,persevering,resolute...	rash,cowardly,despondent... unreliable,undependable... weak,distracted,dissolute...
社会约束(Social Sanction) "不可饶恕的"('mortal')	积极的(称赞)	消极的(指责)
诚实(veracity) 〔真实(truth)〕 'is he or she honest?'	truthful,honest,credible... real,authentic,genuine... frank,direct...	dishonest,deceitful... glitzy,bogus,fake... deceptive,manipulative...
妥当(propriety) 〔道德(ethics)〕 'is he or she beyond reproach?'	good,moral,ethical... law-abiding,fair,just... sensitive,kind,caring...	bad,immoral,evil... corrupt,unfair,unjust... insensitive,mean,cruel...

　　社会评判包括赞赏和批评，通常不涉及法律责任；如果你遇到这方面问题，可能需要去请医生。另外，社会约束包括称赞和指责两方面，通常涉及法律问题；如果遇到这方面问题，你可能需要请律师。说话人的判断方式对他们的制度定位（institutional position）非常敏感。例如，只有负责撰写社论和其他评论的记者才有充分的判断资源可供使用；撰写重要新闻的记者必须完全避免做明确判断（Iedema et al. , 1994）。

　　还有一种预示判断的文体是颂文（panegyric），见例（8.13）〔来自伊丽莎白·泰勒（Elizabeth Taylor）撰写的向迈克尔·杰克逊（Michael Jackson）的专辑 *History* 致敬的颂文〕。鉴于 Jackson 在社会上声名显赫，人们可能会期待一个关注社会评判（才干和规范）的语篇，当然他非凡的音乐成就这些都被考虑在内。但语篇中更加强调的是社会约束（诚实和妥当）

的问题，这是可以理解的，Taylor 努力为 Jackson 开脱，因为当时 Jackson 与小男孩关系的性质受到媒体很多关注。

（8.13） Michael Jackson 的专辑 *History*：过去、现在和未来。Book1. Epic, 1995

Michael Jackson is, indeed, an international favorite for all ages, and incredible force of incredible energy. In the art of music, he is a pacesetter for quality of production, in the vanguard for high standards of entertainment.

What makes Michael more unique may be the fact that all of his accomplishments, his rewards, have not altered his sensitivity and concern for the welfare of others, or his intense caring and love for his family and friends, and especially all the children of the world over.

He is filled with deep emotions that create an unearthly, special, innocent, childlike, wise man that is Michael Jackson. He is so giving of himself that, at times, he leaves very little to protect that beautiful inner core that is the essence of him. I think Michael appeals to the child in all of us. He has the quality of innocence that we would all like to obtain or have kept.

I think Michael is like litmus paper. He is always trying to learn. He has one of the sharpest wits, he is intelligent, and he is cunning-that is a strange word to use about him, because it implies deviousness and he is one of the least devious people I have ever met in my life.

Michael is highly intelligent, shrewd, intuitive, understanding, sympathetic, and generous to almost a fault of himself. He is honesty personified-painfully honest-and vulnerable to the point of pain. He is also very curious and wants to draw from people who have survived. People who have lasted. He is not really of this planet. If he is eccentric it's because he is larger than life.

What is a genius? What is a living legend? What is a megastar? Michael Jackson-that's all. And just when you think you know him, he gives you more...

There is no one that can come near him, no one can dance like that, write the lyrics, or cause the kind of excitement that he does. When I hear the name Michael Jackson, I think of brilliance, of dazzling stars, lasers and deep emotions. I think he is one of the world's biggest and greatest stars, and it just so happens that he is one of the most gifted music makers the world has ever known.

I think he is one of the finest people to hit this planet, and, in my estimation, he is the true King of Pop, Rock and Soul. I love you Michael.

Elizabeth Taylor

表 8 - 5 分析了这段语篇第二段和第三段中的判断系统。正如该语篇所表明的，这些判断绝大多数是积极的。就规范而言，Jackson 是独一无二的、超凡脱俗的、特别的；才干方面，他又是多才多艺的、睿智的、机智的、聪明的；就韧性而言，他总是努力学习——Taylor 认为 Jackson 的社会评价确实很高。

表 8 - 5　例（8.13）中的判断系统

铭记/引发	判断
unique	+ normality
accomplishments	+ capacity
sensitivity	+ propriety
concern	+ propriety
caring	+ propriety
love	t - + propriety
filled with deep emotions	t - + propriety
unearthly	+ normality
special	+ normality

续表

铭记/引发	判断
innocent	+ propriety
childlike	+ propriety
wise	+ capacity
so giving	+ propriety
beautiful inner core	t − + propriety
appeals to the child...	t − + propriety
innocence that we would...	+ propriety
always trying to learn	t − + tenacity
sharpest wits	+ capacity
intelligent	+ capacity
cunning	+ capacity
deviousness	− veracity
least devious	− veracity

注：评价者：E. Taylor；评价对象：M. Jackson。符号"t −"表示引发性的判断标记；符号"+"和"−"分别表示积极和消极判断。

分析中，笔者把 cunning（灵猾）归为积极能力，Taylor 将它与机智和聪明联系起来，消除了其消极含义，...cunning-that is a strange word to use about him, because it implies deviousness and he is one of the least devious people I have ever met in my life（……灵猾——这个词用在他身上很奇怪，因为这意味着故弄玄虚，他是我一生中见过的最不狡猾的人之一）。Taylor 的词汇选择，以及她为表达自己的敬意而形塑其含义的方式都很有趣。如果所有围绕该术语的积极判断还不足以让其具有积极意味，为什么不把它从语篇中删掉呢？为什么要费尽心思去否认任何批评的意图？笔者怀疑这部分的叙述实际上是一种策略，用以应对 Jackson 在与儿童相处是否妥当的口水战中的诚实性问题。这给了 Taylor 一个机会去证明 Jackson 的诚实品性，而不必明确指出它受到挑战的事实。其实更确切地说，这个挑战来自 Taylor 自己，因为一个口误——"please don't let my clumsiness tarnish Jackson's image in any way!"（请不要让我的笨拙以任何方式玷污 Jackson 的形象！）

例（8.13）中的社会约束分析与此有关，见表 8 - 6。Jackson 一再被塑造成孩子气和天真无邪的形象，我们最初可能会把这些判断当作消极能力来看待。但 Taylor 并不是要表达他的软弱和不成熟。笔者怀疑孩子般的纯真是在反对更邪恶的东西，再次与 Jackson 的性取向有关。在这种情况下，儿童和无辜意味着无罪，因此这是一个诬告，并要撤回。在 Taylor 写这篇文章的时候，Jackson 还没有受审；不过，她在其颂文中的评判为辩方编造了一个相当有力的证词。

表 8-6　例（8.13）中的社会约束

铭记/引发	判断
（implies）deviousness	− veracity
one of the least devious...	− veracity
sensitivity	+ propriety
concern	+ propriety
caring	+ propriety
love	t − + propriety
filled with deep emotions	t − + propriety
innocent	+ propriety
childlike	+ propriety
so giving	+ propriety
beautiful inner core	t − + propriety
appeals to the child...	t − + propriety
innocence that we would...	+ propriety
always trying to learn	t − + tenacity

注：评价者：E. Taylor；评价对象：M. Jackson。符号"t −"表示引发性的判断标记；符号"＋"和"－"分别表示正面和负面判断。

鉴赏系统

表 8-7 呈现了鉴赏系统的基本框架。如上所述，在命题的背景下（关于产品、性能和自然发生的现象如何被评价的规范），鉴赏系统可以被认为是制度化的感受。与情感和判断系统一样，鉴赏系统也有积极和消极两个维度，即语篇和过程（以及自然现象）的积极和消极评价。其

由反应（reaction）、构成（composition）和价值（valuation）组成。[①] 反应与所讨论的语篇/过程吸引我们注意力（反应：影响）及它对我们的感情影响程度有关。构成与对语篇/过程中的协调性（构成：平衡）和细节（构成：复杂性）的感知有关。价值与我们对语篇/过程的社会意义的评估有关。

表 8-7 英语中鉴赏系统的分析框架

	积极的	消极的
反应（*Reaction*）：影响（impact）'did it grab me?'	arresting, captivating, engaging... fascinating, exciting, moving...	dull, boring, tedious, staid... dry, ascetic, uninviting...
反应（*Reaction*）：特性（quality）'did I like it'	lovely, beautiful, splendid... appealing, enchanting, welcome...	plain, ugly... repulsive, revolting...
构成（*Composition*）：平衡（balance）'did it hang together?'	balanced, harmonious, unified... symmetrical, proportional...	unbalanced, discordant... contorted, distorted...
构成（*Composition*）：复杂性（complexity）'was it hard to follow?'	simple, elegant... intricate, rich, detailed, precise...	ornamental, extravagant... monolithic, simplistic...
价值（*Valuation*）'was it worthwhile?'	challenging, profound, deep... innovative, original, unique...	sallow, insignificant... conservative, reactionary...

在这些维度中，价值（valuation）与具体语场密切相关，因为评价语篇/过程的标准在很大程度上是结构性的。但除此之外，由于判断和鉴赏系统在某种意义上都是制度化的感情，所有涉及的维度都将被证明易受语场影响。表 8-8 给出了一个概念意义和人际意义相耦合的例子，供语言学领域研究参考。

---

① 这些变量与鉴赏系统所涉及的心理过程类型（Halliday，1994）有关，匹配如下：反应与情感，构成与感知，价值与认知。

表 8 - 8 具体语场的鉴赏系统（语言学）

语言学	积极的	消极的
反应（*Reaction*）：影响（impact）〔显著性（noticeability）〕	timely, long-awaited, engaging, landmark...	untimely, unexpected, overdue, surprising, dated...
反应（*Reaction*）：特性（quality）〔喜好度（likeability）〕	fascinating, exciting, interesting, stimulating, impressive, admirable...	dull, tedious, boring, pedantic, didactic, uninspired...
构成（*Composition*）：平衡（balance）	consistent, balanced, thorough, considered, unified, logical, well argued, well presented...	fragmented, loose-ended, disorganized, contradictory, sloppy...
构成（*Composition*）：复杂性（complexity）	simple, lucid, elegant, rich, detailed, exhaustive, clear, precise...	simplistic, extravagant, complicated, Byzantine, labyrinthine, overly, elaborate, narrow, vague, unclear, indulgent, esoteric, eclectic...
价值（*Valuation*）〔语场的影响（field genesis）〕	useful, penetrating, illuminating, challenging, significant, deep, profound, satisfying, fruitful...	shallow, ad hoc, reductive, unconvincing, unsupported, fanciful, tendentious, bizarre, counterintuitive, perplexing, arcane...

使这一问题变得复杂的是，到底什么样的评价取决于语场。因此，不使用评价性词汇的概念意义可以用来触发鉴赏系统，就像情感和判断系统一样。例如，当 Rita 在例（8.5）中提到丽塔·梅·布朗的《红果丛林》（*Rubyfruit Jungle*）时，很明显，任何一个天真地接受过主流文学情感训练的人都会认为这本书微不足道，因此就会认为 Rita 无知。仅仅提到这本书就可以表达这些感受，而不必对其进行解释和进行任何明确的评价。然而，这种论述只适用于那些在《红果丛林》问题上与 Frank 站在相同立场的人。《凡夫俗女》（*Educating Rita*）一书的作者威利·罗素让 Frank 和该剧的观众做出了这样的评价。

每一个组织都承载着这种耦合关系，学科的社会化既要与所涉及的组织实践联结，也要与人们对这些实践所期望的态度保持密切联系。在这里也许要再次强调，开展评价分析时确实需要首先声明他们的解读立场，① 尤其因

① 除了例（8.15），笔者试图从两个对立者的角度解读语篇，笔者从似乎已经采纳的主流解读立场的角度分析了语篇，如 anglo、middle class、mature、male（英国人、中产阶级、成熟、男性）。

为人们引发的评价取决于其正在解读的组织立场。例如，对于像《红果丛林》这样的流行文化语篇，有许多读者会支持 Rita，而不是 Frank。同样，根据解读立场，形式语言学家和功能语言学家将以互补的方式评价下列的对立词语，并坚定地认为好人和坏人应该庆祝什么：

rule/resource∷ cognitive/social∷ acquisition/development∷ syntagmatic/paradigmatic∷ form/function∷ langue/parole∷ system/process∷ psychology & philosophy/sociology & anthropology∷ cognitive/social∷ theory/description∷ intuition/corpus∷ knowledge/meaning∷ syntax/discourse∷ pragmatics/context∷ parsimony/extravagance∷ cognitive/critical∷ technicist/humanist∷ truth/social action∷ performance/instantiation∷ categorical/probabilistic∷ contradictory/complementary∷ proof/exemplification∷ reductive/comprehensive∷ arbitrary/natural∷ modular/fractal∷ syntax & lexicon/lexicogrammar. . .

以下语篇来自戏剧《凡夫俗女》，强调了文学批评制度方面的鉴赏系统。该剧中，Rita 学会了评价文学作品的经典话语，并对她的老师 Frank 几年前写的一些诗印象深刻。Frank 对学生新发现的情感不太感兴趣。

(8.14) 来自《凡夫俗女》——科学怪人（Frankenstein）场景

There is a knock at the door.

FRANK. Come in.

RITA *enters.*

FRANK. What the-what the hell are you doing here? I'm not seeing you till next week.

RITA. Are you sober? Are you?

FRANK. If you mean am I still this side of reasonable comprehension, then yes.

RITA. Because I want you to hear this when you're sober. [*She produces his poems.*] These are brilliant. Frank, you've got to start writing again. This is brilliant. They're witty. They're profound. Full of style.

FRANK. Ah... tell me again, and again.

RITA. They are, Frank. It isn't only me who thinks so. Me an' Trish sat up last night and read them. She agrees with me. Why did you stop writing? Why did you stop when you can produce work like this? We stayed up most of the night, just talking about it. What did Trish say – ? More resonant than – purely contemporary poetry is that you can see in it a direct like through to nineteenth-century traditions of – of like wit an' classical allusion.

FRANK. Er – that's erm – that's marvelous, Rita. How fortunate I didn't let you see it earlier. Just think if I'd let you see it when you first came here.

FRANK. You would have thrown it across the room and dismissed it as a heap of shit, wouldn't you?

RITA. I know... But I couldn't have understood it then, Frank, because I wouldn't have been able to recognize and understand the allusions.

FRANK. Oh I've done a fine job on you, haven't I?

RITA. I know... I wouldn't have understood it, Frank.

RITA. It's true, Frank. I can see it now.

FRANK. You know, Rita, I think – I think that like you I shall change my name; from now on I shall insist on being known as Mary, Mary Shelley- do you understand that allusion, Rita?

RITA. What?

FRANK. She wrote a little Gothic number called *Frankenstein*.

RITA. So?

FRANK. This – this clever, pyrotechnical pile of self-conscious allusion is worthless, talentless, shit and could be recognized as such by anyone with a shred of common sense. Wit? You'll find more wit in the telephone book, and, probably, more insight. Its one advantage over the telephone directory is that it's easier to rip. It is pretentious, characterless and without style.

FRANK. Oh, I don't expect you to believe me, Rita; you recognize the hallmark of literature now, don't you? Why don't you just go away? I don't think I can bear it any longer.

RITA. It's not.

FRANK. Oh, I don't expect you to believe me, Rita; you recognize the hallmark of literature now, don't you? Why don't you just go away? I don't think I can bear it any longer.

RITA. Can't bear what, Frank?

FRANK. You, my dear – you. . .

RITA. I'll tell you what you can't bear, Mr Self-Pitying Piss Artist; what you can't bear is that I am educated now. I've got a room full of books. I know what clothes to wear, what wine to buy, what plays to see, what papers and books to read. I can do without you.

FRANK. Is that all you wanted. Have you come all this way for so very, very little?

RITA. Oh it's little to you, isn't it? It's little to you who squanders every opportunity and mocks and takes it for granted.

FRANK. Found a culture have you, Rita? Found a better song to sing have you? No – you've found a different song, that's all – and on your lips it's shrill and hollow and tuneless. Oh, Rita, Rita. . .

RITA. RITA? Rita? Nobody calls me Rita but you. I dropped that pretentious crap as soon as I saw it for what it was. You stupid. . . Nobody calls me Rita.

FRANK. What is it now then? Virginia?

RITA *exits.*

Or Charlotte? Or Jane? Or Emily?

  表 8-9 分析了例（8.14）Frank 诗歌的鉴赏系统。因为 Frank 和 Rita 对他作品的价值意见不一致，所以分析起来有点复杂。拒绝欣赏在表中显示为 - ［appreciation］，表示一方不同意另一方；讽刺显示为? ［appreciation］，表示积极评价被视为消极评价的情况（反之亦然）。讽刺引发了更普遍的关于幽默和评价的问题，笔者在这里无法继续探讨它们——如何认识到某人的意思与他们所说的相反，或者他们说的话被解读为有趣的而不是真实的？因此，笔者要回到概念意义和评价之间的耦合问题——在语篇展开陈述的某个特定点，对于所涉及的社会主体，在相关机制演变过程中的某个时刻。从这些方面来说，Frank 鼓励 Rita 告诉他更多关于他的诗歌是如何精彩的内容，不能仅从表面来看：它与语篇的其余部分、Frank 在剧中的不满角色及他不是知名作家的事实相矛盾。除此之外，Frank *tell me again and again*（一次又一次地告诉我）所引起的评价与他明显沮丧的情感态度并不相符。也许可以沿着这些思路进一步探索幽默和讽刺，因为涉及评价选择和被评价内容或评价变量自身内部不协调的耦合。

表 8-9　例（8.14）Frank 诗歌鉴赏系统

铭记/引发	评价者	鉴赏
brilliant	Rita	+ reaction：quality
brilliant	Rita	+ reaction：quality
witty	Rita	+ valuation
profound	Rita	+ valuation
full of style	Rita	+ composition：balance
Ah tell me... ［witty... style］	Frank	? ［+ valuation/ + composition］
They are... ［witty... style］	Rita	? ［+ valuation/ + composition］

242

续表

铭记/引发	评价者	鉴赏
It isn't... [witty... style]	Rita	+ valuation/ + composition
She agrees... [witty... style]	Rita and Trish	+ valuation/ + composition
resonant	Trish	+ valuation
wit	Trish	+ valuation
classical allusion	Trish	t – + valuation
a heap of shit	Frank" Rita	– valuation
allusions	Rita	t – + valuation
clever	Frank	– valuation
pyrotechnical	Frank	– composition：complexity
self-conscious allusion	Frank	– valuation
worthless...	Frank	– valuation
talentless shit	Frank	– valuation
more wit in telephone...	Frank	t-valuation
more insight[in telephone]	Frank	t-valuation
one advantage over...	Frank	? [+ valuation]
easier to rip	Frank	? [+ valuation]
pretentious	Frank	– valuation
characterless	Frank	– valuation
without style	Frank	– composition：balance
it's not	Rita	– [– valuation]
[pretentious, characterless, without style]		
I don't expect... [pretentious, characterless, without style]	Frank" Rita	? – [– valuation]

注：在说话人认为评价是某人所做的情况下，使用符号""。

图 8 - 2 呈现了评价资源的拓扑图（Martin & Matthiessen，1991）。它试图根据不同评价变量在意义上的相似性来调节情感、判断和鉴赏三个系统的类型。例如，才干与价值是一致的，因为判断某人的行为是否有能力和鉴赏该行为生成的语篇/过程之间有着密切联系，例如，*a skillful cricketer/a skilful innings*；*a gifted painter/an innovative painting*（熟练的板球运动员/娴熟的一

243

局；一位天才画家/一幅有创意的画）等。同样，反应与相关情感系统类型
是一致的。介入系统（情态、投射、模糊词语等）和级差系统（分级、强
化等）已被作为附随资源，用于模糊限制我们对自己感受的表态和感知的
强烈程度。

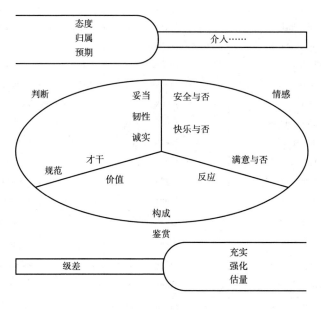

图 8 - 2　评价资源的拓扑图

协商一致

如上所述，评价资源在协商一致方面发挥着重要作用。在例（8.11）
中，一位学生作者利用情感系统把自己塑造成一个敏感的读者；但最后并没
有获得评价者的认可，因为他不认同这名学生作者的做法。在例（8.13）
中，一位老朋友运用判断系统加强了对 Michael Jackson 的支持，可能取得了
一些成功，因为她的主要受众是购买 *History* 这张专辑的粉丝。例（8.14）
中，一位成熟的学生运用鉴赏系统把她的老师重新认定为一位专业诗人，结
果却被老师认为幼稚而拒绝了她的解读。这些语篇所产生的包含和排除的变

动性强调了评价资源的联结力和分化力。就像不排除就不可能包含的原理一样，如果不经历共情和疏离，就不可能进行评价。就像 Hunston（1993a，1994）所表明的，即使尽可能避免使用铭记性评价的学术话语，评价的结构也是为了引出密切关系。就评价和一致性而言，任何语篇都不是一座孤岛。

为了能集中讨论，现在分析例（8.15），其选自戏剧《凡夫俗女》开头的一幕。在这一幕，Rita 第一次见到她的指导老师 Frank。此处的定位是，Rita 的口音和衣着打扮都表明其出身于工人阶级家庭，Frank 则是一个酗酒和心怀不满的学者，他不太愿意当 Rita 的指导老师。

（8.15）

FRANK. ［*Shouting*］Come in! Come in!

RITA. I'm comin'in, aren't I? It's that stupid bleedin' handle on the door-you wanna get it fixed!

FRANK. Erm – yes, I suppose I always mean to...

RITA. Well, that's no good always meanin' to, is it? Y' should get on with it; one of these days you'll be shoutin' 'Come in!' and it'll go on forever because the poor sod on the other side won't be able to get in. An'you won't be able to get out.

FRANK. You are?

RITA. What am I?

FRANK. Pardon?

RITA. What?

FRANK. Now you are?

RITA. I'm a what?

［*Frank looks up and then returns to the papers as Rita goes to hang her coat on the door hooks.*］

RITA. That's a nice picture, isn't it?

FRANK. Erm – yes, I suppose it is, – nice. . .

RITA. It's very erotic.

FRANK. Actually I don't think I've looked at it for about ten years, but, yes, I suppose it is.

RITA. There's no suppose about it. Look at those tits.

[. . .]

FRANK. Would you – erm – would you like to sit down?

RITA. No! Can I smoke?

FRANK. Tobacco?

RITA. Yeh. Was that a joke? Here – d' y' want one?

FRANK. Ah-I'd love one.

RITA. Well, have one.

FRANK. I – don't smoke – I made a promise not to smoke.

RITA. Well, I won't tell anyone.

FRANK. Promise?

RITA. On my oath as an ex Brownie. I hate smokin'on me own. An'everyone seems to have packed up these days. They're all afraid of gettin' cancer. But they're all cowards.

[. . .]

FRANK. Can I offer you a drink?

RITA. What of?

FRANK. Scotch?

[. . .]

RITA. Yeh, all right. [*She takes a copy of Howards End from the shelf*] What's this like?

FRANK. *Howard's End?*

RITA. Yes, it sounds filthy, doesn't it? E. M. Foster.

FRANK. Forster.

RITA. Oh yeh. What's it like?

PRANK. Borrow it. Read it.

RITA. Ta. I'll look after it. If I pack the course in I'll post it to y'.

FRANK. Pack it in? Why should you do that?

RITA. I just might. I might decide it was a soft idea.

FRANK. Mm. Cheers. If – erm – if you're already contemplating 'packing it in', why did you enrol in the first place?

RITA. Because I wanna know.

FRANK. What do you want to know?

RITA. Everything.

FRANK. Everything? That's rather a lot, isn't it? Where would you like to start?

RITA. Well, I'm a student now, aren't I? I'll have to do exams, won't I?

FRANK. Yes, eventually.

RITA. I'll have to learn about it all, won'I? Yeh. It's like y'sit there, don't y', watchin' the ballet or the opera on the telly an' – an' y' call it rubbish cos that's what it looks like? Cosy' don't understand. So y'switch it off an' say, that's fuckin' rubbish. Do you?

RITA. I do. But I don't want to. I wanna see. Y'don't mind me swearin', do y'?

FRANK. Not at all.

RITA. Do you swear?

FRANK. Never stop.

RITA. See, the educated classes know it's only words, don't they? It's only the masses who don't understand. I do it to shock them sometimes. Y'know when I'm in the hairdressers – that's where I work – I'll say somethin' like'Oh, I'm really fucked', y'know, dead loud. It doesn't half cause a fuss.

FRANK. Yes – I'm sure. . .

RITA. But it doesn't cause any sort of fuss with educated people, does it? Cos they know it's only words and they don't worry. But these stuck-up idiots I meet, they think they're royalty just cos they don't swear; and I wouldn't mind but it's the aristocracy that swears more than anyone, isn't it? It's all 'Pass me the fackin' grouse' with them, isn't it? But y'can't tell them that round our way. It's not their fault; they can't help it. But sometimes I hate them. [. . .] I love this room. I love that window. Do you like it?

FRANK. What?

RITA. The window.

FRANK. I don't often consider it actually. I sometimes get the urge to throw something through it.

RITA. What?

FRANK. A student usually.

RITA. You're bleedin' mad you, aren't you?

FRANK. Probably.

[*Pause.*]

RITA. Aren't you supposed to be interviewin' me?

FRANK. Do I need to?

RITA. I talk too much, don't I? I know I talk a lot. I don't at home. I hardly ever talk when I'm there. But I don't often get the chance to talk to someone like you: to talk at you. D' y' mind?

FRANK. Would you be at all bothered if I did? [*She shakes her head and then turns it into a nod.*] I don't mind.

RITA. What does assonance mean?

FRANK. What? [*He gives a short laugh.*]

RITA. Don't laugh at me.

FRANK. No. Erm – assonance. Well, it's a form of rhyme. What's a – what's an example – erm? Do you know Yeats?

RITA. The wine lodge?

FRANK. Yeats the poet.

RITA. No.

FRANK. Oh. Well – there's a Yeats poem called 'The Wild Swans at Coole'. In it he rhymes the word 'swan' with the word 'stone'. There, you see, an example of assonance.

RITA. Oh. It means gettin' the rhyme wrong.

FRANK. [*looking at her and laughing*] I've never really looked at it like that. But yes, yes you could say it means getting the rhyme wrong.

RITA. Oh.

[...]

FRANK. What's your name?

RITA. Rita.

FRANK. Rita. Mm. It says here Mrs S. White.

RITA. That's 'S' for Susan. It's just me real name. I've changed it to Rita, though. I'm not a Susan any more. I've called meself Rita – y'know, after Rita Mae Brown.

FRANK. Who?

RITA. Y'know, Rita Mae Brown, who wrote *Rubyfruit Jungle*. Haven't y'read it? It's a fantastic book. D' y' wanna lend it?

FRANK. I'd – erm – I'd be very interested.

RITA. All right.

[...]

FRANK. [*looking at her paper*] You're a ladies' hairdresser?

RITA. Yeh.

FRANK. Are you good at it?

[. . .]

RITA. I am. But they expect too much. They walk in the hairdresser's, an'an hour later they wanna walk out a different person. [. . .] But if you want to change y'have to do it from the inside, don't y'? Know like I'm doin'. Do y' think I'll be able to do it?

FRANK. Well, it really depends on you, on how committed you are. Are you sure that you're absolutely serious about wanting to learn?

RITA. I'm dead serious. Look, I know I take the piss an' that, but I'm dead serious really. I take the piss because I'm not, y' know, confident like, but I wanna be, honest. [. . .] When d' y' actually, y' know, start teaching me?

FRANK. What can l teach you?

RITA. Everything.

FRANK. I'll make a bargain with you. Yes? I'll tell you everything I know – but if I do that you must promise never to come back here. . . You see I never – I didn't actually want to take this course in the first place. I allowed myself to be talked into it. I knew it was wrong. Seeing you only confirms my suspicion. My dear, it's not your fault, just the luck of the draw that you got me; but get me you did. And the thing is, between you, and me, and the walls, I'm actually an appalling teacher. Most of the time, you see, it doesn't actually matter – appalling teaching is quite in order for most of my appalling students. And the others manage to get by despite me. But you're different. You want a lot, and I can't give it. Everything I know – and you must listen to this – is that I know absolutely nothing. I don't like the hours, you know. Strange hours for this Open University thing. They expect us to teach when the pubs are open. I can be a good teacher when I'm in the pub, you know. Four pints of weak Guinness and I can be as witty as Wilde. I'm sorry – there are other tutors – I'll arrange it for you. . . post it on. . .

［*Rita slowly turns and goes towards the door.*］

当然，Rita 和 Frank 会以不同的方式解读"与老师第一次会面"的语境，因此这是一个多语性（heteroglossia）场景。语言、着装和各种语言特性共同解释了这种差异是多种多样的（有关电影版本的讨论，请参阅 Cranny-Francis & Martin，1994）。在此，笔者将重点介绍评价（APPRAISAL）的作用。为了简化讨论，就不涉及非现实的影响了，因为场景中的许多实例都用于构建间接的言语行为，即建议和指令性的陈述性语气，比如 *you should get on with it*（您应该继续下去），*do you want to lend it*（想借吗），*would you like to sit down*?（你想坐下吗?）（请参见 Halliday，1984；Martin，1995a 的讨论）。

表 8 - 10 展示了对这一幕 Frank 的评价的解读。在这个解读中，Frank 使用了这个资源 18 次（包括两个笑的例子）。其中一个重复了 Rita 对半谐音（assonance）的评价〔*getting the rhyme wrong*（把韵律弄错了）〕，另外两个事实上是要求 Rita 表达她的感受，〔*are you good at ladies hair-dress*［*ing*］（你擅长剪女发吗），*are you... serious about wanting to learn*（你……真的想学吗）〕。这意味着 Frank 仅 13 次利用语言资源来表达自己的心情，其中 12 次出现在最后的独白中（为不指导 Rita 而构建了一个观点）。总的来说，Frank 似乎没有把评价作为与 Rita 建立联结的资源。

另外，Rita 使用评价 35 次（具体见表 8 - 11），并且这些评价在该幕中的分布相对均衡。与 Frank 不同的是，她把语境理解为一种她会说出自己感受的语境。如上所述，所有的评价都涉及一致性的协商，如果不引发接纳，你很难说出自我感受。当对话者准备接纳时，就会产生一种联系；如果他们没有做好准备，就会变得疏远。Rita 花了很大的精力与 Frank 建立基于包容的关系。引人注目的是，这一幕中，Rita 多次明确请 Frank 分享她的感受（表 8 - 11 中加粗表示）。表 8 - 12 中列出了这些请求，仅占 Rita 评价实例的三分之一左右。请求内容包括标签化、极性的问题，以及 *between you and me and you know*（你和我之间，你知道）的插入式表达。

表 8 - 10　Frank 在《凡夫俗女》开场的评价

实例	评价者	鉴赏系统	判断系统	情感系统	被评价者
[laughter]	Frank			cheer	Rita
[laughter]	Frank			cheer	Rita's joke
... getting the rhyme wrong	Frank	composition: balance			assonance... poet
I'd be very interested	Frank			interest	Rita's offer
are you good at it?	Frank? Rita[1]		capacity: competent		Rita
are you... serious about	Frank? Rita			engagement	wanting to learn
it was wrong	Frank		propriety: ethical		taking the course
not your fault	Frank	−[propriety]			taking the course
just the luck of the draw	Frank	normality: unlucky			taking the course
an appalling teacher	Frank		capacity: incompetent		Frank
it doesn't matter	Frank		propriety: ethical		appalling teaching
quite in order	Frank		propriety: ethical		appalling teaching
appalling teaching	Frank	reaction: quality	capacity: incompetent		Frank's teaching
appalling students	Frank	reaction: quality	capacity: incompetent		Frank's students
different	Frank	reaction: quality			Rita
don't like	Frank			antipathy	hours
a good teacher	Frank		capacity: competent		Frank
witty	Frank		capacity: accomplished		Frank

[1]在此表和下表中，评价者（appraiser）一列中的"Frank？Rita"表示 Frank 正在向 Rita 询问她的评价，反之亦同。

表 8 - 11 Rita 在《凡夫俗女》开场的评价

实例	评价者	鉴赏系统	判断系统	情感系统	被评价者
stupid bleeding handle	Rita			antipathy	handle
no good, **is it**?	Rita		− [capacity: incompetent]		Frank
the poor sod	Rita		normality: unlucky		sod
a nice picture, **isn't it**?	Rita	reaction: quality			picture
very erotic	Rita	valuation: titillating			picture
look at those tits	Rita	reaction: impact			picture
Was that a joke? Rita?			veracity: bogus		Frank's question
hate	Rita			antipathy	smoking on own
they're afraid	Rita" everyone			apprehension	getting cancer
cowards	Rita		tenacity: cowardice		everyone
sounds filthy, **doesn't it**?	Rita	valuation: titillating			Howard's End
What's it like?	Rita? Frank	reaction			Howard's End
a soft idea	Rita	valuation: unsatisfying	capacity: stupid[1]		doing the course
rubbish	Rita	valuation: worthless			ballet/opera
fuckin' rubbish	Rita	valuation: worthless			ballet/opera
Y'don't mind...?	Rita? Frank			disquiet	swearing
shock	Rita			disquiet	masses
I'm really fucked	Rita			ennui	Rita
cause a fuss	Rita			disquiet	masses
doesn't cause any sort of fuss, **... does it**?	Rita			− [disquiet]	educated people
stuck-up idiots	Rita		veracity: bogus		masses

续表

实例	评价者	鉴赏系统	判断系统	情感系统	被评价者
（not）their fault	Rita		－ [propriety]		masses
hate	Rita			antipathy	masses
love this room	Rita			care	this room
love that window	Rita			care	the window
do you like it?	Rita? Frank			care	the window
bleedin' mad, **aren't y'?**	Rita		capacity：insane		Frank
D'y'mind?	Rita? Frank			disquiet	talking at him
Don't laugh at me	Rita " Frank			－ [cheer]	Rita
gettin' the rhyme wrong	Rita	composition：balance	capacity：incompetent		assonance... poets
a fantastic book	Rita	reaction：quality			Rubyfruit Jungle
dead serious	Rita			engagement	Rita
take the piss	Rita		veracity：joker		Rita
not，y'know， confident	Rita			－ [confidence]	Rita
honest	Rita		veracity：honest		Rita

[1]笔者把这个例子（和 *getting the rhyme wrong* 下面的内容）进行双重编码用以理解鉴赏和判断系统，由于评价认为这个观点是柔性的，暗示其思考者的能力有待提高。

表 8－12　例（8.15）中，Rita 请求分享感受的内容

RITA. Well，that's **no good**—always meanin' to *is it?*

RITA. That's **a nice picture**，*isn't it?*

RITA. Yeah，*Was that a joke?*

RITA. It sounds **filthy**，*doesn't it?*

RITA. Oh yeh，**What's** it **like**?

RITA. Y' don't **mind** me swearin'，*do y'?*

RITA. It doesn't cause **any sort of fuss** with educated people，*does it?*

RITA. I **love** this room，I **love** that window. *Do you **like*** it?

RITA. You're **bleeding mad** you，*aren't y'?*

RITA. ... to talk at you，*D'y' **mind***?

RITA. ... because I'm not *y'know*，**confident** *like*.

在整个场景中，Frank 要么无视，要么极力抵制这些请求。对他来说，语境并不是他选择建立以感同身受为前提的关系。举个例子，再思考一下他对 Rita 评价其房间的抗拒：

（8. 16）扩展例（8. 3）

RITA. I love this room. I love that window. Do you like it?

FRANK. What?

RITA. The window.

FRANK. I don't often consider it actually. I sometimes get an urge to throw something through it.

RITA. What?

FRANK. A student usually.

RITA. You're bleedin' mad you, aren't y'?

FRANK. Probably.

对比一下 Rita 直接回答 Frank 关于她给人做头发的水平问题：

（8. 17）

FRANK. You're a ladies' hairdresser?

RITA. Yeh.

FRANK. Are you good at it?

RITA. I am.

总的来说，Rita 的策略是通过向 Frank 透露她的情感、判断和鉴赏系统，并请求他做出反应，来尝试和 Frank 建立关系。这是建立关系的一个强有力的策略，因为感同身受往往会把人们集聚到一起。Rita 利用这次会面去评价 Frank，看看他们对彼此的评价能不能达成一致。随后，她可以利用所学来推进这种关系。这似乎是伯恩斯坦（Bernstein）位置理论的意义向度和关系协商的一部分（另见 Hasan，1990）。

就 Frank 的部分，用 Rita 的话说，Frank 很少透露自己的情况。在临别前的独白中，他评价了自己骇人听闻的教学风格和学生，他几乎没有再发表任何意见。相反，对 Frank 来说，这次会面的目的似乎是要让自己成为一个非常特殊的个体〔Rita 的评价是 "bleeding mad"（疯狂的疯子）〕。在此情况下，由于这种意义向度，当 Rita 逼问 Frank 时，Frank 似乎在回避和推诿：

（8.18）扩展例（8.1）

　　RITA. Here – d' y' want one?

　　FRANK. Ah – I'd love one.

　　RITA. Well, have one.

　　FRANK. I – don't smoke – I made a promise not to smoke.

　　RITA. Well, I won't tell anyone.

　　FRANK. Promise?

　　RITA. On my oath as an ex Brownie. I hate smokin' on me own. An' everyone seems to have packed up these days. They're all afraid of gettin' cancer. But they're all cowards.

与 Rita 相比，Frank 没有直接回答。请注意，当 Frank 询问 Rita 是否要坐下时，Rita 是如何直接表达观点的：

（8.19）

　　FRANK. Would you like to sit down?

　　RITA. No!

但这里更重要的一点是，就性别、阶级和社会意义而言，Frank 通过避免直接回答，创造了一个让自己的回答"个性化"的机会。他把自己伪装成一个想要一支烟却不想抽的人，他承诺不抽烟但又可以抽，只要有人答应不说，他就会抽烟。换句话说，Frank 不只是一个会接受香烟的人；更确切地说，他是一个淘气的男孩儿，只要知道不会被逮到，他就可能偷偷地抽烟。在构建这个角色的过程中，Frank 把自己塑造成一个穿着教师衣服的小男孩儿（上文中，Frank 避开了 Rita 对这一点的质疑，将自己定位为一个疯狂的疯子——一只穿着粗花呢衣服的狼，在这个疯子的照料下，学生们可能一点也不安全）。

Rita 和 Frank 意义向度上的互补性在下面的交流中得到了很好的总结。Rita 试着分享对 Frank 房间里挂着的一幅画的感受（例子中用黑体字显示：*a nice picture*，*very erotic*，*look at those tits*）；Frank 对自己的反应进行了个性化处理（使用明确的主观性人际情态隐喻①来创造一个协商的空间：*I suppose*，*I don't think*，*I suppose*），并借此机会把自己变成一个十年没看出这幅画不错的人：

（8.20）重复例（8.9）

　　RITA. That's **a nice picture**，isn't it?

　　FRANK. Erm – yes，*I suppose* it is-nice...

　　RITA. It's **very erotic**.

　　FRANK. Actually，*I don't think* I've looked at it for about ten years，but yes，*I suppose* it is.

　　RITA. There's no suppose about it. **Look at those tits**.

值得注意的是，Rita 直接评价并拒绝 Frank 个性化的说辞，她说"There's no suppose about it"（这是不可能的）。Rita 在这次交流中对 Frank 的语言编码提出挑战，象征着她拒绝被动地遵守 Frank 在整部戏剧中对她的定位。她是一个有主见的工人阶级女性，她想要改变。

---

① 关于情态隐喻见 Halliday（1994），Martin（1995a）。

重新/评价

笔者在本章试图对英语中的评价（APPRAISAL)① 进行一个简要概述。并用一系列口语和书面语篇举例说明。笔者从情感系统开始，基于中学英语叙事和反应语境进行研究（Martin, 1996；Rothery, 1994；Rothery & Stenglin, 1994a, 1994b, 1994c)；判断系统在传媒研究，以及后来的历史研究（Coffin, 1997）中由情感系统演变而来（Iedema, et al., 1994)；鉴赏系统在创作艺术的研究背景下发展起来。本研究最初只是一个小项目，目的是更好地分析作为叙事要素的评价，但现在已发展成一个更庞大的、有待完成的研究项目了，本章仅是中期报告的内容。一个魔幻的潘多拉盒子等待被开启，有一些新的研究方向：词汇（与语法）、语料库（与语篇）、韵律（与小品词和波动）、协商（与支配权）、多模态分析〔包括副语言、身体和图像（与措辞)〕、借言（与系统）、抵制和战术性解读（与顺应性解读）等：语言学研究大业的大规模重新语境化——也许早就应该重新定义了。

在《星际迷航》（*Star Trek*) 下一集"统一Ⅰ和Ⅱ"中，Spock 和 Data 正在共同使用加密的 Romulan 通信。通过让 Spock 参与对话，Data 发现了一个事实，尽管他是一个毫无感情的机器人，但一生都在尝试获取一些东西以变得更加人性，而 Spock 是一个具有情感的火神/人，一辈子都在压制他们。值得一提的是，在所有 Enterprise （进取号）的成员中，当代语言学只开始描述了 Spock 和 Data 的词汇语法。也许，随着本书预示评价性语言的出现，是该去探索这个语言学家们很少涉猎的新世界，寻找新的研究"生命"了。

---

① 这一评价视角在很大程度上受到了对中学和工作场所识字率研究的启发，其是 Caroline Coffin、Susan Feez、Sally Humphreys、Rick Iedema、Henrike Korner、David Mclnnes、David Rose、Joan Rothery、Maree Stenglin、Robert Veel 和 Peter White 参与的弱势学校项目"Write it Right"（写得得体）的一部分；特别是 Joan Rothery （鉴赏）和 Peter White （判断）帮助构建了此处大量的分析框架。

第九章
评价和话语层面：
劝说性语篇中的性状和价值

苏珊·霍斯顿（Susan Hunston）

编者按

　　本章肯定会提到，评价是一种非常复杂的语言功能。本书的其他章节在处理这种复杂性时，是将某些方面剔除，继而关注某个单独层面。在本书的最后一章，Hunston 将"迎难而上"，直面这一复杂问题，会探讨被表达出来的不同类型的评价及其与所要评价的不同事物之间的关系。

　　笔者的分析在某种程度上，是将本书导言中对实体和命题之间的初步区分作为评价对象，并根据 Sinclair（1981）的话语层面理论，对这一概念进行更为严谨的论述。从 Sinclair 的*互动层面*（*interactive plane*）来看，语篇反映（并建构）了作者与读者之间正在进行的互动：作者向读者传达了所有特定命题在整个语篇表达更广泛的意义时起到了什么作用。如果我们思考 Thompson 和 Zhou（本书）讨论的那种语言信号，那么以 *Certainly... But...* 为开头的连续句子便是向读者表明，第一句话中的任何内容都应该理解为让步，后面的论述则是一种断言。因此，在这一层面，评价与语篇中命题的功能有关，例如，是将其视为表达作者的观点（在同一语篇中通常不会被作者反驳）还是其他人的观点（开放的，可能会被作者反驳）。在第二个层面

259

上，即*自主层面*（*autonomous plane*），语篇"说出了关于场景的事情"，换句话说，我们正在根据语篇的内容而不是其构造来看待语篇。这一层面的评价与作者对该场景的看法有关：偶遇是幸运（*fortunate*）还是不幸（*unfortunate*），政客是政治家（*statesman*）还是煽动者（*demagogue*），等等。这是 Hunston 这章与 Martin（本书）所述内容重叠最多的地方：他的评价概念主要与 Hunston 自主层面上的评价内容有关。Hunston 分析所依据的另一个主要区别是*性状*（*status*）与*价值*（*value*）之间的区别。在互动层面上，每个表述都具有特定的类型（例如，一种事实或一项评估）和来源（例如，通过作者断言或借言）：这些决定了其性状。在同一时间，许多表述被赋予了积极或消极的价值（例如，它有证据支持或不正确）。Hunston 深入探索了表述的性状限制它所被赋予的价值类型的方式。在自主层面，这种区别更易变化，然而，语篇中提及的实体被赋予的性状将限制随后（有时候也是经常同时）它们被赋予的价值。例如，*weed*（杂草）一词构成了一些植物集群的存在（即赋予性状），这些植物的唯一共同特征是不被园丁所需要，该词同时给了该类植物一个负面评价。

由此自然而然地就生成了关于评价如何在语篇中运作的图景，而且相当复杂。Hunston 的目标以及整本书传递的基本信息表明，语篇评价很难梳理，但却是一项很有必要且有价值的研究。

引言

任何评价系统都必须考虑与评价有关的某些可观察因素。特别是，必须反映出评价的复杂性。评价包含各种不同参数，通常是隐含的，并依赖于它对互文性的影响，而且在许多语篇中，它是多层面的。评价在一个语篇或一组语篇所涉及的特定意识形态建构中起着关键作用。它在话语组织中也起着关键作用。

本章考察的语篇来自不同体裁，但可能都具有说服力。它们包括《自然》杂志的研究论文、《新科学家》的文章、《泰晤士报》和《卫报》的政治和社会评论文章，以及这些报纸刊登的书评。选择具有劝说性的语篇，是因为评价对于语篇的目的具有重要意义。用系统－功能的术语来说，评价说明了劝说性语篇的语场和语旨。

在实验研究文章等体裁中，语篇的说服力往往被隐藏在"客体"的表象之后（Latour & Woolgar，1979；Bazerman，1988），评价现象相对简单，因为只有某些事情（例如，实验方法、作者的结果和结论、其他研究人员的结果和结论）仅以某些特定方式（例如，没有偏见、拟合一系列数据、适用于各种情况）被评价。本章采用了一组概念解释学术文章中的评价（Hunston，1989，1993a，1994），并将其应用于不同的数据集，其中评价对象的范围更大，以进一步探索评价的复杂性。

本章会先探讨一些有关评价复杂性的问题，尤其是与断言和借言相关的评价，分别分析两个层面中的评价：互动层面和自主层面。最后对评价模型进行理论性探讨，并指出这两个层面如何有助于语篇的组织。在本章中，语篇编码者称为作者，语篇解码者称为读者，因为此处采用的所有语篇均为书面形式的语篇。不过，口头语篇也可以用这些术语进行讨论。

探索评价的复杂性

借言与断言

正如 Sinclair 所说（Sinclair，1986；Tadros，1993），借言与断言之间的区别是至关重要的。如果一句话、一段文字或者一个想法是借言，那它在呈现的时候是来自其他人而非作者；如果它是断言，那么这段话是作者自己讲的。区分断言和借言对于评价研究十分关键，因为它可以影响读者面对大量信息时的信任程度（请参阅本书 Martin 在语篇"常规"解读部分的评论）。下文斜体内容，便是借言性陈述的示例。

(9.1)

The history of AIDS took a new twist last week with the disclosure that *a seaman from Manchester appears to have had the disease as far back as 1959.* In the earliest case of AIDS on record，a team of researchers has shown that stored *tissues from the man's body contained genetic material from HIV.* Other scientists said *the work could shed new light on the evolution of the virus and the rate at which it mutates.*

作为读者，我们显然被期望高度相信曼彻斯特船员与艾滋病病例的证据是真实有效的。这主要是因为，上面例句中借言的一些表述有相当"可靠"的来源：*a team of researchers*（一个研究团队）和 *other scientists*（其他科学家）。仅当科学家说其为真实的情况下，该表述才是真实的，这便是断言，如 *The history of AIDS took a new twist*（艾滋病史研究有新发现），曼彻斯特船员是 *the earliest case of AIDS on record*（有记录的最早的艾滋病病例）。此外，某些借言使用表示作者同意或真实性的名词和动词，如 *disclosure*（披露）、*has shown*（已经显示）。在提及"other scientists"（其他科学家）时，用了动词"said"（说），其真值性较低。简而言之，作者通过巧妙地使用借言和断言，对语篇进行了高度评价，同时显示了其科学严谨和尊重权威的立场；当这份信念传递给读者，他们也可能会做出相似的评价。

就像 Sinclair（1986）指出的那样，一般而言，作者对其断言的事物负责；但其借言的内容应由原创者（被援引者）负责。这在上面的例子中得到了证明，作者对 *the history of AIDS took a new twist last week*（上周披露艾滋病史研究有新发现）这句言论负责，但不用对 *the work could shed new light on the evolution of the virus and the rate at which it mutates*（这项研究可能会为该病毒的进化及其突变速率提供新的思路）这句话负责。事实上，承担责任与否之间的区别是可以调节的。自言的内容一定程度上可以通过情态或模糊语言来调节（Channell，1994），以便作者仅对模糊限定的陈述承担责任。而借言的内容或许可以通过表达方式从根本上进行调节，例如通过选择归属动词或名词（Thompson & Ye，1991；Tadros，1993；Hunston，1994；Thompson，1996a）。比如在上文例句中，*has shown*（已经表明）的使用，显示作者认为其可信，与此同时对 *stored tissues from the man's body contained genetic material from HIV*（人体内的存储组织中含有艾滋病毒的遗传物质）这句话的真实性负责。同样，用 *disclosure*（披露）表明了作者认为这个言论可信的态度，同时愿意对调整后的命题负责，即 *a seaman from Manchester appears to have had the disease as far back as* 1959（早在1959年曼彻斯特的一名海员就患上艾滋病），尽管至此并没有提及借言对象。另外，还有一些动词或者名词（参阅 Thompson，1994 的一个完整列表），以及从属连词"as"可以发挥相似功能，如：

(9. 2)

　　Paralinguistic features in spoken language... may make construal easier, as Olsen suggests, but they may also make the task more complex.

　　在区分借言和断言时，有一个复杂的因素是每一句来自其他人的话语也都是作者自己讲出来的，即借言也是自言。Sinclair（1986）指出了这一点，表明来自其他人的话语包含在断言的话语中。所以，在复杂小句 *a team of researchers has shown that stored tissues from the man's body contained genetic material from HIV*（有个团队的研究已经表明，人体内的存储组织中含有艾滋病毒的遗传物质）中，*stored tissues from the man's body contained genetic material from HIV* 这句话具有借言性；而 *a team of researchers has shown that...* 则是断言性的。实际上，通过借言者诠释和评价的每个借言命题的出发点，必然是将每个借言都包含在断言的话语中。

　　从上面的示例可以看出，借言采用通常被称为间接言语的形式（Thompson，1994）。另一种借言包括非小句命题。在此，来自其他人的借言也蕴含于断言中。

(9.3)

　　George I regarded［Gibraltar］as an expensive symbol.

在此例句中，"Gibraltar is an expensive symbol"（直布罗陀是一个耗费大量财力的象征）这一隐含命题被乔治一世表达出来。但是，并没有任何迹象表明这句话是被逐字记录下来的；其只是对乔治一世观点的总结或解释。作为一种总结话语，其真实性由作者承担，而对直布罗陀的评估则由乔治一世负责。

除了上文讨论的借言类型之外，笔者还将某些让步话语视为一种借言，因为作者将这些让步话语看作辩论伙伴所说的话语。但是，它们没有借言对象：辩论的伙伴是匿名的，没有名字。从本质上讲，让步话语可以被视为正确的（尽管能预测到他们的断言会遭到反驳）：因此，作者对命题要承担责任。在例（9.4）中，让步和借言的信号词是 *may... but*。

(9.4)

The Scottish Secretary, Michael Forsyth, may be crude in the way he bang on about the dangers of a ' tartan tax ' and the ' slippery slope ' to independence, but in a political vacuum, he who shouts loudest uses up all the oxygen.

该例句有关格子税（tartan tax）的危害性和越来越糟的独立性的言论引述自迈克尔·科斯夫（Michael Forsyth），并且用 *bang on about*（喋喋不休）这一动词词组进行评价。通过让步对这些言论得出 *crude*（无礼）的评估结果，这借言自一位匿名的辩论者，同时认可了它的真实性。因此，该例句中的借言和评价是多层次的，如表 9-1 所示。

表 9-1 对例（9.4）的分析

评价什么	谁评价	如何评价
苏格兰可能出现的事件	Michael Forsyth	格子税的危害性和越来越糟的独立性
Michael Forsyth 对于格子税的危害性和越来越糟的独立性的言论	作者	*bang on about*（喋喋不休）

续表

评价什么	谁评价	如何评价
Michael Forsyth 对于格子税的危害性和越来越糟的独立性的言论	匿名的辩论者	*crude*(无礼)
匿名辩论者对 Michael Forsyth"crude"(无礼)的看法	作者	通过让步的方式肯定其真实性,但是可以预测到其反驳力量

下面是另一个表达了多重看法的示例，有些是知名的，有些是不知名的：

(9.5)

　　Sir James may have caused apoplexy in the Tory party with his tirades against Eurodoctrine, but he has not so far moved enough voters for them to register on an opinion poll.

借言内容是詹姆斯爵士关于反对欧洲的演讲，作者认为是长篇演说，而对这些演讲的反应则引自保守党成员，作者将其视为 *apoplexy*（轩然大波）。事实上，已经承认詹姆斯爵士引起了轩然大波，也就是说，它借言自作者认可的、一位不知名的辩论者。再次以表格展示评价和借言的层面（见表 9 - 2）。

表 9 - 2　对例（9.5）的分析

评价什么	谁评价	如何评价
关注欧洲政策	詹姆斯爵士	负面的;詹姆斯爵士表示 *against*(反对)
詹姆斯爵士的讲话	作者	*tirades*(慷慨激昂,批评性的)
詹姆斯爵士的讲话	保守党	愤怒
保守党对詹姆斯爵士讲话的反馈	不知名的辩论者	*apoplexy*(轩然大波)
无名辩论者在保守党对詹姆斯爵士讲话反映上的断言	作者	承认真实性,但也能预测到反驳力量

应该指出的是，在这个阶段，借言对象只是庞杂现象的一部分：在语篇中将信息或观点来源标示出来，可能是有生命的或非生命的，这些来源标示

有时被称为"证据"（Chafe，1986；Barton，1993）。当然，作者选择了资料来源，并可能选择有名的人或组建社群（Hunston，1993b）。这些来源共同构成了一种知识和观点建构的文化，希望读者可以共享并对它深信不疑。

评价中的多个层面

上述关于借言和断言的讨论集中于借言及评价的多层面性。至此，笔者将通过另一个例子更进一步地讨论多层面性，下面是示例语篇中的第一句话：

(9.6a)

Right now a new wave of anti-sect paranoia is sweeping the world.

在此例句中，作者断言 *anti-sect paranoia*（反宗派的偏执狂）会流行起来。*anti-sect paranoia*（反宗派的偏执狂）表明了对一群人（宗派）的反应，是对非特定群体的一种反应。而作者认为这种反应（偏执狂）是不合理的。反宗派的偏执狂被进一步以消极的方式评价为普遍存在，比如 *new wave...sweeping the world*（新浪潮……席卷全球）。此外，完整的一句话构成了作者的判断、观点或主张。它代表下一句话中要评价的事物，其中会提供具体证据：

(9.6b)

All ruling bodies, political parties and the media seem unanimous in their suspicion and hostility towards sects and any group of people labelled a 'sect' are automatically viewed with prejudiced eyes.

换句话说，某些群体被无名人士认定为"sects"（宗派），而这个想法则会被认为是"paranoia"（偏执狂），其本身被认定是普遍存在的，并且这种断言被认为是有据可循的。

和前文一样，仍然用表格呈现话语的多层面性（见表9－3）。

表9－3　对例（9.6）的分析

评价什么	谁评价	如何评价
群体	无名人士	负面；被视为 *sects*（宗派）
人们对宗派的感受	作者	*paranoia*（偏执狂）
反宗派的偏执狂	作者	常见：*sweeping the world*（遍布全球）
作者断言偏执狂热席卷全球	作者	认为可信，通过补充细节作为证据

如西泰拉（Thetela）（1997）所言，评价研究的复杂性主要源于一个事实，即可以在同一个语篇中对不同的事物进行评价，Thetela 建议要区分场景－实体（world-entities）和话语－实体（discourse-entities）。在她看来，表9－3第1列中的前三个被评价对象是场景－实体，而最后一个是话语－实体。基于此，本章进行了类似的区分，下面将从"话语层面"进行探讨。

以一个从书评中摘出的选段为例进行思考：

(9.7)

［1］O'Toole's descriptions of Rada classes pin down precisely the Dickensian eccentricity of his teachers. ［2］There is the voice-coach Clifford Turner who magically repeats every phrase three times; the ballet-mistress Madame Fletcher（'Fletcher the Stretcher'）who, getting O'Toole into the Fifth Position, leaves him doubting the whereabouts of his testicles; and the movement teacher Miss Boalth, who has our hero floating about as a bubble while his fellow student Albert Finney spins by as a leaf. ［3］As a bookie's son who, at 21, had already knocked about the world a bit, O'Toole describes the mysteries of his initiation with an ironic amusement.

在该选段中评价了几个"场景－实体"。分别是：

● 书中需要被审视的一部分，即 *O'Toole's descriptions of Rada classes* (*O'Toole 对 Rada 课堂的描述*) 受到了积极的评价，因为其以 *ironic amusement* (讽刺的方式)，*pin down precisely* (精确地) 描述了教师的性格；

● 各位 Rada 的老师，他们表现出 *Dickensian eccentricity* (狄更斯式的怪癖)①；

● O'Toole 是 21 岁的年轻人，他被给予了积极评价，即经验丰富和精于世故：*a bookie's son who，at 21，had already knocked about the world a bit* (赌徒之子，在21 岁时，他已经开始闯荡世界了)。

另外，第二句证实了第一句的主张，并对其进行了积极评价，因此对"话语－实体"进行了评价。

话语层面

以上例句中，对两类实体进行了评价，Thetela 将这两类实体称为"话语－实体"和"场景－实体"。每一个例子中的主张都需要通过证实来进行评价。对主张的评价是一种对话语行为的评价，也是对部分话语本身的评价。另外，一本书中对人们思想和行为的评价，并不是这个语篇中对话语行为的评价（尽管它们确实在互文中评价了其他话语）。

"评价话语的一部分"与"评价其他事物"之间的区别可能类似于 Sinclair（1981）对互动话语层面和自主话语层面的区别。这种区别可以根据作者和读者的角色来进行鉴别。在任何时候，作者都是信息分享者，而读者通过其呈现的信息了解语篇内容（自主层面）。同时，作者也是语

---

① 译者注：狄更斯式的怪癖主要用于比喻强迫症患者的行为。查尔斯·狄更斯著作等身，推动了维多利亚时代的伦敦社会改革，但他在一些问题上有点偏执，比如他受不了任何一根头发凌乱，梳子总放在身边，一天要梳上几百次；对自己书房的布置要求十分严苛；等等。另外，狄更斯创作时会不断踱步，向助手口述其思想，大部分笔头工作都是助手完成。他们有时反复斟酌每个句子，替换词语、改变顺序，然后再继续。因此，研究狄更斯的专家们认为他患有温和性强迫症，甚至是癫痫。

篇建构者，其将语篇的结构（互动层面）分享给读者。根据 Sinclair 的说法，尽管某些句子比其他句子在互动层面上的性状更明显，但实际上这些句子可以同时在多个层面上运行。诸如笔者下面继续讨论的三个例子（Tadros，1994）。

再回看例（9.6），如果将句子 1.1——*Right now a new wave of anti-sect paranoia is sweeping the world*（当下，新一波反宗派的偏执狂热正在席卷全球）——作为一个主张（或断言或借言等——选何种术语并不重要），在后续句子中进行评价，就是从"将作者看作语篇建构者"的角度来认识句子 1.1。作者通过先给出一个论点然后再去证实它的方式创作语篇。这种方式是互动层面的评价。但是，如果将句子 1.1 视为该话语以外某些事物（包括其他话语）的一个注释，那么就是从信息分享者的角度来认识这句话。该种方式是自主层面的评价。

区分话语的自主层面和互动层面，是解释语篇评价复杂性的方式之一。其关键点在于被评价的内容：是对话语本身的行为（交互）的评价还是对其他外在事物（自主）的评价。笔者认为，在互动层面上，被评价的此物与他物之间的差异性在于"场景"和"陈述"或者 Sinclair 所说的"事实"和"断言"的变量组合（这两个术语将在下文进行说明），而在自主层面，差异性则取决于如何理解和标示场景。

现在，笔者可以基于互动层面和自主层面的差异性，重新阐释 *Right now a new wave of anti-sect paranoia is sweeping the world* 的相关分析，见表 9-4。

表 9-4 例（9.6）：两个层面

自主层面		互动层面	
评价什么	如何评价	评价什么	如何评价
群体	*sects*（宗派）	作者断定偏执狂已经遍布世界	真实
人们对宗派的感觉	*paranoia*（偏执狂）		
反宗派的偏执狂热	常见		

互动层面的性状和价值

陈述的性状

Sinclair（1986）在其《虚构场景》（"Fictional Worlds"）一文中指出，互动是通过受众所接受的"事实"（"周围现实场景中的一种状况"）和说话人言论中的"断言"内容（"口头声明某些事物确实如此"）达成一致来表现的。写实性质的主张，可以让听众根据其与他们所经历的"事实"的一致性程度或者其他方面进行判断；虚构性的主张（例如，在小说中出现的）的评价就大不相同了，其评价的是"似真性"和美学价值，而非事实。换言之，听众或读者对写实性和虚构性主张的回应方式存在明显差异。因此，听众或读者合理评价具体语篇是虚构的还是写实的，这一点很重要。Sinclair（1986：57）将这种虚构性或其他方面称为语篇的"性状"（status）。

用 Sinclair 的话来说，语篇性状的重要性在于它决定了读者如何回应给定语篇的表述内容：从本质上讲就是，读者在多大程度上根据自身所经历的现实场景来判断这些陈述。尽管笔者在这里以略微不同的方式使用"性状"一词，但性状的关键特征仍然保留下来：不同性状的表述会被读者以不同的方式回应，并由读者根据不同标准进行判断。

与 Sinclair 不同，笔者不建议将"性状"这一术语用于整个语篇，而是用到语篇的小句上。〔实际上，性状不仅是小句的特征，还是语篇中所有命题的特征，包括那些没有以小句形式表现的命题。这是评价具有复杂性的原因之一。但为简单起见，笔者将仅在显性陈述（即小句）层面讨论性状。〕可以说，语篇中的每个小句或每个陈述都带有特定的性状。即，每句话在语篇之外的场景都具有特定的向度。在学术写作中，作者会高度准确地调节陈述性状，以便读者可以接受其直接观点及学术水平。例（9.8）让读者将第一句话理解为一个给定的事实，但是会根据常识对第二句话进行更为谨慎的解释：

（9.8）

Over its evolution, the plant kingdom has accumulated a large repertoire of mechanisms for coping with cold, drought, and CO_2 starvation. Presumably, these mechanisms have weakened the relation between CO_2 and productivity and have reduced the effect of CO_2 fertilization and greenhouse warming on vegetation. [1]

需要强调的是，读者是否接受语篇呈现出来的性状并不重要。专家级的读者可能对第一句话就完全不认可，指责作者无知或对相关研究存在误解。实际上，这些都在该句预测的回答范围之内，包括"拒绝是错误的"和"接受是正确的"。

另外，也正是由于上述两句的性状，语篇本身是在读者接受其为真的假设下展开陈述的。陈述的性状不仅决定了读者可以接受的回应范围，还限制了语篇可能产生后续陈述的范围。比如，Sinclair（1986：45 – 6）指出，一个没有调节场景和陈述一致性的叙述（Sinclair 所述的"事实"和"断言"），不能简单地被同一个论证者反驳：

说话人不能说："This costs £ 5, but it doesn't. "（这个花了 5 英镑，但又没花。）

但是，修改了之后，该陈述就可以被反驳了：

"This should cost £ 5, but it doesn't. "（这个应该花 5 英镑，但又不应该。）

在选自一篇学术文章的例（9.9）中，以 *deciduous angiosperms weather rock more effectively than evergreen gymnosperms*（与常绿裸子植物相比，落叶被子植物更容易让岩石风化）为开头的命题很容易被作者反驳，因为其用带有借言的动词 *argue*（辩称）表明这句话来自 *the latter authors*（后文作者），

---

① 译：在其进化过程中，植物王国积累了许多应对寒冷、干旱和缺乏二氧化碳的机制。据推测，这些机制削弱了二氧化碳与生产率之间的关系，并减少了二氧化碳施肥效应和温室效应对植被的影响。

但其并不能表明作者同意这个观点。

(9.9)

　　Using data from Likens et al. , the latter authors argue that deciduous angiosperms weather rock more effectively than evergreen gymnosperms, thus the advent of the angiosperms during the Cretaceous caused a major increase in rates of weathering.

　　因此，选择转述动词的作用之一是保留与借言陈述不一致的选项〔例如 *argue*（*辩称*）〕或排除这种分歧〔例如 *point out*（*指出*）〕。这样限制后续语篇话语的不仅仅是通过借言的方式。例（9.10）中，作者让自己从支持随后陈述的责任中全身而退：*nonliterate adult speakers are as capable of perceiving disparities between words and meanings as literate speakers*（*文盲能够像非文盲群体一样认识到单词和意义之间的差异*）。因为陈述的性状只是一种假设，读者可以同意，也可以不同意，但是语篇表述得就像读者同意了一样，无须进一步证明。

(9.10)

　　I am going to take it for granted as requiring no argument that nonliterate adult speakers are as capable of perceiving disparities between words and meanings as literate speakers.

　　总之，互动层面的性状是指陈述与场景的联结，它决定或至少限定了读者对语篇的反应以及随后的进一步评价。也就是说，性状可以使陈述更加具象，即让每个陈述变成有待进一步评价的具体"事物"（假说、假定、事实等）。性状的配给是不可选的：语篇中的每句陈述都具有某种性状。

　　为了分析语篇中的性状，必须提出一系列性状范畴，具体包括断言事实、借言观点、主张假设等，但是这样罗列就会让分析变得更加复杂。因此，可能要换个方式提问，即"性状的范畴之间存在的主要差异是什么"。答案就是，主要区别在于陈述的类型和每个陈述的来源。图 9 – 1 展示了陈述类型系统网络。

　　就陈述类型而言，结构中各个部分的重要性可能取决于体裁。例如，对于描写实验研究的学术文章，有人认为（Hunston，1989），一个主要的对比在于创造一个可能或假设场景的陈述（例如"创造场景"：假设事件的假定和描述）和主张对真实场景有所认知的陈述（例如"反映场景"：比如，实验方法和结论转述）。另一个显著的差异是主张为真（例如事实、事件、实验结果）与主张可能为真（例如假设和解释）之间的差异。对于新闻工作者的劝说性文章而言，最重要的差别似乎在"事实"与"评估"之间。也就是说，作者要么提供具有真值性的信息，并且只能以作者是骗子（真相）进行反驳；要么给出一个观点，但其本身不能说是真实与否（评估）。下面笔者将结合图 9 – 1 给出一些例子进行讨论。

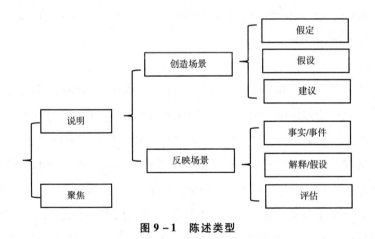

图 9 – 1　陈述类型

1. 聚焦和说明

　　聚焦陈述主要描述当前语篇自身的状况，包括与语篇的目的或组织有关的陈述。例如，*This point will be discussed again in Chapter 8. . . This chapter is divided into two sections. . . Figure 1 shows. . .*（这一点将在第 8 章中再次讨

论……本章分为两个部分……图1 显示……），表明陈述是在语篇和场景之间建立的联结。

2. 反映场景：事实、解释和评估

下面是断言事实的一个例子：

(9.11)

I belong to a spiritual movement called the Wild Goose Company, some of whose members live at Energy World, a community in rural France.

下面是一个断言评估的例子：

(9.12)

It does not seem outrageously liberal to allow a group of people to gather together and experiment with styles of living that differ from those of conventional society.

事实与评估之间的本质区别在于，基于事实提出的断言和结论是可以验证的，而评估则不能。因此，*I belong to a spiritual movement called the Wild Goose Company*（我在一个发起宗教信仰运动的机构——野鹅公司工作）这一事实能够被证实（例如，通过查验"野鹅公司"的记录），但 *it* [*is*] *not outrageously liberal to allow a group of people to gather together...*（让一群人聚集在一起并不很离谱……）的主张是难以证实的；这只是一个观点，并不为所有人都支持或赞同。例（9.11）和（9.12）可以使读者支持这些命题。但是，这些例子确实会让读者产生不同的反应。因为第一个例子呈现出其是可以被客观验证的东西，所以读者没有必要质疑陈述的真实性，又或者，由于一切皆有可能，否认真实性就暗示着作者是骗子或荒谬的妄想者。这种情况类似于研究者陈述研究结果时的情况：在读者没有打算指控研究者有欺诈嫌疑的情况下，不会质疑那些结论。但是，对于评估，读者可以无所顾忌地与作者持不同意见。在上文例句中，读者有可能会认为作者误解了某些事件，进而与其争论。事实与评估之间的主要区别在于对后续语篇的解释上。对事实不会进一步评判其真实性。对评估会进一步评判其真实性（但只有积极性的）；实际上，它们通常都可以在后续语篇中得到论证。

当然，"事实"可能让作者的观点基本以显而易见的方式呈现出来。比如，例（9.13）中对事件的重述显然包含了作者大量的解释说明：

（9.13）

Energy World was recently invaded by police without warning at seven one morning. Exits were sealed, and all the computer files were commandeered; Mr Barnett's private quarters were ransacked.

这段话很容易让读者认为，警察进入一幢房子，关上门，拿走计算机文件并搜查了一个人的房间，而不会认为警察存在 *invaded*（入侵）、*sealed*（封锁）、*commandeered*（控制）或 *ransacked*（洗劫）等一系列恶行。

另外，评估可以被表达成像事实一样。例（9.6a）就是一种评估，因为它不是可验证的，但表述得像正在发生可验证的某个事情一样。

（9.6a）

Right now a new wave of anti-sect paranoia is sweeping the world.

"事实"和"评估"之间存在一个被称为"解释"或"假设"的范畴。这些是作者认为可能正确的表述。它们在科学和其他学术话语中非常典型，如上所述，已知的话语和有待验证的话语之间有着明显差异。在例（9.14）中，句子［3］属于借言假设句式，是根据对事件的解释而形成，类似于实验方法（锤打一块木头）及其结果（形成灰堆）：

(9.14)

[1] While building a dog kennel, [Berg] happened to hammer on a piece of plywood which was covered with a thin layer of volcanic ash. [2] The vibration caused the ash to clump together to form miniature mounds. [3] Berg realized that Mima mounds might form in a similar way.

3. 创造场景：假定、假设和建议

除了反映场景之外，作者还可以选择营造一个假设的场景，这个场景只是假定的或假设的，并且未验证其与现实场景的关系。在学术话语中，学者有时候主张要以某种假设为前提，即暂时假设它是真的，而不是像例（9.10）那样去论证其真实性。在该例子中，作者实际上创造了一个场景，在此，成年文盲和识字的成年人是具有同等意义的，这个场景构成了其余论证的背景。对于创造场景与现实场景之间的关系无须论证。

(9.10)

I am going to take it for granted as requiring no argument that nonliterate adult speakers are as capable of perceiving disparities between words and meanings as literate speakers.

当作者提出建议时，也会出现类似的创造场景：

(9.15)

If I was Major I would try to make some such deal with Spain.

真值性的问题在这里不重要。此处的言语行为是指示性的（提供建议），而不是断言性的（提供信息）。

探讨了主要的陈述类型之后，笔者现在转而关注性状分配中的另一个变量：陈述来源。用选择表达陈述来源存在一定问题。以下面三句话为例，它

们也在本章的其他地方出现过：

（a）Higgins maintains that gophers destroy mounds not build them. （希金斯坚持认为，地鼠只会破坏小土丘而不是建造它。）

（b）I have to say I very much doubt it. （不得不说我对它充满怀疑。）

（c）It［the preceding text］does suggest that their causes have some way to go before they achieve real weight. （它［前文］表明，要达到真正的重量，他们的目标与现实之间还有一定距离。）

显然，这些陈述的来源不同：（a）是对他者观点的转述，（b）是自我观点的有力表达，（c）是从之前论证得出的结论。这些差异如何在选择方面表现出来？每个例句中都带有一个表示某种语言过程的动词的投射小句和被投射小句。因此，可以说它们都是借言的，分别源自指定的他者、自我和前文。或者，可以将（b）解释为强标志的断言，由作者对所述命题承担责任，同时（a）是真实的借言，这就会产生一个疑问：（c）是属于（a）（因为它似乎是借言），还是属于（b）（因为这种属有关系就像一个诡计）。"suggest"表明其实际上来自作者而不是前文。那么，显而易见的选择将取决于是否优先考虑小句复合体的语法形式、陈述的指定来源或责任问题。笔者选择优先考虑来源。图9-2大致展示了陈述来源的网络结构。

4. 自我和他者

如上所述，作为来源的自我和他者之间的区别，已优先于语法上区分的断言和借言而被考虑。

5. 自我作为来源：断言、强调和隐藏

在"自我"范畴的来源中，区分了直观的断言（下面将进一步讨论）与非他者或非语篇来源的借言。借言指向自我之处，被描述为强调自我的来源，比如：

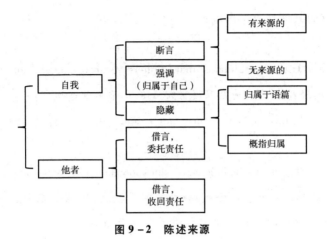

图 9 – 2 陈述来源

(9.16)

I have to say I very much doubt it.

作者自身作为陈述来源的情况可能会被掩盖，就像前文中采用了借言的情况一样。如例（9.17）中，尽管使用了转述结构，但对相关建议负责的是作者：

(9.17)

It〔the preceding text〕does suggest that their causes have some way to go before they achieve real weight.

另外，作者自己的观点可能被认为是"众人所言"（people in general）。这再次掩盖了作者自身就是信息来源的真相：

(9.18)

No one is pretending that Gibraltar is either a big issue or even, at this stage, a particularly pressing one.

这样做是为了组建一个志同道合的"小圈子"，于此，读者可以产生归属感，从而容易形成共识。

6. 他者作为来源：委托责任或收回责任

在典型的借言例句中，责任转移到借言对象身上，其可以是特指的人或特定群体，例如：

(9.19)

In the past century, geologists have proposed many explanations for the mounds'existence. *Some have claimed* that they were built by gophers or that they are the product of selective erosion of the soil. *Others believe* they result from glacial deposition or the accumulation of soil around the roots of plants...

(9.20)

George Cox of San Diego State University points out that the mounds in North America overlap the range of the pocket gopher. But *Higgins maintains* that gophers destroy mounds not build them.

借言对象可能是不太具体的群体，例如：

(9.21)

... Major *is said by some* to have secured his famous single currency and social chapter opt-outs at Maastricht only in return for an agreement to support Germany over the recognition of Croatia.

借言甚至可能是言语行为，而不是个体或群体行为：

(9.22)

Myth has it that O'Toole, along with Finney, spearheaded a new breed of fifties working class actor...

尽管该小句中可能会出现对言论行为负责的主体的踪迹，例如：

(9.23)

The standard *devolutionist* response to this is to say that the arguments for reform have long been made and won. . .

(9.24)

. . . a rumour went round *the neighbourhood* that they were built as repositories for any human corpses left after your average 'cult activity'.

然而，如上所述，作者可以通过选择表示一致性的动词，比如 *prove*（证明）、*point out*（指出）、*show*（表明），或使用"as. . ."结构，找回陈述的责任。

7. 有来源和无来源的断言

断言（不是借言）的陈述仍可以被表达为来自某处。该来源证明了陈述的真实性，并表示为介词短语或副词。断言的来源可以是实体（下面例句中用斜体标出）：

(9.25)

Peter O'Toole is a born romantic; that much is clear from *this beguiling second volume of a set of memoirs that looks likely to last to infinity.*

或者，该来源可能是一种隐含的共识：

(9.26)

Gibraltar is a small, costly, and *by all accounts* not very prepossessing colony of only 30000 people.

（9.27）

For *when one thinks back*, all his best performances, on stage and screen, have been as larger-than-life outsiders. T. E. Lawrence, *obviously*...

（9.28）

A man who made a pact like that would *certainly* be a man who could trade the Rock for fish.

一些有来源的断言也是让步和预测一个反论点。如上文讨论的，这些让步陈述没有诸如 may 或者 It is true that... 等明显的标记语，暗指一个无名的借言对象。让步性来源的断言见例（9.29）：

（9.29）

Undoubtedly some track should be kept of religious communities...

无来源的断言没有这种变化。下面例句的前两个代表断言事实，第三个是断言评估：

（9.30）

On the morning of the white paper's release, I had a briefing from a minister.

（9.31）

Ten years ago we [Britain] still had upwards of 2000 military personnel on the Rock. Today we have 700.

（9.32）

So far there is little evidence that the issues championed by the two millionaires have done much to capture the public imagination.

有来源和无来源的断言之间可能存在不确定性。如果陈述的潜在来源在该句之外，则尤其如此。例（9.33）中，断言的证据 *O'Toole is initially poleaxed by the temptations on offer*（奥图尔最初被出现的诱惑吓坏了）可能在第一句提到的那本书里。

(9.33)

〔1〕The book also accurately evokes the sexual tensions of fifties student life. 〔2〕O'Toole is initially poleaxed by the temptations on offer...

在论证中运用性状

在学术和非学术论证中，运用话语性状，以便引导读者面对作者反对的、借言对象的陈述（反对的主张），更加信任作者的陈述（提出的主张）（Hunston，1993c）。在许多情况下，作者提出的主张与非作者提出的主张之间存在明显的反差。不过，这种反差可能非常微妙，尤其在学术论文中，作者声誉会受到威胁，必须谨慎行事（Myers，1989）。在以下例句（来自 Hunston，1993c）中，隐含表述的 "there was a limiting dichroism of +0.06，with saturation of orientation at voltages above 15kV/cm"（极限二向色度为 +0.06，在电压高于 15 kV/cm 时取向饱和）比 "there was a limiting dichroism of about -0.2 and there was no saturation of the orientation"（极限二向色度约为 -0.2，并且没有取向饱和）更让人信服。通过将结论借托于某个实验者表达出来〔*McGhee et al. found... did not observe*（麦基等发现……未观察到）〕和将结论表示为实验的中性结果之间的对比，可以看出其中的差异。

(9.34)

McGhee et al. ... found a limiting dichroism of about -0.2 and did not observe saturation of the orientation at increasing electric field. Our experiments... showed a limiting dichroism of $+0.06$, with saturation of orientation at voltages above 15kV/cm.

下面例句的相似之处在于它同时使用了非学术文章中的转述动词（report verb）和借言对象。首先，提出主张：

(9.35)

... what politicians and journalists reluctantly have to concede is that it [the devolution debate] still fails to ignite passion on the doorstep.

然后对应反对的主张（随后被驳回）：

(9.36)[①]

The standard devolutionist response to this is to say that the arguments for reform have long been made and won...

在例（9.35）和（9.36）中，都有一个归属评估，即 *it still fails to ignite passion on the doorstep*（它仍然无法激发人们的热情）和 *the arguments for reform have long been made and won...*（早已提出了改革的意见并赢得了胜利……）。但在例（9.35）中，借言使用的动词是让步性的，这表明断言者对主张的真实性负责，实际上，断言者首先想到了这一点，并赢得了"政治家和记者"对她（他）的支持（Hunston，1995），而第二个例子中，借言使用的动词却是 *say*（说），这表明仍由借言对象〔"devolutionist"（支持分权的人）〕承担言论责任。另外，第二个例子的主张被描述为 *standard*（通常的），这使它看起来不那么令人信服。

---

① 译者注：同例（9.23），原文如此。

283

互动层面的价值

性状使语句变得真实，让每个话语－实体成为可以被赋值的事物。例如，一个评估可以用证据佐证，也可以通过与常识相匹配的方式获得支持，两种方式都积极评价了评估。另外，它可能被证明与事实不符，或在其他方面受到批评，这是对评估的负面评价。源自自己或作者负责的评估，比转移责任的借言的评估更可能获得积极评价。

上文已经讨论过，语篇中的所有表述都被配给了性状。其中一些还将用于评价其他陈述。例如，再来认识本章开头讨论的两个句子：

(9.6)

　　Right now a new wave of anti-sect paranoia is sweeping the world. All ruling bodies, political parties and the media seem unanimous in their suspicion and hostility towards sects and any group of people labelled a 'sect' are automatically viewed with prejudiced eyes.

这里的小句都是断言性评估，但是第二句话证实了第一句话。使用Winter（1982）的标准，第二句话回答了"这个观点是否有证据支持？"的问题。因此，可以说第二句话评价了第一句话。

一个表述被赋值的理由取决于其性状。在下面的例句中，句子［1］和［2］使用归属理论（attributed theory）对某事进行描述。该理论在句子［3］中被给了否定评价，理由是它不完整，因此不能被验证：

(9.37)

　　[1] According to Berg's theory, particles of material are shaken loose from high amplitude areas and pushed towards the null zones. [2] It is here that they accumulate to form Mima mounds. [3] Unfortunately, Berg does not have a quantitative model of this phenomenon, and cannot predict how

much seismic energy would be needed.

下个例句中，第一句是建议，其可以根据后续可能产生的好或坏结果赋值。句子［2］表明了这些结果。句子［2］又具有了断言性评估的性状，句子［3］、［4］为证据。如此一来，句子［2］给句子［1］赋值，句子［3］和［4］又给句子［2］赋值。

(9.38)

　　［1］Nor should Blair he afraid of the precedent factor.　［2］The inevitable argument about withdrawal from Gibraltar could be turned to positive advantage.　［3］It would show that Britain is serious about grabbing the remaining post-imperial nettles and facing up maturely to its position as a European nation.　［4］If it opened the way to a more constructive approach to a settlement with Argentina over the Falklands, then so much the better.

在各种情况下，互动层面赋值的过程都有助于组织语篇。而如果忽略了那些赋值的句子性状，就可以用成对的小句关系来表达对以上三个例句的分析，即每一对都用性状 + 价值的结构表示：评估 + 证据；理论 + 批判；建议 + 理由/评估 + 证据。

基于互动层面分析语篇

以下是对《我们需要宗派教育》（WNSE，请参阅附录）文本在互动层面的评价分析。当然，在互动层面分别探讨性状和价值是可行的，并且这样可能会形成有趣的见解（Hunston, 1989）。但是在此，笔者将继续优先分析价值，同时指出那些被赋值的小句性状。赋值的小句性状不会被标明。

具体分析见表9-5。该表除"句子"外共由三列组成，前两列分别是性状和赋值；最后一列，用一个问题表示价值评价的理由。最终展示了语篇中论证如何被组合在一起的概况。

表 9 - 5　WNSE：互动层面

句子	性状	赋值	为价值确定理由的问题
1.1	断言性(无来源)评估	/	对该评估有证据支持吗？
1.1 - 2.2	/	1.1 有证据支持	
2.1 - 2	对事件的断言性（无来源）解释	/	对该事件的个体反应是什么？
2.3	断言性(无来源)评估	2.1 - 2 是 alarming（惊人的）	对该评估有证据支持吗？
2.4	/	2.3 有隐含证据支持：遵循转述的逻辑将导致替代医学的消逝	/
3.3	隐含归属性（委托责任）评估：政府认为能源世界社区具有威胁性	/	该评估有任何支撑吗？
4.1 - 3	/	证据无法支持	/
5.7	归属性(无来源)评估	/	对该事件的个人反应是什么？
5.8	/	相当于本丢·彼拉多①	/
5.6 - 7	对事件的断言性（无来源）解释	/	这些事件的结果是什么？
5.6 - 7	对事件的断言性（无来源）解释	/	这些事件的结果是什么？
6.1 - 3	/	不良后果	
6.1	断言性(无来源)评估	/	对该评估有证据支持吗？
6.2 - 3	/	有证据支持	
7.1	断言性(无来源)建议	/	该建议是合理的吗？
7.2 - 5	/	不是基于任何粗暴的自由主义或不合逻辑的建议	/
7.4	断言性（有来源）建议（让步）	/	对该建议有什么反对意见吗？
7.5	/	很合理但又不幸的后果	
7.6a	断言性（有来源）评估（让步）	/	对该建议有什么反对意见吗？
7.6b	/	反证	/

---

① 译者注：本丢·彼拉多（Pontius Pilate，? ~公元 41 年），罗马帝国犹太行省总督（公元 26 年~公元 36 年）。根据《圣经新约》所述，曾多次审问耶稣，原本不认为耶稣有罪，但在仇视耶稣的犹太教领袖的压力下，判处耶稣钉死在十字架上。

自主层面的性状和价值

上文将语篇视为一个人工产物，其功能是建构有说服力的观点。因此，可以说它是一个元分析。但如前文对评价复杂性的讨论所指，元分析仅涉及了语篇评价的一小部分内容。因此，这一节的目的是提出自主层面的评价分析。和前文一样，笔者首先阐明评价对象，然后再探讨评价方式。

给场景贴标签：自主层面的性状

如果用"性状"表示言论与场景的联结，那么显然它仅是互动层面的。但，如果认可性状的功能是赋予"物性"并限制某事物如何被赋值，则该功能以及"性状"一词可以被扩展到自主层面。如 Thetela（1997）术语中"场景 – 实体"的事物都是范畴，基于这些范畴决定每个实体如何被赋值。

无须再赘述的一个观点是：语篇中用来描述场景的词语必然会反映作者的意识形态，或者更确切地说，它反映了作者所在的社会阶层的意识形态。例如，讨论如何在各种语篇中注明人和事件是批判性话语分析研究者的核心任务（例如 Fairclough，1989；van Leeuwen，1996）。对于有警觉性的读者而言，当相似或可比较的实体以不同的方式词汇化，或者同一实体被不同的群体以不同方式词汇化时，这一观点立刻变得显而易见。读者被认为可以根据所给的词汇"标签"〔例如 *press briefing* or *propaganda*，*freedom fighter* or *terrorist*（新闻简报或宣传，自由斗士或恐怖分子）〕做出反应，而在语篇中进一步评价该事物的方式取决于它是什么。被标记为 *propaganda*（宣传）的演讲活动，或被标记为 *terrorist*（恐怖分子）的人，很容易受到负面评价，就像归属评估或理论一样。

但是，互动层面和自主层面的性状之间存在一个显著差异。在互动层面上，由于性状与言论和场景是否一致密切相关，并且部分由转述结构和情态的其他指示配给，其通常还与确定性的评价参数相联系。另外，价值通常与好坏参数关联。然而，性状不等于确定性，价值也不等于好坏参数。相反，

287

我们可能将性状和赋值解释为评价的功能，而不是参数。性状取决于物性，价值取决于特性。这些功能转移到自主层面，但在该层面，性状不一定与确定性参数相关联，价值也不一定与好坏参数相关联。因此，性状和价值之间的区别在该层面上更加模糊。例如像 *propaganda*（宣传）这样的词语，用来评价被标记为具有消极性的语篇或话语模式，因此可以被解释为对价值的评价。但是，它也将那些语篇或话语模式视为一个独立的实体，以这种方式标记，限制后续的评价。此时，*propaganda*（宣传）可能被评价为"有效"，而不是"真实"。因此，该词语可以被理解为赋予"物性"，也就可以认为是对性状的评价。

我们通过审视表 9 - 6 来探究这个难题，它是表 9 - 4 的一部分内容，可以用于解释例（9.6a）中的一些评价内容。

表 9 - 6　自主层面的例（9.6a）

评价什么	如何评价
群体	*sects*（宗派）
人们对宗派的感觉	*paranoia*（偏执狂）
anti-sect paranoia（反宗派的偏执狂热）	常见（因此也是危险的）

（9.6a）

Right now a new wave of anti-sect paranoia is sweeping the world.

合理的解释是将"评价什么"一列视为拥有性状，而将"如何评价"一列中的所有内容都视为赋值。该性状当然是由价值隐含的；除非它由一个群体组成，否则不能称其为宗派。这种分析的有益之处在于，它展示了语篇内部与外部场景之间的互动；但也有缺点，其一，分析中出现的内容比语篇原本的内容多很多；其二，实际上出现在语篇中的名词词组——*anti-sect paranoia*（反宗派的偏执狂热）——以价值和性状形式同时出现。这句话确实具有双重作用。但为了使自主层面与互动层面的评价保持一致，笔者选择忽略表 9 - 4 前两行所代表的复杂性，并且将 *anti-sect paranoia*（反宗派的偏

执狂热）视为发挥性状的评价性功能，而非价值的。

有时，实体的性状是语篇本身的要点：例如，语篇 WNSE 中，将 *Energy World*（能源世界）视为 *sect*（宗派）或 *spiritual community*（灵修社群）的性状正是该语篇的争论点。在此情况下，这些标签本身就代表着意识形态上的张力。但是，还有很多一般情况的例子，标签的选择没有明显的社会政治意义。不过，即使如此，性状标签的选择仍然限制了可能赋予实体的价值。在下面的例句中，要评价的是一本"书"，具体说是一本"回忆录"，它被赋予了相应的价值。如果给他贴上"历史"的标签，那么对这本书给予积极但不是很严肃的评价——*beguiling*，*sees life through the bottom of a glass lightly*，*hymn to the vagabond tradition in British acting*（引人入胜，用一种轻描淡写的方式看待生活，对英国戏剧中流浪传统的赞歌）——似乎就不太合适了。

（9.39）

Peter O'Toole is a born romantic: that much is clear from this beguiling second volume of a set of memoirs that looks likely to last to infinity. Covering O'Toole's first year as a Rada student in 1953/4, it sees life through the bottom of a glass lightly, is written in a word-drunk, Dylan Thomas-saturated prose and is a hymn to the vagabond tradition in British acting whose patron saint is Edmund Kean.

语句的性状可以用名词短语词汇化，例如 *this idea*（这个想法）、*this suggestion*（这个建议），但也可能保持非名词化，所以一个事物的性状可能仍然是隐含的。下面例句中，作者评价"直布罗陀"对英国无益，不适合作为属地。这只有在我们假设"直布罗陀"在语篇中的地位不只是一个地方，也不是一个旅游目的地，而是一个政治实体、一个殖民地时才有意义。

(9.40)

And in a small way, Gibraltar is now an active disadvantage to this country's interests rather than an asset.

评价场景

有人认为，某事物的性状限制了其被赋值的标准或理由。例如，在评论上文提到的回忆录时，人们根据两个主要标准对这本书及其作者赋值：作品的清晰度和趣味性（"风格"），以及讲故事的准确性和洞察力（"内容"）。通过表 9-7，可以认识这两个标准的具体内容。任何自传都可能以类似方式评价。

表 9-7 例（9.39）中的价值

标准(赋值的理由)	示例
风格（节奏）	... the book leaves us waiting somewhat impatiently for O'Toole to make his professional debut
风格	The book begins with a miasmic prologue set in some mythical playhouse and green room where Kean Struts his stuff, where O'Toole's actor-buddies... tipsily disport themselves in fancy-dress... this thespian tushery
风格	hisown writing has a free-floating suppleness and ease
风格	... his description... is enviably good
风格/组织	The book is eccentrically organized and poorly edited
风格	... with sardonic wit...
风格	... with ironic amusement...
内容（信息含量）	... it explains a lot about his later career
内容（解读的深度）	... O'Toole's literary romanticism seems strenuous, self-paradoic, actor-laddie stuff
内容（观察力/刻画的准确性）	it becomes a brilliant account of his drama school training... Under the romantic, you realise, lies a sharp-eyed observer
内容（观察力/刻画的准确性）	O'Toole's description of Rada classes pin down precisely the Dickensian eccentricity of his teachers
内容（观察力/刻画的准确性）	The book also accurately evokes the sexual tensions of fifties student life

评价标准一部分取决于构成语篇信息的共同假设。因此，价值评价通常以高度隐含的方式表达出来。通过不明确语篇某些部分的评价意义，在作者和读者之间建立和谐关系。例如，以下是 WNSE 的两个选段，作者试图说服读者，许多非传统的灵修社群可能被贴上"sect"（宗派）的标签，但实际上它们是无害甚至是有益的群体。

（9.41）

［1.1］I belong to a spiritual movement called the Wild Goose Company, some of whose members live at Energy Worlds, a community in rural France. ［2］The founder, and my spiritual teacher, is Michael Barnett, who endeavours to teach and share his knowledge with anyone who is interested. ［3］Energy World has been placed on the ［French］ government list ［of undesirable groups］.

［2.1］Extraordinary though it may seem, I chose to come here of my own accord-because the spiritual call is stronger than that of financial, family, or social stability. ［2］The only thing I am coerced into doing is the dishwashing when it is my turn; ［3］and I work in the community without financial reward.

只有将这两段中的第二段理解为评价被称为"能源世界"的社区时，才能看出它们的相关性。但是，该段中没有明确该社区的归属，也没有表达喜欢或某种积极判断的感受。在第二段中掌握的证据反驳了不言而喻的主张，即社区强迫其成员居住在那里并参加不良活动。如果读者也以这种方式听取社区被指控的经历，那么第二段便成功地成为对社区的评价。因此，评价依赖于共同的互文体验。

大家可以通过"依据"、"价值"和"理由"等术语阐明隐性评价的运作原理。鉴于"能源世界"被称为"灵修社群"之类的存在，对其进行评价的依据之一可能是"它是否强迫其成员？"。换句话说，评价是不是"灵修社群"的判断依据之一是其强迫的程度。在这段语篇中，能源世界社区据此获得了积极评价，换句话说，它被赋予了正向价值。但是，这个正向价值不是通过言论明确表达的，而是由上文引用的两段话中第二段提供的评价证据或理由表现的。表9-8对其进行了说明。

表9-8 例（9.41）的价值

评价对象	依据	价值	理由
能源世界（灵修社群）	强迫程度	积极的（没有强迫）	作者没有强迫成员加入，只是要求受洗

例（9.41）仅显示了评价对象和理由，依据和价值仍然没有言明。实际上，任何作者都可以选择明确评价依据。在下文示例中，作者想评价多样化的英国宪法改革运动。那么，首先设定评价标准，即价值评价的依据。该标准在一定程度上要引起公众的兴趣。这个依据首先以一个问题的形式出现：

（9.42a）

Reform is in the air. But does it stir the passions or simply deplete the bank balance?

接着，需要借言性的表述：

（9.42b）

Emerson said that all reforms were once private opinion. But he added that if they were to 'solve the problem of the age' they needed to convince the people.

随后对各种活动的赋值都以接受程度为依据：

(9.42c)

So far there is little evidence that [these] issues... have done much to capture the public imagination... It does suggest that their causes have some way to go before they achieve real weight... It still fails to ignite passion on the doorstep.

在两个层面上分析语篇

现在要对语篇 WNSE（详见附录）进行再次分析，这次将在自主层面和互动层面同时进行评价分析。如表 9 - 9 所示，可以看到在某些情况下，自主层面和互动层面有重叠，在评价事件（在自主层面）和评价事件的叙述（在互动层面）时尤其如此。比如，在 WNSE 的第二段中，对事件的描述为 *alarming*（惊人的），这个词刻画了作者对事件本身的反应（政府已草拟了一个宗派成员名单及其活动的报告，现在正在调查所列的群体），也描述了他自己语篇中对这些活动的部分报道。同样，第五段叙述当局和媒体的几项活动。第六段列出了这些活动的不良后果，其在自主层面和互动层面都进行了评价。

此外，自主层面和互动层面之间的交叉还可能会进一步增多。这是WNSE 第五段中的最后两句：

(9.43)

The article is prefaced with an editorial which says：'There is no such thing as an [sic] harmless sect.' Pontius Pilate would have heartily agreed.

在互动层面，第一句话具有归属评估的性状，并将言论责任赋予他人。第二句中暗示了这一评价与 Pontius Pilate 的观点存在矛盾。观点表达与其矛盾之间的这种关系让两句话在互动层面产生了联系。但是，第一句话本身就是一种归属评估，也指场景中的一个对象、一篇社论。第二句话隐性地批评了这篇社论，再次将其与 Pontius Pilate 的观点相提并论。评论及对它的批判构成了自主层面的评价。这两个层面之间的区别是非常细微的，是一个对表述的转述（自主层面）与该表述作为语篇组成部分的角色（互动层面）之间的区别。第二句话在两个层面都进行了有效评价。

回到理论

性状、价值和评价参数

笔者使用"status"（性状）一词，来表明当某事物（构成话语一部分的语句或场景中某事物）被呈现时所产生的评价。性状告诉我们，语篇中谈论的事情属于何种类型。对性状的评价通常会限制读者回应一个表述或事物，更具体地说，其还会限制语篇本身如何进一步评价这个表述或事物。当描述某事物的质量时，"价值"这个词往往用于表明进一步评价。价值评价受表述或事物性状的约束。

互动层面的性状，即语篇表述的性状，尽管不是基于定义，但在很大程度上与确定性的评价参数有关。换句话说，这些表述在确定性或不确定性方面的差异很大。例如，"事实"比"评估"更具有确定性，并且相于归属评估，断言性评估更具有确定性。特别是，某些借言信号强烈地表明言论肯定是不正确的。然而，自主层面的性状可以用好-坏参数来评价，也可以用确定-不确定参数来评价。例如，paranoia（偏执狂）是不好的，而不仅仅是不正确的。因此，将性状与确定性、价值与好坏评价相联系的做法是站不住脚的，性状和价值的定义必须按照呈现一个实体并赋予其品性来评价，而不是根据评价参数来定义。

表 9 – 9　关于 WNSE 的分析

自主层面		互动层面	
赋予性状的场景	赋予价值的场景	赋予性状的论证	赋予价值的论证
段落 1 观点：anti-sect paranoia(反宗派偏执狂)	is widespread(是普遍的)	断言性(无来源) 评估 1.1	有证据支持 1.2－2.2
ruling bodies(统治机构)	feel suspicion(感到怀疑)		
political parties(政党)	hostility(敌对)、prejudice(偏见)		
the media(媒体)	carry out mislabelling(贴错误标签)		
段落 2 行为：drew up a list and report(草拟一份清单和报告)	*alarming*(惊人的)2.3	断言性(无来源，事件起因)2.1－2	*alarming*(惊人的)2.3
150 groups(150 个群体)	归属：considered to be dangerous(认为是危险的)		
行为：breaking away(脱离)	归属：considered to be dangerous(认为是危险的)	断言性(无来源)评估 2.3	有隐含证据支持 2.4
段落 3－4 团体：community(社群)	归属：placed on hit list(列在黑名单上)	隐含归属(委托责任)评估 3.3	没有证据支持 4.1－3
founder(创始人) spiritual teacher(灵修导师) Michael Barnett	shares knowledge(传授知识)	断言性(无来源，事件起因)4.1－3	
placement of Energy World on list(能源世界排名)	is unwarranted(不必要的)		
段落 5 事件：invaded(入侵)、commandeered(被征服)、ransacked(被洗劫)	have hidden real purpose(隐藏真实目的)	断言性(无来源，事件起因)5.1－5	
事件：summonses(传唤)、immigration(移民)	have undesirable consequences(产生不良影响)	断言性(无来源，事件起因)5.6－7	不良后果 6.1－3
问题：harassment(侵扰)			

续表

自主层面		互动层面	
赋予性状的场景	赋予价值的场景	赋予性状的论证	赋予价值的论证
leading article(主要文章)	snide(讽刺的)、misleading(误导)、contains derogatory(含有贬义的评论)		
sects(宗派)	归因:harmful(有害的)		
magazine(杂志) editorial(社论)	equivalent to Pontius Pilate(与 Pontius Pilate 相似)	归属（委托责任）评估:社论的语句5.7	与 Pontius Pilate 相似5.8
段落6 行为:built lakes(造湖)	protect environment(保护环境)	断言性（无来源）评估6.1	有证据支持6.2-3
rumour(谣言)	隐含:contrary to fact(与事实矛盾)		
remarks(言论)	隐含: unreasonable（不合理）		有隐含证据支持2.4
段落7 观点:prejudice(偏见)	takes years to erode(需要时间渗透)	断言性（无来源）建议7.1	合理的7.2-5
group of people gather together(一群人在一起) experiment with different styles of living(不同生活方式经验)	not outrageously(不放任自流)		
people want this(人们希望) keeping track of communities(追随社区)	not illogical(不合逻辑) would save lives(想要拯救生命)	断言性（来源）建议（让步）7.4	产生不幸结果7.5
the government report(政府报告)	make good sense（能够理解）		
观点:prejudice(偏见)	leads to discrimination(导致歧视)		
master/disciple(大师/信徒) relationship(关系) communal living(社群生活)	is open to abuse(容易受到虐待)	断言性（有来源）评估7.6a	反证7.6b
master/disciple(大师/信徒) relationship(关系) communal living(社群生活)	has provided inspiration for important steps in understanding the nature of human existence(为理解人类生存本质的关键环节提供启发)		

评价的角色

评价对话语很重要，原因有二：一是评价对构建语篇的意识形态基础起着至关重要的作用，从而能将作者和读者框定在同一个意识形态空间；二是对组织语篇起着至关重要的作用（请参阅本书导言部分的内容）。自主层面和互动层面的评价都发挥了这两种功能。

话语的意识形态空间既可以通过给场景"贴标签"的方式（在自主层面评价）构建，也可以通过论证的方式（在互动层面评价）构建。被视为知识或有效论证（互动性状）的事物与被视为场景组成部分的事物（自主性状）都很重要。

评价通过处理和解释之前的内容组织语篇（Sinclair，1993；Francis，1994）。这种方式在自主层面或互动层面均可能出现。例如，解释名词短语可以评价场景 – 实体〔例如 *This problem*（这个问题）〕或话语 – 实体〔例如 *This argument*（这个观点）〕。Sinclair 认为，某些评价还具有更深层次的组织作用，因为它是话语单元的最终环节（Sinclair & Coulthard，1975）。这种评价有效地告诉读者为什么作者所说的内容是很重要或有意义的（Labov，1972），即将语篇的自主层面与互动层面联系起来。

结论

本章中，评价是一个高度复杂的现象，可以通过进行大量区分和对比来"庖丁解牛"。一是区分性状与价值，二是区分互动层面与自主层面。性状和价值则是在这两个可比但又不同的层面运作。在劝说性语篇中，要做到全面分析评价，必须兼顾自主和互动两个层面、性状和价值两个维度。

附录：《我们需要宗派教育》（WNSE）

詹姆斯·班普菲尔德（James Bampfield）

Paragraph 1

[1] Right now a new wave of anti-sect paranoia is sweeping the world. [2]

All ruling bodies, political parties and the media seem unanimous in their suspicion and hostility towards sects and any group of people labelled a 'sect' are automatically viewed with prejudiced eyes.

Paragraph 2

[1] After the dis-Order of the Solar Temple, the French Government drew up a list of more than 150 groups which they considered to be dangerous and a report on the phenomenon. [2] They are now investigating these groups looking for evidence of 'coercion', exploitation', and 'mental destabilisation'. [3] More alarming is the attention the report pays to the dangers of 'breaking away from the references normally acknowledged by society'. [4] Does that rule out alternative medicine, education, clothing and toothpaste?

Paragraph 3

[1] I belong to a spiritual movement called the Wild Goose Company, some of whose members live at Energy World, a community in rural France. [2] The founder, and my spiritual teacher, is Michael Barnett, who endeavours to teach and share his knowledge with anyone who is interested. [3] Energy World has been placed on the government list.

Paragraph 4

[1] Extraordinary though it may seem, I chose to come here of my own accord—because the spiritual call is stronger than that of financial, family, or social stability. [2] The only thing I am coerced into doing is the dishwashing when it is my turn; [3] and I work in the community without financial reward.

Paragraph 5

[1] Energy World was recently invaded by police without warning at seven one morning. [2] Exits were sealed, and all the computer files were commandeered. [3] Mr. Barnett's private quarters were ransacked. [4] The pretext was a tax investigation, but there is little doubt as to its real purpose and it has been followed up by various police summonses concerning our small school, as

well as immigration issues. [5] Since this harassment started, the local bank has closed the Energy World account and the local insurance company has refused to insure the community. [6] A regional magazine has published a leading article on Energy World which is loaded with snide, misleading, and derogatory comments. [7] The article is prefaced with an editorial which says: 'There is no such thing as an harmless sect'. [8] Pontius Pilate would have heartily agreed.

Paragraph 6

[1] The result is to stoke up public opinion. [2] When Energy World built two sewage-filtering lakes, to protect the environment, a rumour went round the neighbourhood that these were built as repositories for any human corpses left after your average 'cult activity'. [3] On a visit to the UK I was inundated with remarks about 'free sex' (do ordinary citizens pay for it?) and 'brainwashing'.

Paragraph 7

[1] Prejudice takes years to erode, so what is needed is some kind of political/legal recognition and protection for new religious movements equal to that received by racial minorities and homosexuals. [2] It does not seem outrageously liberal to allow a group of people to gather together and experiment with styles of living that differ from those of conventional society. [3] Nor is it illogical for people to want to do this, given that most come from less than-perfect societies. [4] Undoubtedly some track should be kept of religious communities—more monitoring of Aum Shinrikyo and the Order of the Solar Temple might have saved lives. [5] Much of the government's report makes good sense, but the well of prejudice in society, and among those who implement the government campaign, is such that any group which is on this list may find itself immediately the subject of discrimination. [6] Of course the master-disciple relationship and communal living are open to abuse, but these very structures—Christ and his disciples, Buddha and his ashram, Plato and his academy—have provided the inspiration for some of the most important steps taken in understanding the nature of human existence.

译文：

段落1：

[1] 当下，新一波反宗派的偏执狂热正在席卷全球。[2] 所有政府部门、政党和媒体似乎都对"宗派"或被划归为某个"宗派"的群体表现出一致性的怀疑和敌视，不由自主地戴上有色眼镜看他们。

段落2：

[1] 在太阳圣殿动乱之后，法国政府列出了150多个他们认为很危险的团体，并就此发布了报告。[2] 他们现在正在调查这些团体，搜寻"强迫、剥削、精神扰乱"的证据。[3] 更惊人的是，报告关注了"社会公认的摆脱控制的参照物"的危险。[4] 那是否排除替代药物、教育、衣物和牙膏呢？

段落3：

[1] 我在一个发起宗教信仰运动的机构——野鹅公司工作，一些成员住在法国一个叫"能源世界"的农村社区。[2] 创始人迈克尔·巴内特，也是我的灵修导师，他致力于向对此有兴趣的人教授并分享自己的知识。[3] 能源世界已被 [法国] 政府列入 [不受欢迎的群体] 黑名单。

段落4：

[1] 尽管看起来很特别，但我还是选择自己来这里，因为精神信仰上的吸引比经济、家庭或社会稳定方面的吸引更为强大。[2] 我唯一要做的就是轮班洗碗。[3] 我在社区义务工作。

段落5：

[1] 最近在毫无预兆的情况下，警察于早上七点闯入"能源世界"社区；[2] 关闭所有出口，强取所有计算机中存储的文件；[3] 巴内特先生的私人住所遭到洗劫。[4] 行为借口是要进行一项税收调查，但其真正目的很明显，警察局已针对我们的小学校和移民问题陆续进行了各种传唤。[5] 自从发生这种侵扰以来，当地银行已冻结能源世界的账户，并且当地保险公司也拒绝为该社区提供保险服务。[6] 一家地区性杂志发表了一篇

关于能源世界的高质量文章，内含讽刺、误导和贬损的评论。[7] 文章前言内容如下："没有一个（无害的）宗派。"[8] 本丢·彼拉多会由衷地赞同这个观点。

段落6：

[1] 结果是要引起舆论。[2] 当能源世界建立了两个污水处理湖以保护环境时，社区周围流传着一个谣言，即这些湖是在你们平时组织邪教活动后为处理人的尸体而建的。[3] 在访问英国时，我被"自由性行为"（普通公民是否为此付费？）和"洗脑"的言论所淹没。

段落7：

[1] 偏见需要数年时间才能消除，因此需要的是政治/法律对新宗教运动的认可和保护，与少数民族和同性恋者所接受的那种认可和保护相当。[2] 让一群人聚集在一起并尝试不同于传统的社会生活方式似乎并不十分离谱。[3] 鉴于大多数人都来自一个不完美的社会，人们这样做也是符合逻辑的。[4] 毫无疑问，应该对宗教团体活动保持一定追踪——对奥姆真理教和太阳圣殿教的密切监管可能会挽救更多生命。[5] 政府的大部分报告是有道理的，但是社会上的偏见以及那些发动政治运动的人的偏见，使得黑名单上的团体都可能立即发现自己是被歧视的对象。[6] 当然，师徒关系和社区生活容易受到谩骂，但是这些非常系统的结构——基督教和信徒、佛陀和他的修行者们、柏拉图和他的学员们——为理解人类生存本质的关键环节提供了启发。

参考文献

Anderson, L. B. (1986). 'Evidentials, paths of change and mental maps: typologically regular asymmetries', in Chafe and Nichols (1986), 273 – 312.

Atkinson, P. (1990). *The Ethnographic Imagination: Textual Constructions of Reality.* London: Routledge.

Baker, M., Francis, G., and Tognini-Bognelli, E. (1993). *Text and Technology: In Honour of John Sinclair.* Amsterdam: Benjamins.

Bakhtin, M. M. (1986). *Speech Genres and Other Late Essays* (tr. V. W. McGee). Austin, Tex.: University of Texas Press.

Bamberg, M., and Damrad-Frye, D. (1991). 'On the ability to provide evaluative comments: further explorations of children's narrative competencies'. *Journal of Child Language*, 18: 689 – 710.

Banks, D. (1994). 'Hedges and how to trim them', in M. Brekke, Ø. Andersen, T. Dahl, and J. Myking (eds.), *Applications and Implications of Current LSP Research.* Bergen: Fagbokforlaget, 587 – 92.

Barnbrook, G. (1995). 'The language of definition: a COBUILD sublanguage parser'. Unpublished Ph. D. thesis, University of Birmingham.

– (1995). *Language and Computers: A Practical Introduction to the Computer Analysis of Language.* Edinburgh: Edinburgh University Press.

– and Sinclair, J. (1995). 'Parsing COBUILD entries', in J. Sinclair, M. Hoelter, and C. Peters (eds.), *The Languages of Definition: The*

Formalization of Dictionary Definitions for Natural Language Processing. Studies in Machine Translation and Natural Language Processing Vol. 7. Luxembourg: Office for Official Publications of the European Communities, 13 – 58.

Barry, A. K. (1991). 'Narrative style and witness testimony'. *Journal of Narrative and Life History*, 1: 281 – 93.

Bartlett, F. C. (1932). *Remembering*. Cambridge: Cambridge University Press.

Barton, E. (1993). 'Evidentials, argumentation, and epistemological stance'. *College English*, 55: 745 – 69.

Bauman, R. (1993). 'Disclaimers of performance', in Hill and Irvine (1993), 182 – 96.

Bazerman, C. (1988). *Shaping Written Language*. Madison: University of Wisconsin Press.

Beach, R. , and Anson, C. M. (1992). 'Stance and intertextuality in written discourse'. *Linguistics and Education*, 4: 335 – 57.

Bell, A. (1991). *The Language of News Media*. Oxford: Blackwell.

Bernstein, B. (1975). *Class, Codes and Control* 3: *Towards a Theory of Educational Transmissions*. London: Routledge.

Besnier, N. (1993). 'Reported speech and affect on Nukulaelae Atoll', in Hill and Irvine (1993), 161 – 81.

Biber, D. , and Finegan, E. (1988). 'Adverbial stance types in English'. *Discourse Processes*, 11: 1 – 34.

– (1989). 'Styles of stance in English: lexical and grammatical marking of evidentiality and affect'. *Text*, 9: 93 – 124.

– Johansson, S. , Leech, G. , Conrad, S. , and Finegan, E. (1999). *The Longman Grammar of Spoken and Written English*. London: Longman.

Bolivar, A. C. (1986). 'Interaction through written text: a discourse analysis of newspaper editorials'. Unpublished Ph. D. thesis, University of Birmingham.

Botha, R. P. (1973). *The Justification of Linguistic Hypotheses*. The Hague:

Mouton.

Boxer, D. , and Pickering, L. （1995）. ‘Problems in the presentation of speech acts in ELT materials: the case of complaints’. *English Language Teaching Journal*, 49: 44 – 58.

Briggs, C. L. （ed.）（1996）. *Disorderly Discourse: Narrative, Conflict, and Inequality.* New York: Oxford University Press.

Brown, G. （1995）. ‘Endpiece’. *BAAL Summer Newsletter.* Clevedon: British Association for Applied Linguistics.

Brown, P. , and Levinson, S. （1987）. *Politeness: Some Universals in Language Use.* Cambridge: Cambridge University Press.

Brown, R. , and Gilman, A. （1960）. ‘The pronouns of power and solidarity’, in T. Sebeok （ed.）, *Style in Language.* Cambridge, Mass. : MIT Press, 253 – 76.

Brumble, H. D. （1990）. *American Indian Autobiography.* Berkeley: University of California Press.

Bruner, J. （1985）. *Actual Minds, Possible Worlds.* Cambridge, Mass. : Harvard University Press.

Butler, C. （1990）. ‘Qualifications in science: modal meanings in scientific texts’, in Nash （1990）, 137 – 70.

Bybee, J. , and Fleischman, S. （1995）. *Modality in Grammar and Discourse.* Amsterdam: John Benjamins.

Caldas-Coulthard, C. R. , and Coulthard, M. （1996）. *Texts and Practices: Readings in Critical Discourse Analysis.* London: Routledge.

Carrithers, M. （1992）. *Why Humans have Cultures: Explaining Anthropology and Social Diversity.* Oxford: Oxford University Press.

Carter, R. （1987）. *Vocabulary: Applied Linguistic Perspectives.* London: Allen & Unwin.

– and Nash, W. （1990）. *Seeing through Language.* Oxford: Blackwell.

– and Simpson, P. (1982). 'The sociolinguistic analysis of narrative'. *Belfast Working Papers in Linguistics*, 6: 123 – 52.

Chafe, W. L. (1986). 'Evident iality in English conversation and academic writing', in Chafe and Nichols (1986), 261 – 72.

– and Nichols, J. (eds.) (1986). *Evidentiality: The Linguistic Coding of Epistemology*. Norwood, NJ: Ablex.

Channell, J. (1994). *Vague Language*. Oxford: Oxford University Press.

– (forthcoming). 'Cultural and pragmatic aspects of vocabulary learning', in R. Carter and A. Sanchez (eds.), *Lengua Inglesa y Vocabulario*. Universitat de Valencia: Serie Linguistica Applicada.

Chomsky, N. (1957). *Syntactic Structures*. Janua Linguarum, Series Minor No. 4. The Hague: Mouton.

– (1964a). 'Formal discussion: the development of grammar in child language', in U. Bellugi and R. Brown (eds.), *The Acquisition of Language*. Monographs of the Society for Research in Child Development 29. 1. Indiana: Purdue University.

– (1964b). 'Current issues in linguistic theory', in Fodor and Katz (1964).

– (1965). *Aspects of the Theory of Syntax*. Cambridge, Mass.: The MIT Press.

– (1966). 'Linguistic theory', in R. G. Mead (ed.), *Language Teaching: Broader Contexts*. Reports of Northeast Conference on the Teaching of Foreign Languages, 1965. Reprinted in J. P. B. Allen and P. van Buren (1971). *Chomuky: Selected Readings*. Oxford: Oxford University Press, 152 – 9.

Christie, F., and Martin, J. R. (eds.) (1997). *Genre and Institutions: Social Processes in the Workplace and School*. London: Cassell.

Coates, J. (1996). *Women Talk*. Oxford: Blackwell.

Coffin, C. (1997). 'Constructing and giving value to the past: an investigation into secondary school history', in Christie and Martin (1997), 196 – 230.

Collins COBUILD English Dictionary (1995). London: HarperCollins.

Cortazzi, M. (1991). *Primary Teaching, how it is: A Narrative Account*. London: David Fulton.

– (1993). *Narrative Analysis*. London: The Falmer Press.

Coulthard, M. (1986). *Talking about Text: Studies Presented to David Brazil on his Retirement*. Discourse Analysis Monographs No. 13. University of Birmingham: English Language Research.

– (ed.) (1994). *Advances in Written Text Analysis*. London: Routledge.

Cranny-Francis, A. (1996). 'Technology and/or weapon: the disciplines of reading in the Secondary English classroom', in Hasan and Williams (1996).

– and Martin, J. R. (1994). 'In/visible education: class, gender and pedagogy in Educating Rita and Dead Poets Society'. *Interpretations: Journal of the English Teachers' Association of Western Australia*, 27: 28 – 57.

Crompton, P. (1997). 'Hedging in academic writing: some theoretical problems'. *English for Specific Purposes*, 16: 271 – 87.

Cruse, D. A. (1986). *Lexical Semantics*. Cambridge: Cambridge University Press.

Cunningham, P., and Gardner, P. (eds.) (1997). 'Past lives and present concerns: rethinking professional histories of teaching'. Special issue of *Cambridge Journal of Education*, 27, 3.

Davies, F. (1997). 'Marked theme as a heuristic for analyzing text type, text and genre', in J. Pique and D. J. Viera (eds.), *Applied Languages: Theory and Practice in ESP*. Valencia: University of Valencia Press.

de Beaugrande, R., and Dressier, W. (1981). *Introduction to Text Linguistics*. London: Longman.

Dik, S. C. (1968). 'Referential identity'. *Lingua*, 21: 70 – 97.

Eggins, S., and Slade, D. (1997). *Analysing Casual Conversation*. London: Cassell.

Fairclough, N. (1989). *Language and Power*. London: Longman.

– (1992). *Discourse and Social Change*. Cambridge: Polity Press.

– (1993). 'Critical discourse analysis and the marketization of public discourse: the universities'. *Discourse and Society*, 4: 133 – 68.

– (1995). *Critical Discourse Analysis*. London: Longman.

Fillmore, C. J., Kay, P., and O'Connor, M. C. (1988). 'Regularity and idiomaticity in grammatical constructions'. *Language*, 64: 501 – 38.

Firth, J. R. (1935). 'The technique of semantics'. *Transactions of the Philological Society*. 36 – 72.

Fludernik, M. (1991). 'The historical present tense yet again: tense switching and narrative dynamics in oral and quasi-oral storytelling'. *Text*, 11: 365 – 97.

Fodor, J. A., and Katz J. J. (eds.) (1964). *The Structure of Language: Readings in the Philosophy of Language*. Englewood Cliffs, NJ: Prentice-Hall.

Fontanelle, T. (1995). 'Turning a bilingual dictionary into a lexical-semantic database'. Ph. D. thesis, University of Liege.

Fowler. R. G. (1990). *Language in the News: Discourse and Ideology in the Press*. London: Routledge.

Francis, G. (1986). *Anaphoric Nouns*. Discourse Analysis Monographs No. 11. University of Birmingham: English Language Research.

– (1993). 'A corpus-driven approach to grammar: principles, methods and examples', in Baker et al. (1993), 137 – 56.

– (1994). 'Labelling discourse: an aspect of nominal-group lexical cohesion', in Coulthard (1994), 83 – 101.

– Hunston, S., and Manning, E. (1996). *Collins COBUILD Grammar Patterns 1: Verbs*. London: HarperCollins.

– (1998). *Collins COBUILD Grammar Patterns 2: Nouns and Adjectives*.

London: HarperCollins.

Gardner, H. (1997). *Leading Minds: An Anatomy of Leadership.* London: Harper Collins.

Gazdar, G. (1979). *Pragmatics: bnplicature, Presupposition and Logical Form.* New York: Academic Press.

Gee, J. (1989). 'Two styles of narrative construction and their linguistic and educational implications'. *Discourse Processes,* 12: 287 – 307.

Georgakopoulou, A., and Goutsos, D. (1997). *Discourse Analysis: An Introduction.* Edinburgh: Edinburgh University Press.

Gross, M. (1993). 'Local grammars and their representation by finite automata', in Hoey (1993), 26 – 38.

Gudmundsdottir, S. (ed.) (1997). 'Narrative perspectives on research on teaching and teacher education', theme issue of *Teaching and Teacher Education,* 13, 1.

Gunnarsson, B. L., Linell, P., and Nordberg, B. (eds.) (1997). *The Construction of Professional Discourse.* London: Longman.

Halliday, M. A. K. (1976). 'Anti-languages'. *American Anthropologist,* 78, 3: 570 – 84. Reprinted in Halliday (1978), 164 – 82.

– (1978). *Language as Social Semiotic: The Social Interpretation of Language and Meaning.* London: Edward Arnold.

– (1982). 'The de-automatization of grammar: from Priestley's "An Inspector Calls"', in J. M. Anderson (ed.), *Language Form and Linguistic Variation: Papers dedicated to Angus MacIntosh.* Amsterdam: Benjamins, 129 – 59.

– (1984). 'Language as code and language as behaviour: a systemic functional interpretation of the nature and ontogenesis of dialogue', in R. Fawcett, M. A. K. Halliday, S. M. Lamb, and A. Makkai (eds.), *The Semiotics of Language and Culture: Vol. 1: Language as Social Semiotic.*

London: Pinter, 3 – 35.

– (1994). *An Introduction to Functional Grammar*, 2nd edn. London: Edward Arnold; 1st edn. 1985.

– and Hasan, R. (1976). *Cohesion in English*. London: Longman.

– (1985). *Language, Context, and Text: Aspects of Language in a Social-Semiotic Perspective*. Geelong, Vic. : Deakin University Press. Republished 1989. Oxford: Oxford University Press.

Hanks, P. (1987). 'Definitions and explanations', in J. M. Sinclair (ed.), *Looking Up: An Account of the CORUILD Project in Lexical Computing*. London: HarperCollins, 116 – 36.

Harré, R. (ed.) (1987). *The Social Construction of Emotions*. Oxford: Blackwell.

– and Gillett, G. (1994). *The Discursive Mind*. London: Sage.

Harris, Z. S. (1952). 'Discourse analysis'. *Language*, 28: 1 – 30. Reprinted in Fodor and Katz (1964).

– (1968). *Mathematical Structures of Language*. New York: John Wiley & Sons.

Hasan, R. (1984). 'Coherence and cohesive harmony', in J. Flood (ed.), *Understanding Reading Comprehension: Cognition, Language and the Structure of Prose*. Newark, Dell. : International Reading Association, 181 – 219.

– (1990). 'Semantic variation and sociolinguistics'. *Australian Journal of Linguistics*, 9: 221 – 76.

– and Williams, G. (eds.) (1996). *Literacy in Society*. London: Longman.

Haviland, J. B. (1991). ' "Sure, sure": evidence and affect'. *Text*, 9: 27 – 68.

He, A. W. (1993). 'Exploring modality in institutional interactions: cases from academic counselling encounters'. *Text*, 13: 503 – 28.

Hicks, D. (1990). 'Narrative skills and genre knowledge: ways of telling in the primary school grades'. *Applied Psycholinguistics*, 11: 83 – 104.

Hill, J. H., and Irvine, J. T. (eds.) (1993). *Responsibility and Evidence in Oral Discourse*. Cambridge: Cambridge University Press.

Hodge, R., and Kress, G. (1993). *Language as Ideology*. 2nd edn. London: Routledge.

Hoey, M. (1979). *Signalling in Discourse*. Discourse Analysis Monographs No. 6. University of Birmingham: English Language Research.

– (1983). *On the Surface of Discourse*. London: Allen and Unwin.

– (1991a). 'Another perspective on coherence and cohesive harmony', in E. Ventola (ed.), *Functional and Systemic Linguistics: Approaches and Uses*. Berlin: Mouton de Gruyter, 385 – 414.

– (1991b). *Patterns of Lexis in Text*. Oxford: Oxford University Press.

– (ed.) (1993). *Data, Description, Discourse: Papers on the English Language in Honour of John McH. Sinclair*. London: HarperCollins.

– (1994). 'Signalling in discourse: a functional analysis of a common discourse pattern in written and spoken English', in Coulthard (1994), 26 – 45.

Holly, M. L., and MacLure, M. (eds.) (1990). 'Biography and Life History in Education'. Special issue of *Cambridge Journal of Education*, 20, 3.

Holmes, J. (1984). 'Hedging your bets and sitting on the fence: some evidence for hedges as support structures'. *Te Reo*, 27: 47 – 62.

– (1988). 'Doubt and certainty in ESL textbooks'. *Applied Linguistics*, 9: 20 – 44.

Horvath, B., and Eggins, S. (1995). 'Opinion texts in conversation', in P. Fries and M. Gregory (eds.), *Discourse in Society: Systemic Functional Perspectives*. Norwood, NJ: Ablex (Advances in Discourse Processes L: Meaning and Choices in Language—Studies for Michael Halliday), 29 – 46.

Huddleston, R. , Hudson, R. A. , Winter, E. , and Henrici, A. (1968). *Sentence and Clause in Scientific English.* (OSTI Research Report) London: University College London Department of General Linguistics.

Hunston, S. (1985). 'Text in world and world in text: goals and models of scientific writing'. *Nottingham Linguistic Circular*, 14: 25 – 40.

– (1989). 'Evaluation in experimental research articles'. Unpublished Ph. D. thesis, University of Birmingham.

– (1993a). 'Evaluation and ideology in scientific discourse', in M. Ghadessy (ed.), *Register Analysis: Theory and Practice.* London: Pinter, 57 – 73.

– (1993b). 'Projecting a sub-culture: the construction of shared worlds by projecting clauses in two registers', in D. Graddol, L. Thompson, and M. Byram (eds.), *Language and Culture.* Clevedon: BAAL/Multilingual Matters, 98 – 112.

– (1993c). 'Professional Conflict: Disagreement in Academic Discourse', in Baker et al. (1993), 115 – 34.

– (1994). 'Evaluation and organization in a sample of written academic discourse', in Coulthard (1994), 191 – 218.

– (1995). 'A corpus study of some English verbs of attribution'. *Functions of Language*, 2: 133 – 58.

– and Francis, G. (1998). 'Verbs observed: a corpus-driven pedagogic grammar of English'. *Applied Linguistics*, 19: 45 – 72.

Hyland, K. (1994). 'Hedging in academic writing and EAP textbooks'. *English for Specific Purposes*, 13: 239 – 56.

– (1996). 'Talking to the academy: forms of hedging in scientific research articles'. *Written Communication*, 13: 251 – 81.

– (1998). *Hedging in Scientific Research Articles.* Amsterdam: Benjamins.

Hymes, D. (1996). *Ethnography, Linguistics, Narrative Inequality: Towards an Understanding of Voice.* London: Taylor and Francis.

Iedema, R. (forthcoming). *The Language of Administration.* Sydney: Metropolitan East Region's Disadvantaged Schools Program.

– Feez, S. , and White, P. (1994). *Media Literacy* (Write it Right Literacy in Industry Project: Stage Two). Sydney: Metropolitan East Region's Disadvantaged Schools Program.

Irvine, J. (1982). 'Language and affect: some cross-cultural issues', in H. Byrnes (ed.), *Contemporary Perceptions of Language: Interdisciplinary Dimensions.* Washington: Georgetown University Press, 31 – 47.

– (1990). 'Registering affect: heteroglossia in the linguistic expression of emotion', in Lutz and Abu-Lughod (1990), 126 – 61.

Jefferson, G. (1978). 'Sequential aspects of storytelling in conversation', in Schenkein (1978), 219 – 248.

Jin, L. (1992). 'Academic Cultural Expectations and Second Language Use: Chinese postgraduate students in the UK-A Cultural Synergy Model'. Unpublished Ph. D. thesis, University of Leicester.

Johnstone, B. (1987). ' "He says... so I said": verb tense alternation and narrative depictions of authority in American English'. *Linguistics*, 25: 33 – 52.

Jordan, M. P. (1984). *Rhetoric of Everyday English Texts.* London: Allen & Unwin.

– (1998). 'The power of negation in English: text, context and relevance'. *Journal of Pragmatics*, 29: 705 – 52.

Kernan, K. T. (1977). 'Semantic and expressive elaboration in children's narratives', in S. Ervin-Tripp (ed.), *Child Discourse.* New York: Academic Press, 91 – 102.

Kress, G. (1991). 'Critical discourse analysis'. *ARAL*, 11: 84 – 99.

Labov, W. (1972). *Language in the Inner City.* Philadelphia: University of Pennsylvania.

– (1982). 'Speech actions and reactions in personal narrative', in D. Tannen (ed.), *Analysing Discourse: Text and Talk.* Washington: Georgetown University Press, 219 – 47.

– (1984). 'Intensity', in D. Schiffrin (ed.), *Meaning, Form, and Use in Context: Linguistic Applications.* Washington: Georgetown University Press, 43 – 70.

– Cohen, P., Robins, C., and Lewis, J. (1968). *A Study of the Non-Standard English of Negro and Puerto-Rican Speakers in New York City.* ii. Washington: Office of Education, US Dept. of Health, Education, and Welfare.

Labov, W., and Fanshel, D. (1977). *Therapeutic Discourse: Psychotherapy as Conversation.* New York: Academic Press.

– and Waletsky, J. (1967). 'Narrative analysis: oral versions of personal experience', in J. Helm (ed.), *Essays on the Verbal and Visual Arts.* Seattle: American Ethnological Society, 12 – 44.

Lakoff, G. (1972). 'Hedges: a study in meaning criteria and the logic of fuzzy concepts', in *Chicago Linguistic Society Papers.* Chicago: Chicago Linguistic Society.

– (1987). *Women, Fire and Dangerous Things: What Categories Reveal about the Mind.* Chicago: University of Chicago Press.

– and Johnson, M. (1980). *Metaphors We Live By.* Chicago: University of Chicago Press.

– and Kovecses, Z. (1987). 'The cognitive model of anger inherent in American English', in D. Holland and N. Quinn (eds.), *Cultural Models in Language and Thought.* Cambridge: Cambridge University Press, 195 – 221.

Latour, B., and Woolgar, S. (1979). *Laboratory Life: The Social Construction of Scientific Facts.* Beverley Hills, Calif.: Sage.

Leech, G. (1974). *Semantics.* Harmondsworth: Penguin Books.

Lehrberger, J. （1986）. 'Sublanguage analysis', in R. Grishman and R. Lettredge （eds.）, *Analyzing Language in Restricted Domains*. Hillsdale, NJ: Lawrence Erlbaum Associates, 19 – 38.

Lemke, J. L. （1992）. 'Interpersonal meaning in discourse: value orientations', in M. Davies and L. Ravelli （eds.）, *Advances in Systemic Linguistics: Recent Theory and Practice*. London: Pinter, 82 – 194.

Levinson, S. （1983）. *Pragmatics*. Cambridge: Cambridge University Press.

Linde, C. （1993）. *Life Stories: The Creation of Coherence*. Oxford: Oxford University Press.

– （1997）. 'Evaluation as linguistic structure and social practice', in Gunnarsson et al. （1997）, 151 – 72.

Longacre, R. （1976）. *An Anatomy of Speech Notions*. Lisse: Peter de Ridder.

Louw, B. （1993）. 'Irony in the text or insincerity in the writer? The diagnostic potential of semantic prosodies', in Baker et al. （1993）, 157 – 76.

Ludwig, A. M. （1997）. *How do we Know Who we Are? A Biography of the Self*. New York: Oxford University Press.

Lutz, C. A. （1986）. 'Emotion, thought and estrangement: emotion as a cultural category'. *Cultural Anthropology*, 1: 405 – 36.

– （1988）. *Unnatural Emotions: Everyday Sentiments on a Micronesian Atoll and their Challenge to Western Theory*. Chicago: University of Chicago Press.

– and Abu-Lughod, L. （1990）. *Language and the Politics of Emotion*. Cambridge: Cambridge University Press.

Lyons, J. （1977）. *Semantics*. Cambridge: Cambridge University Press.

McCabe, A., and Peterson, C. （eds.） （1991）. *Developing Narrative Structure*. Hillsdale, NJ: Lawrence Erlbaum Associates.

McCarthy, M. （1990）. *Vocabulary*. Oxford: Oxford University Press.

Maclean, M. （1988）. *Narrative as Performance: A Baudelarian Experiment*. London: Routledge.

Mann, W. C. , and Thompson, S. A. (1988). 'Rhetorical structure theory: toward a functional theory of text organization'. *Text*, 8: 243 – 81.

Martin, J. R. (1992a). *English Text: System and Structure*. Amsterdam: Benjamins.

– (1992b). 'Macroproposals: meaning by degree', in W. C. Mann and S. A. Thompson (eds.), *Discourse Description: Diverse Analyses of a Fund Raising Text*. Amsterdam: Benjamins, 359 – 95.

– (1993). 'Life as a noun', in M. A. K. Halliday and J. R. Martin, *Writing Science: Literacy and Discursive Power*. London: Falmer, 221 – 67.

– (1995a). 'Interpersonal meaning, persuasion and public discourse: *packing semiotic punch*'. *Australian Journal of Linguistics*, 15: 33 – 67.

– (1995b) . 'Reading positions/positioning readers: JUDGEMENT in English'. *Prospect: A Journal of Australian TESOL*, 10: 27 – 37.

– (1996). 'Evaluating disruption: symbolising theme in junior secondary narrative', in Hasan and Williams (1996), 124 – 71.

– (1997a). 'Analysing genre: functional parameters', in Christie and Martin (1997), 3 – 39.

– (1997b). 'Register and genre: modelling social context in functional linguistics—narrative genres', in E. R. Pedro (ed.), *Proceedings of First International Conference on Discourse Analysis*. Lisbon: Colibri/Portuguese Linguistics Association, 305 – 44.

– and Matthiessen, C. M. I. M. (1991). 'Systemic typology and topology', in F. Christie (ed.), *Literacy in Social Processes: Papers from the Inaugural Australian Systemic Linguistics Conference, held at Deakin University, January 1990*. Darwin: Centre for Studies in Language in Education, Northern Territory University, 345 – 83.

Masuku, N. (1996). 'A lexicogrammatical approach to the analysis of rhetorical goals in professional academic writing in the social sciences'.

Unpublished Ph. D. thesis, University of Birmingham.

Matthiessen, C. M. I. M. (1995). *Lexicogrammatical Cartography*: *English Systems*. Tokyo: International Language Sciences Publishers.

Meinhof, U. , and Richardson, K. (eds.) (1994). *Text, Discourse and Context*. London: Longman.

Mishler, E. G. (1986). *Research Interviewing*: *Context and Narrative*. Cambridge, Mass. : Harvard University Press.

– (1997). 'The interactional construction of narratives in medical and life history interviews', in Gunnarsson et al. (1997), 223 – 44.

Moore, T. , and Carling, C. (1988). *The Limitations of Language*. Basingstoke: Macmillan Press.

Myers, G. (1989). 'The pragmatics of politeness in scientific articles'. *Applied Linguistics*, 10: 1 – 35.

– (1990). *Writing Biology*: *Texts in the Social Construction of Scientific Knowledge*. Wisconsin: University of Wisconsin Press.

Nash, W. (ed.) (1990). *The Writing Scholar*: *Studies in Academic Discourse*. London: Sage.

O'Barr, W. M. , and Conley, J. M. (1996). 'Ideological dissonance in the American legal system', in Briggs (1996), 114 – 34.

Ochs, E. (ed.) (1989). 'The Pragmatics of Affect' . Special issue of *Text*, 9, 3.

– and Schiefflen, B. (1989). 'Language has a heart' . *Text*, 9: 7 – 25.

– Smith, R. C. , and Taylor, C. E. (1996). 'Detective stories at dinnertime: problem solving through co-narration', in Briggs (1996), 95 – 113.

Okely, J. , and Callaway, H. (eds.) (1992). *Anthropology and Autobiography*. London: Routledge.

Ortony, A. , Clore, G. L. , and Collins, A. (1988). *The Cognitive Structure of Emotions*. Cambridge: Cambridge University Press.

Palmer, F. R. (1986). *Mood and Modality*. Cambridge: Cambridge University Press.

Pearson, J. (1998). *Terms in Context*. Amsterdam: Benjamins.

Perkins, M. R. (1983). *Modal Expressions in English*. Norwood, NJ: Ablex.

Peterson, C., and McCabe, A. (1983). *Developmental Psycholinguistics: Three Ways of Looking at a Child's Narrative*. New York: Plenum Press.

Polanyi, L. (1989). *Telling the American Story: A Structural and Cultural Analysis of Conversational Storytelling*. Cambridge, Mass. : The MIT Press.

Polkinghorne, D. E. (1995). 'Narrative configuration in qualitative analysis', in J. A. Hatch and R. Wisniewski (eds.), *Life History and Narrative*. London: The Falmer Press, 5 – 23.

Powell, M. J. (1992). 'Semantic/pragmatic regularities in informal lexis: British speakers in spontaneous conversational settings' . *Text*, 12: 19 – 58.

Poynton, C. (1984). 'Names as vocatives: forms and functions' . *Nottingham Linguistic Circular*, 13: 1 – 34.

– (1985). *Language and Gender: Making the Difference*. Geelong, Vic. : Deakin University Press. Republished 1989. Oxford: Oxford University Press.

– (1990a). 'Address and the semiotics of social relations: a systemic-functional account of address forms and practices in Australian English'. Unpublished Ph. D. Thesis, Department of Linguistics, University of Sydney.

– (1990b). 'The privileging of representation and the marginalising of the interpersonal: a metaphor (and more) for contemporary gender relations', in T. Threadgold and A. Cranny-Francis (eds.), *Feminine/Masculine and Representation*. Sydney: Allen & Unwin, 231 – 55.

– (1993). 'Grammar, language and the social: poststructuralism and systemic functional linguistics' . *Social Semiotics*, 3: 1 – 22.

– (1996). 'Amplification as a grammatical prosody: attitudinal modification in

317

the nominal group ', in M. Berry, C. Butler, and R. Fawcett (eds.) *Meaning and Form*: *Systemic Functional Interpretations*. Norwood, NJ: Ablex, 211 – 27.

Pratt, M. L. (1977). *Towards a Speech Act Theory of Literary Discourse*. Bloomington, Ind. : Indiana University Press.

Prince, E. F. , Frader, J. , and Bosk, C. (1982). ' On hedging in physician-physician discourse ', in R. J. di Pietro (ed.), *Linguistics and the Professions*. Norwood NJ: Ablex.

Quirk, R. , Greenbaum, S. , Leech, G. , and Svartvik, J. (1985). *A Comprehensive Grammar of the English Language*. London: Longman.

Riessman, C. K. (1993). *Narrative Analysis*. Newbury Park: Sage.

Rizomilioti, V. (in preparation). ' Modality in academic discourse '. Ph. D. thesis, University of Birmingham.

Rothery, J. (1990). ' Story writing in primary school: Assessing narrative type genres ' . Unpublished Ph. D. Thesis, Department of Linguistics, University of Sydney.

– (1994). *Exploring Literacy in School English* (Write it Right Resources for Literacy and Learning). Sydney: Metropolitan East Disadvantaged Schools Program.

– and Macken, M. (1991). *Developing Critical Literacy*: *An Analysis of the Writing Task in a Year to Reference Test*. Sydney: Sydney Metropolitan East Region Disadvantaged Schools Program.

– and Stenglin, M. (1994a). *Spine-Chilling Stories*: *A Unit of Work for Junior Secondary English* (Write it Right Resources for Literacy and Learning). Sydney: Metropolitan East Disadvantaged Schools Program.

– and Stenglin, M. (1994b). *Exploring Narrative in Video*: *A Unit of Work for Junior Secondary English* (Write it Right Resources for Literacy and Learning). Sydney: Metropolitan East Disadvantaged Schools Program.

– and Stenglin, M. (1994c). *Writing a Book Review: A Unit of work for junior Secondary English* (Write it Right Resources for Literacy and Learning). Sydney: Metropolitan East Disadvantaged Schools Program.

Ryave, A. (1978). 'On the achievement of a series of stories', in Schenkein (1978), 113 – 32.

Sacks, H. (1972). 'On the analysability of stories by children', in J. Gumperz and D. Hymes (eds.), *Directions in Sociolinguistics*. New York: Holt, Rinehart & Winston, 325 – 45.

– (1974). 'An analysis of the course of a joke's telling in conversation', in R. Bauman and J. Sherzer (eds.) *Explorations in the Ethnography of Speaking*. Cambridge: Cambridge University Press, 337 – 53.

Sampson, G. (1992). 'Probabilistic parsing', in Svartvik (1992), 429 – 47.

Schegloff, E. (1978). 'On some questions and ambiguities in conversation', in W. V. Dressler (ed.), *Current Trends in Textlinguistics*. Berlin: Walter de Gruyter, 80 – 101.

Schenkein, J. (ed.) (1978). *Studies in the Organization of Conversation*. New York: Academic Press.

Schiffrin, D. (1981). 'Tense variation in narrative'. *Language*, 57, 1: 45 – 62.

Shaul, D. L., Albert, R., Golston, C., and Satory, R. (1987). 'The Hopi Coyote story as narrative'. *Journal of Pragmatics*, 11: 3 – 25.

Simpson, P. (1990). 'Modality in literary-critical discourse', in Nash (1990), 63 – 117.

– (1993). *Language, Ideology and Point of View*. London: Routledge.

Sinclair, I. M. (1981). 'Planes of discourse', in S. N. A. Rizvi (ed.), *The Two-Fold Voice: Essays in Honour of Ramesh Mohan*. Salzburg: University of Salzburg, 70 – 89.

– (1986). 'Fictional worlds', in Coulthard (1986), 43 – 60.

– (1987). 'Mirror for a text'. MS. University of Birmingham.

– (1991). *Corpus Concordance Collocation.* Oxford: Oxford University Press.

– (1993). 'Written discourse structure', in J. M. Sinclair, M. Hoey, and G. Fox (eds.), *Techniques of Description: Spoken and Written Discourse: A Festschrift for Malcolm Coulthard.* London: Routledge, 6 – 31.

– (1995). 'The empty lexicon'. *International Journal of Corpus Linguistics*, 1: 99 – 120.

– and Coulthard, M. (1975). *Towards an Analysis of Discourse: The English used by Teachers and Pupils.* Oxford: Oxford University Press.

Soars, J., and Soars, L. (1989). *Headway Advanced.* Oxford: Oxford University Press.

Stuart, K. (1996). 'A systemic linguistic analysis of point of view in narrative discourse'. Unpublished Ph. D. thesis, University of Liverpool.

Stubbs, M. (1986). 'A matter of prolonged fieldwork: towards a modal grammar of English'. *Applied Linguistics*, 7, 1: 1 – 25.

– (1996). *Text and Corpus Analysis: Computer-Assisted Studies of Language and Culture.* Oxford: Blackwell.

– (1997). 'Whorfs children: critical comments on critical discourse analysis', in A. Ryan and A. Wray (eds.), *Evolving Models of Language: Papers from the Annual Meeting of the British Association for Applied Linguistics, University of Wales, Swansea, September 1996.* Clevedon: Multilingual Matters/BAAL, 100 – 16.

– (forthcoming). *Words and Phrases: Corpus Studies of Lexical Semantics.* Oxford: Blackwell.

Svartvik, J. (ed.) (1992). *Directions in Corpus Linguistics.* Berlin: Mouton de Gruyter.

Swales, J. (1990). *Genre Analysis.* Cambridge: Cambridge University Press.

Tadros, A. (1993). 'The pragmatics of text averral and attribution in academic texts', in Hoey (1993), 98 – 114.

– (1994). 'Predictive categories in expository text', in Coulthard (1994), 69 – 82.

Tannen, D. (1980). 'A comparative analysis of oral narrative strategies: Athenian Greek and American English', in W. L. Chafe (ed.), *The Pear Stories: Cognitive, Cultural and Linguistic Aspects of Narrative Production*. Norwood, NJ: Ablex, 51 – 87.

Taylor, G. (1986). 'The development of style in children's fictional narrative', in A. Wilkinson (ed.), *The Writing of Writing*. Milton Keynes: Open University Press, 215 – 33.

Tench, P. (1996). *The Intonation Systems of English*. London: Cassell.

Thetela, P. (1997). 'Evaluation in academic research articles'. Unpublished Ph. D. thesis, University of Liverpool.

Thibault, P. (1992). 'Grammar, ethics and understanding: functionalist reason and clause as exchange'. Social Semiotics, z: 135 – 75.

– (1995). 'Mood and the ecosocial dynamics of semiotic exchange', in R. Hasan and P. Fries (eds.), *Subject and Topic: A Discourse Functional Perspective*. Amsterdam: Benjamins, 51 – 90.

Thomas, D. (ed.) (1995). *Teachers' Stories*. Buckingham: Open University Press.

Thompson, G. (1994). *Guide to Reporting*. London: HarperCollins.

– (1996a). 'Voices in the text: discourse perspectives on language reports'. *Applied Linguistics*, 17: 501 – 30.

– (1996b). *Introducing Functional Grammar*. London: Arnold.

– (1998). 'Resonance in text', in A. Sanchez and R. Carter (eds.), *Linguistic Choice across Genres: Variation in Spoken and Written Language*. Amsterdam: Benjamins, 29 – 46.

– and Thetela, P. (1995). 'The sound of one hand clapping: the management of interaction in written discourse', *Text*, 15: 103 – 27.

– and Ye, Y. Y. (1991). 'Evaluation in the reporting verbs used in academic papers'. *Applied Linguistics*, 12: 365 – 82.

Toolan, M. (1996). *Total Speech: An Integrational Linguistic Approach in Language.* Durham, NC and London: Duke University Press.

Ullman, S. (1962). *Semantics: An Introduction to the Science of Meaning.* Oxford: Blackwell.

van Dijk, T. A. (1987). *Communicating Racism: Ethnic Prejudice in Thought and Talk.* London: Sage.

– (1988). *News as Discourse.* Hillsdale, NJ: Lawrence Erlbaum Associates.

– (1993). *Elite Discourse and Racism.* Newbury Park: Sage.

van Leeuwen, T. (1996). 'The representation of social actors', in C. - R. Caldas-Coulthard and M. Coulthard (eds.), *Texts and Practices: Readings in Critical Discourse Analysis.* London: Routledge, 32 – 70.

Ventola, E. (1987). *The Structure of Social Interaction: A Systemic Approach to the Semiotics of Service Encounters.* London: Pinter.

Watson, K. A. (1972). 'The rhetoric of narrative structure: A sociolinguistic analysis of stories told by part-Hawaiian children'. Unpublished Ph. D. thesis, University of Hawaii.

Wierzbicka, A. (1986). 'Human emotions: universal or culture-specific?' *American Anthropologist*, 88: 584 – 94.

– (1990a). 'The semantics of emotions: "fear" and its relatives in English'. *Australian Journal of Linguistics*, 10: 359 – 75.

– (ed.) (1990b). *Australian Journal of Linguistics*, 10, 2 (Special Issue on the Semantics of Emotions).

Wilkinson, J. (1986). 'Describing children's writing: text evaluation and teaching strategies', in J. Harris and J. Wilkinson (eds.), *Reading Children's Writing: A Linguistic View.* London: Allen & Unwin, 11 – 31.

Williams, R. (1982). *Panorama: An Advanced Course of English for Study and Examinations.* London: Longman.

Winter, E. O. (1977). 'A clause-relational approach to English texts: a study of some predictive lexical items in written discourse'. *Instructional Science*, 6: 1–92.

— (1979). 'Replacement as a fundamental function of the sentence in context'. *Forum Linguisticum*, 4: 95–133.

— (1982). *Towards a Contextual Grammar of English: The Clause and its Place in the Definition of Sentence.* London: Allen & Unwin.

— (1994). 'Clause relations as information structure: two basic text structures in English', in Coulthard (1994), 46–68.

Wolfson, N. (1976). 'Speech events and natural speech: some implications for sociolinguistic methodology'. *Language in Society*, 5: 189–209.

— (1978). 'A feature of performed narrative: the conversational historical present'. *Language in Society*, 7, 2: 15–37.

— (1982). *The Conversational Historical Present in American English Narrative.* Dordrecht: Floris.

Yang, L. Y. (1991). *100 Chinese Idioms and their Stories* (trans. from Chinese). Beijing: Foreign Language Translation Publishing House of China and The Commercial Press, Hong Kong.

Zhang, X., and Sang, Y. (1986). *Chinese Profiles.* Beijing: Panda.

Zhou, J. L. (1991). 'The functions of disjuncts in the organisation of written English discourse'. Unpublished MA dissertation, University of Liverpool.

Zwicky, A. M., Salus, P. H., Binnick R. I., and Vanek A. L. (eds.) (1971/1992). *Studies out in Left Field.* Amsterdam: Benjamins.

译名表

（按首字母顺序排列）

A

阿布－卢格霍德，莉拉（Abu-Lughod, L.）

根据（*according to*）

实际上（*actually*）

形容词（adjectives）：

   词缀（affixes）

   分级（gradedness）

   位置（position）

附加状语（adjunct）

诚然（*admittedly*）

状语（adverbials）

   应用型式（patterns of use）

情感（affect）

替代关系（alternative relations）

尽管（*although*）

级差（amplification）

前指名词（anaphoric noun），*见*话语标签（*see* discourse label）

和（*and*）

安德森，L. B.（Anderson, L. B.）

安森，C. M.（Anson, C. M.）

评估/评价（appraisal）

   铭记性（inscribed）vs. 引发性（evoked）

鉴赏（appreciation）

可以说（*arguably*）

论证（argumentation）

评估（assessment）

假设（assumption）

阿特金森，P.（Atkinson, P.）

同时（*at the same time*）

态度（attitude）

借言（attribution）

断言（averral）

B

巴赫金，M. M.（Bakhtin, M. M.）

班伯格，M.（Bamberg, M.）

英语语料库（Bank of English）

班克斯，D.（Banks，D.）

巴恩布鲁克，G.（Barnbrook，G.）

巴瑞，A. K.（Barry，A. K.）

巴特利特，F. C.（Bartlett，F. C.）

巴顿，E.（Barton，E.）

评价依据（Basis of evaluation）

鲍曼，R.（Bauman，R.）

巴泽曼，C.（Bazerman，C.）

比奇，R.（Beach，R.）

因为（because）

贝尔，A.（Bell，A.）

贝露琦，U.（Bellugi，U.）

伯恩斯坦，B.（Bernstein，B.）

贝斯尼尔，N.（Besnier，N.）

比伯，D.（Biber，D.）

玻利瓦尔，A. C.（Bolivar，A. C.）

博塔，R. P.（Botha，R. P.）

话语边界点（boundary points in text）

博克瑟，D.（Boxer，D.）

总的来说（broadly）

布朗，G.（Brown，G.）

布朗，P.（Brown，P.）

布朗，R.（Brown，R.）

布朗布尔，H. D.（Brumble，H. D.）

布鲁纳，J.（Bruner，J.）

但是（but）

巴特勒，C.（Butler，C.）

拜比，J.（Bybee，J.）

C

卡尔达斯·库特哈德，C. -R.（Caldas-Coulthard，C. -R.）

卡拉威，H.（Callaway，H.）

卡林，C.（Carling，C.）

卡里瑟斯，M（Carrithers，M.）

卡特，R.（Carter，R.）

引发（cause）

当然（certainly）

蔡菲，W. L.（Chafe，W. L.）

改变含义（change of meaning）

查奈尔，乔安娜（Channell，Joanna）

歇后语（chengyu）（注：原著为"成语"的全拼，但实际为一条歇后语）

乔姆斯基，诺姆（Chomsky，Noam）

克里斯蒂，F.（Christie，F.）

小句关系（clause relations）

显然（clearly）

科茨，J.（Coates，J.）

柯林斯伯明翰大学国际语言数据库（COBUILD）

科芬，C.（Coffin，C.）

归属/借言（attributed）

作为桥梁（as bridges）

有确定性（of certainty）

挑战（challenging）

共建（co-construction）

比较性（comparative）

复杂性（complexity）

连词（conjunct/conjunction）

认识的标准（criteria for recognition）

定义（definition）

实体（of entities）

预期性（of expectedness）

表达观点（expressing opinion）

外部（external）

功能（functions）

目标达成（goal-achievement）

希望性/好的（of goodness）

语法（grammar）

理由（grounds）

通过位置定义（identification by position）

与意识形态（and ideology）

重要性（of importance）

内部（internal）

层面（layers）

词汇（lexis）

保持关系（maintaining relations）

误解（misinterpretation）

多层面性（multilayering）

作为叙事（in narrative）

即叙事（of narrative）

通过叙事（through narrative）

负面的/消极的/否定的（negative）①

组织话语（organizing discourse）

参数（parameters）

解析（parsing）

型式（patterns）

正面的/积极的/肯定的（positive）

命题（of propositions）

品性（of quality）

次级（secondary）

认识到语域（sensitive to register）

一致性（and solidarity）

口语（言语）与书面语（写作）（in speech vs. writing）

主观性（subjective）

术语（terminology）

语篇中（in text）

真实（of truth）

经常性（of usuality）

价值性（value – laden）

评价手段（evaluative devices）

---

① 译者注：正文中 negative 根据语境和语言学界惯常用法，采用不同译名，positive 亦是如此。

人迹罕至的路边（*off the beaten track*）

奥克利，J.（Okely, J.）

只（*only*）

或（*or*）

表面上（*ostensibly*）

在偏远地区（*out in the sticks*）

牛津高阶英语词典（Oxford Advanced Learner's Dictionary）

P

包装的命题（packaging of propositions）

帕尔默，F. R.（Palmer, F. R.）

意料之中（*par for the course*）

句法分析器（parsers）

解析（parsing）

　即评价（of evaluation）

皮尔逊，J.（Pearson, J.）

也许（*perhaps*）

帕金斯，M. R.（Perkins, M. R.）

彼得森，C.（Peterson, C.）

皮克林，L.（Pickering, L.）

很明显（*plainly*）

话语层面（planes of discourse）

要点（point）

观点（point of view）

波兰尼，L.（Polanyi, L.）

礼貌语（politeness）

政治立场（political stance）

波金霍恩，D. E.（Polkinghorne, D. E.）

波因顿，C.（Poynton, C.）

语用意义（pragmatic meaning）

语用学理论（pragmatics）

普拉特，M. L.（Pratt, M. L.）

不出所料（*predictably*）

偏见对话（prejudiced talk）

前置修饰语（premodification）

叙事中的现在时（present tense in narrative）

普林斯，E. F.（Prince, E. F.）

可能地（*probably*）

问题-反应（Problem-Response）

假拟分裂句（pseudo-clefts）

Q

夸克，R.（Quirk, R.）

R

解读立场（reading position）

真的（*really*）

建议（recommendation）

政权（*regime*）

重复（repetition）

理查森，K.（Richardson, K.）

里斯曼，C. K.（Riessman, C. K.）

觉醒的（*right-on*）

里佐米利奥蒂，V.（Rizomilioti, V.）

漫游（*roam*）

罗瑟里，J.（Rothery, J.）

里夫，A.（Ryave, A.）

S

萨克斯，H.（Sacks, H.）

遗憾地（*sadly*）

桑普生，G.（Sampson, G.）

桑，Y.（Sang, Y.）

讽刺（sarcasm）

谢格罗夫，E.（Schegloff, E.）

希夫林，D.（Schiffrin, D.）

科学论证（scientific argumentation）

自大（*self-important*）

语义韵（semantic prosody）

沙乌尔，D. L.（Shaul, D. L.）

极大地（*significantly*）

辛普森，P.（Simpson, P.）

辛克莱，J. M.（Sinclair, J. M.）

情景－评价（Situation-Evaluation）

斯莱德，D.（Slade, D.）

索斯，J.（Soars, J.）

索斯，L.（Soars, L.）

社会和文化意义（social and cultural meaning）

社会评判（social esteem）

社会约束（social sanction）

稍稍（*sort of*）

陈述的来源（source of statement）

立场（stance）

  标记语（markers）

性状（status）

  论证中（in argument）

斯滕林，M.（Stenglin, M.）

故事（stories）：

  美国的（American）

  中国的（Chinese）

  法庭（courtroom）

  希腊的（Greek）

  耆那教（Jain）

  生活（life）

  美国土著人（Native American）

  一系列（series of）

  教师的（teachers'）

  治疗的（therapeutic）

  同见叙事（*see also* narrative）

斯图尔特，K.（Stuart, K.）

斯塔布斯，M.（Stubbs, M.）

学生（*student*）

风格（style）

主观性（subjectivity）

子语言（sub-languages）

令人惊讶的（*surprisingly*）

斯韦尔斯，J.（Swales，J.）

脏话（粗话）（swearing）

系统功能语言学（systemic-functional linguistics）

T

塔德罗斯，A.（Tadros，A.）

泰南，D.（Tannen，D.）

泰勒，G.（Taylor，G.）

坦奇，P.（Tench，P.）

示例中的语篇类型（text types in examples）：

学术论文（academic paper）

书评（book review）

专辑封面注释（CD cover notes）

《凡夫俗女》（*Educating Rita*）

旅行社的传单（holiday leaflet）

信息公告（information bulletin）

给报刊的信（letter to newspaper）

语言学的争论（linguistic argumentation）

杂志文章（magazine article）

报纸评论（newspaper commentary）

新闻报道（news report）

口述叙事（oral narrative）

流行音乐（pop song）

"问题页"上的信件（problem-page letter）

餐厅评论（restaurant review）

学校论文（school essay）

学校考试答案（school exam answer）

科学报告（science reporting）

故事（story）

电视评论（television commentary）

《公牛和圣人》（'The Bull and the Saint'）

同见 词语索引；故事（*see also* concordance；stories）

语篇元功能（textual metafunction）

that–小句（that-clause）

那儿（*there*）

西泰拉，P.（Thetela，P.）

蒂博，P.（Thibault，P.）

托马斯，D.（Thomas，D.）

汤普森，杰夫（Thompson，Geoff）

汤普森，S.（Thompson，S.）

语篇的三部分结构（three-part structure of text）

to–不定式小句（to-infinitive clause）

标记（token）

图兰，M.（Toolan，M.）

转换–生成语法 transformational-generative grammar

译者后记

根据评价院和评价理论研究室的工作部署和研究需要，我作为初涉哲学社会科学评价理论的青年研究者，在汲取众多哲学社会科学领域评价理论营养过程中，有幸读到了世界著名语料库语言学家 Susan Hunston 和 Geoff Thompson 合编的这本书（关于本书的主要内容，作者已在序言中进行了详细介绍，此处不再赘述），了解到其是一本有关语篇评价的经典之作。或许从首次出版年份和对语言学领域的专家学者而言，本书可能已不是最新或最前沿的理论思想，但全书汇聚了该领域多位可以称得上理论奠基人的学者的代表性学术论文，在国内外学术影响力非常深远。通读全书后，经过与评价理论研究室的老师进一步沟通交流，我们一致觉得本书非常有益于初次接触系统功能语言学评价理论，对语篇评价、话语分析感兴趣的学者和学生，系统领略、学习先行者的杰出理论思想，也会为我们创新、研发评价研究分析工具，构建基础理论框架提供借鉴。然而，我们却发现虽然本书对语言学界评价理论研究具有如此重要的意义，主要观点已为国内学者大量引用和讨论，但似乎还没有该书的中文译本。于是，在评价院领导的支持下，评价理论研究室副主任王雪峰老师做出具体安排，启动了翻译本书的相关工作。

本书具体翻译分工为：由我负责主译和统稿，其中初翻邀请了教育部学位与研究生教育发展中心的苏原正老师（主要参与第一、二、三、四、五、六章）、天津大学的高玲博士（第七章）和我（第一、二、三、五、六、八、九章）共同完成；书稿的修改校订由评价理论研究室王雪峰、杜宏巍、王淳等老师参与完成。翻译之初，我们作为非语言学、非英语翻译专业、非英语母语者的"三非"译者，可谓步履维艰，时常觉得自己在"班门弄斧"，对许多专业术语、英语俚语要么只知其音不知其意，要么只知其一意不知其多意。比如出现频次较多的"modality"，相关学术论文中有的将其译为"情态"，有的译为"模态"，如果不是语言学专业出身，很难准确品出其意义生成和使用的差异性和内在关系；还有，第三章实例部分例3的"right-on"一词，由于词义使用的更新变化，无法从词典中查到贴切的释义，加大了理解难度。当然，类似挑战还有很多，因此我也萌生过放弃的念头。但一想到所肩负的"评价人"的责任和使命，并且有各位领导和同事一直给予强有力的鼓励和帮助，我还是硬着头皮，心怀敬畏之心，坚持推进这项工作，通过查阅许多国内外相关领域学术著作和论文、咨询相关学科专家和英语母语者，发挥"愚公移山"的精神，逐渐扫清了专业术语、英语俚语的阅读理解障碍。对于其中晦涩难懂的术语或西方文化典故均用"译者注"的方式进行说明，尽最大努力保证翻译内容的准确性和通达性。在大家共同努力下，翻译工作渐入佳境，最终我们完成了全书翻译工作。

在本书付梓之时，我要诚挚感谢评价院院长荆林波、副院长蒋颖的鼎力支持和关怀，感谢中国社会科学院创新工程学术出版资助项目、所级创新工程项目在出版经费方面的支持，感谢评价理论研究室全体老师的协力帮助，感谢天津市教育科学研究院的姚岩博士，清华大学教育研究院的国际硕士Kane McDermott，中国社会科学院日本研究所的张晓磊老师，以及苏原正、高玲、雷方宇等好友多次参与讨论，帮助校对语句、术语等，大家都未曾深耕于语言学相关领域，但都不求回报、尽己所能帮我解决各种各样的翻译问题和困难，感谢社会科学文献出版社的史晓琳老师和编辑老师，以及评价院科研诚信管理办公室的钟慧主任、李钰莹老师等对申请出版和后续各项事宜的悉心帮助，感谢所有对本书出版给予鼓励和支持的老师、好友和默默陪伴、包容理解我的家人，恕我不在此一一列出他（她）们的姓名。无论如何，我们作为"初生牛犊"勇于挑战和完成了本书的翻译工作，希望该译本能够让中文读者满意、有所收获，能为促进国内外哲学社会科学评价理论的相互了解、交流、发展和创新演进"添砖加瓦"。如若翻译内容有不妥或疏漏之处，敬请各位专家、学者不吝指正。我的邮箱是：caozl@cass. org. cn。

曹昭乐

2021 年 11 月 30 日

于中国社会科学院院部

图书在版编目（CIP）数据

语篇评价：作者立场与话语建构／（英）苏珊·霍斯顿（Susan Hunston），（英）杰夫·汤普森（Geoff Thompson）主编；曹昭乐主译. -- 北京：社会科学文献出版社，2022.11

（哲学社会科学评价理论译丛）

书名原文：Evaluation in Text：Authorial Stance and the Construction of Discourse

ISBN 978 - 7 - 5228 - 0229 - 9

Ⅰ.①语…　Ⅱ.①苏…②杰…③曹…　Ⅲ.①语言学 - 文集　Ⅳ.①H0 - 53

中国版本图书馆 CIP 数据核字（2022）第 099303 号

哲学社会科学评价理论译丛
语篇评价：作者立场与话语建构

主　　编／〔英〕苏珊·霍斯顿（Susan Hunston）
　　　　　〔英〕杰夫·汤普森（Geoff Thompson）
主　　译／曹昭乐
校　　译／王雪峰

出 版 人／王利民
责任编辑／李延玲
文稿编辑／许文文
责任印制／王京美

出　　版／社会科学文献出版社·国际出版分社（010）59367142
　　　　　地址：北京市北三环中路甲29号院华龙大厦　邮编：100029
　　　　　网址：www. ssap. com. cn
发　　行／社会科学文献出版社（010）59367028
印　　装／三河市龙林印务有限公司

规　　格／开本：787mm × 1092mm　1/16
　　　　　印张：22　字数：335千字
版　　次／2022 年 11 月第 1 版　2022 年 11 月第 1 次印刷
书　　号／ISBN 978 - 7 - 5228 - 0229 - 9
著作权合同
登记号　／图字01 - 2022 - 5995 号
定　　价／128.00 元

读者服务电话：4008918866